外国语言文学核心概念和关键术语丛书

庄智象◎总主编

心理分析理论与批评
100核心概念与关键术语

朱振武　　王文娴◎编著

清華大學出版社
北　京

内 容 简 介

心理分析批评的发展与西方现代心理学的发展有着极为密切的关系。19 世纪末，随着西方现代心理学的发展，作为一种批评理论，心理分析也逐渐扩大其影响力。尽管心理学与文学分属不同领域，但二者的交叉与融合对文学创作、文学批评与文学理论的更新具有不可估量的作用。

本书以归纳心理分析的核心概念与关键术语的形式，介绍并解释其中的主要流派、代表人物与基本观点，并结合实例进行分析。每一个核心概念都提供了适用范围、方法、范例与参考书目，方便读者深入了解心理分析理论与批评。书后附有索引表，帮助读者快速浏览关键信息。

图书在版编目（CIP）数据

心理分析理论与批评 100 核心概念与关键术语 / 朱振武，王文娴编著. —北京：清华大学出版社，2023.11

（外国语言文学核心概念和关键术语丛书）

ISBN 978-7-302-62238-3

Ⅰ.①心… Ⅱ.①朱… ②王… Ⅲ.①心理分析学派 Ⅳ.① B84-065

中国版本图书馆 CIP 数据核字（2022）第 228761 号

策划编辑： 郝建华
责任编辑： 郝建华　曹诗悦
封面设计： 李伯骥
责任校对： 王凤芝
责任印制： 丛怀宇

出版发行： 清华大学出版社
　　　　　　网　　　址：https://www.tup.com.cn, https://www.wqxuetang.com
　　　　　　地　　　址：北京清华大学学研大厦 A 座　　邮　编：100084
　　　　　　社 总 机：010-83470000　　　　　　　邮　购：010-62786544
　　　　　　投稿与读者服务：010-62776969, c-service@tup.tsinghua.edu.cn
　　　　　　质量反馈：010-62772015, zhiliang@tup.tsinghua.edu.cn
印 装 者： 北京鑫海金澳胶印有限公司
经　　销： 全国新华书店
开　　本： 155mm×230mm　　　　印　张：18　　　　字　数：223 千字
版　　次： 2023 年 12 月第 1 版　　　　　　印　次：2023 年 12 月第 1 次印刷
定　　价： 88.00 元

产品编号：094831-01

序 言

在《什么是心理分析理论与批评》中，我就提到对爱伦·坡（Edgar Allan Poe）的创作动机的研究。事实上，在《爱伦·坡研究》《在心理美学的平面上——威廉·福克纳小说创作论》《〈聊斋志异〉的创作发生及其在英语世界的传播》等著作中，我曾就爱伦·坡、威廉·福克纳（William Faulkner）和蒲松龄等作家的创作的心理机制做过深入系统的讨论。这也是我多年来的治学理路之一。用这种方法，我走进了不少经典作家的心灵深处和文本深处，发现了很多不易为人察觉的隐秘所在和美丽风景。

其实，创作动机（creative motivation）不是一个简易、单向的归纳，而是一个复杂、多元的动机簇。爱伦·坡使用的一些创作理念和方法，以及他对作品效果的不懈追求，让他成为一位"美的叛逆者"，又让他"进而震动了世界"[1]。如果我们只凭借爱伦·坡自己的说辞来对其作品进行"审判"，就会破坏作品的深层意蕴和美学效果，同时也会让我们的研究陷入死循环。不论是爱伦·坡、福克纳，还是蒲松龄，他们的作品，从创作开始，就有一些"失控"的成分在里面。在写作过程中，事件的情节走向、人物的性格发展、故事的最终结尾，都不

1　沃侬·路易·帕灵顿. 2002. 美国思想史（*Main Currents in American Thought*）. 陈永国等译. 长春：吉林人民出版社，402.

是作家能够完全主宰的，他们身上的集体无意识以及自己的潜意识往往让他们"身不由己"，或"言不由衷"，当然也可能是"力不从心"。文学就是人学。作家首先是人，没有对人性的深刻体验和对生活的深入洞察，就没有震撼人心的作品。而人内心的潜意识、被压抑的欲望等不轻易被察觉的部分，在创作过程中也会悄然钻出，跃然纸上，融入作品的肌理和血液。

心理学和文学的交融并不是偶然的，二者研究方法各不相同，但研究的主体都是人类。心理学对文学产生了巨大的影响。从心理学角度出发，解读作家创作的动机、创作的心理过程和读者对作品的接受，为文学作品的阐释和评论打开了一扇别有意味的窗口。精神分析学派（School of Psychoanalysis）深刻影响了现代主义文学（Modernist literature）的发展，现代主义文学不再致力于描写外在客观世界发生的故事情节或刻画人物性格，而是更加关注小人物的敏感甚至是变态的主观世界，作家也从客观写实转向使用自由联想、独白、意识流和象征的手法。文学与心理学之间的影响是相互的，并不是一方被动地接受另一方的影响，因此文学对心理学的影响也同样不可被忽视。西方现代心理学的发展使得心理分析批评逐渐兴起，以弗洛伊德（Sigmund Freud）为首的精神分析学派对文学的影响最为深远。弗洛伊德本人具有深厚的文学素养，他的弟子荣格（Carl Jung）、阿德勒（Alfred Adler）等人当然也不例外，他们对文学作品的解读都颇有见地。弗洛伊德从心理学角度出发对文学作品评论的论著和演讲，为文学批评的发展和创新做出了巨大贡献。心理学与文学的相互缔结，让我们以更客观、全面的角度评论作家，得以多层次挖掘作品的新内涵，多角度发现作品的新魅力。

1879 年，德国心理学家冯特（Wilhelm Wundt）创立实验心理学，使得心理学成为一门独立学科。自那以后，机能主义心理学（Functional Psychology）、精神分析心理学（Psychoanalysis）、格式塔心理学（Gestalt Psychology）、精神分析女性主义（Feminist Psychological）以及变态心理学（Abnormal Psychology）等对文学创作、文学研究与评论产生了极大影响。其中，精神分析心理学对文艺研究的影响更是难以估量。前意识（preconscious）、本我（Id）、升华（sublimation）、集体无意识（collective unconscious）、自恋情结（narcissism complex）、自卑情结（inferiority complex）等已经是文学领域众多研究者耳熟能详的概念。格式塔心理学对文学的影响虽然不如精神分析心理学，但它以文学艺术作为研究对象，探索文艺创作和接受活动的秘密和规律，也在西方现代文论中占有重要地位。心理分析理论与批评影响了之后出现的很多文学批评流派，以拉康（Jacques Lacan）为代表的结构主义（Structuralism）就是一例。

众所周知，西方心理学对中国现代心理学的成形影响深远。先秦至近代[1]，中国虽没有独立的心理学科，但和西方古代一样，思想家关于心理学的思考都零星地点缀在哲学思想中。中国近代是在引进了西方心理学之后，才把心理学作为一门系统的学科发展起来的。简言之，在中国从古代的一些心理学思想发展到中国现代心理学体系中，西方心理学起到了过渡的作用。中国现代心理学并不是直接从古代先哲的心理学思想演变而来，而是"接受了西方实验心理科学影响而建立的心理学"[2]。20世纪20年代伊始，西方现代心理学流派中的精神分析学派、机能心理学、行为主义心理学（Behavioral Psychology）和格式塔

1　中国近代一般是指从 1840 年鸦片战争至 1919 年"五四运动"这一段时间。

2　杨鑫辉. 2000. 心理学通史第二卷：中国近现代心理学史. 济南：山东教育出版社, 5.

心理学等流派被陆续介绍到中国。其中，精神分析学派对中国的影响最深。弗洛伊德关于无意识和性欲的探讨让人们在一定程度上认识到中国的封建礼教一度压制了国民的本能和心理这一事实。精神分析主义在中国当时致力于反对封建吃人的礼教和宣传民主与科学的新文化运动先驱者中激起了千层浪。20世纪20年代和30年代，精神分析理论先是传入中国，随后又被运用到文学创作与批评中。在"五四"以前，弗洛伊德的理论就已经被粗略地介绍到中国。王国维属于较早介绍弗洛伊德学说的中国人。鲁迅翻译了厨川白村的经典著作《苦闷的象征》，该书被称为日本现代文艺心理学的开山之作，这进一步在中国传播了弗洛伊德的文艺心理思想。朱光潜则比较系统地介绍了精神分析学说。中国当时的文坛也把弗洛伊德理论应用到文学创作和批评中。"五四"以前，中国传统小说并不重视对人物心理的描写与剖析。以郁达夫、鲁迅和郭沫若等人为代表的一批先驱作家对精神分析发生了兴趣，虽然没有形成一个独立的流派，但他们在文学创作和批评上都大胆地运用了精神分析学说。性压抑和性变态心理的相关描写频频出现在当时的中国文学作品中，这可以看作当时的作家对传统封建道德的一种反抗与挑战。早期的施蛰存更是有意识地运用精神分析主义进行创作的代表，他的心理分析小说在中国现代文学史中占据重要地位。除了运用弗洛伊德的理论进行文学创作外，文学中的批评实践也吸收了精神分析主义。虽然这时期的中国文坛对作家作品的分析许多都是照搬弗洛伊德的学说或是他分析过的案例，但不可否认的是，弗洛伊德从心理学角度来阐释文艺现象的做法为中国文坛提供了有益的尝试，拓展了文学创作与文学批评的空间和视域。

从中华人民共和国成立以后直至20世纪70年代末改革开放前，由于意识形态建设和构建新中国文艺理论体系的原因，弗洛伊德主义在中国几乎没有什么发展，差不多算是处于停滞状态。20 世纪 40 年代至 80 年代，学界零星出现过几篇关于弗洛伊德的文章。20 世纪 80 年代开始，精神分析主义在中国卷土重来并蔚成景观。弗洛伊德在 80 年代的中国影响虽大，读者对他的接受还是比较理性客观的。与 20 世纪 20 年代和 30 年代机械套用弗洛伊德主义到创作和批评中的情况相比，从 20 世纪 80 年代至今，人们开始认真探究潜藏在精神分析主义深层的文本价值和心理蕴涵。

不得不说，精神分析批评是中国当代文学批评界广为流传并得到认可的西方批评方法之一。以精神分析批评、神话原型批评（Mythological and Archetypal Criticism）、格式塔文艺心理学为代表的心理分析理论与批评，为拓展文学的研究空间、促进文学理论与批评的发展以及推动文学作品的创作起到了不可小觑的重要作用。文学活动是包含诸多复杂要素的动态系统，确实不能离开心理学谈文学研究。但是，文学活动又不仅有心理活动这一层面，因此只用心理分析理论与批评研究文学作品是远远不够的。心理分析批评也有其不能忽视的局限性。如果按照弗洛伊德、荣格或阿德勒的理论去分析不同作家的不同作品，可能会得到相同的结论，这就可能使文学脱离政治和经济，成为一个只为心理学服务的附属学科，其独特的美学特征也被抹杀。

本书呈现心理分析理论与批评的完整知识体系，根据学科内容与特点详细列举心理分析理论与批评中的核心概念和关键术语。笔者以简洁通俗的语言展现该学科核心要义，提供应用的范例，供读者参考；书后提供核心概念与术语的英汉和汉英索引附录，方便读者查阅。本书的核心概念有 30 个，每篇核心概念包括定义、适用范围和方法、运用范例与参考书目；关键术语 70 个，每条术语以学术界接受度最高、最无争议的中文释义为英文术语进行注释。该书目能帮助外国语言文学专业的本科生与研究生扫清文献阅读与理论应用方面的障碍，方便外国语言文学的教师、研究人员和相关话题的爱好者快速捕捉学科要点，也能为对语言文学研究感兴趣的广大读者提供参考，帮助他们理解心理分析理论与批评的基本脉络。其中，核心概念篇中的"创作动机""心理美学""压抑""意识三层结构"中的运用范例节选自《〈聊斋志异〉的创作发生及其在英语世界的传播》[1]，"变态心理学""焦虑""精神分析女性主义批评""神话原型批评""意识流""自卑情结""自主情结"中的运用范例节选自《在心理美学的平面上——威廉·福克纳小说创作论　增订版》[2]；"集体无意识"中的运用范例节选自《爱伦·坡小说全解》[3]。

心理分析理论与批评具有极强的活力和极大的包容性，它涉及的方面非常广泛，涉及的学科繁多复杂，用新文科话语来说是一个经典的跨学科命题。由于作者水平有限，本书难免鲁鱼亥豕，肯定不乏疏漏舛误，诚望各位前辈、专家和读者不吝赐教指正。

朱振武

2022 年月 4 月 12 日

于上海心远斋

1　朱振武. 2017.《聊斋志异》的创作发生及其在英语世界的传播. 上海：学林出版社.

2　朱振武. 2016. 在心理美学的平面上——威廉·福克纳小说创作论（增订版）. 上海：学林出版社.

3　朱振武. 2008. 爱伦·坡小说全解. 上海：学林出版社.

目 录

核心概念篇

变态心理学　ABNORMAL PSYCHOLOGY

人是一种复杂的高级动物，人的感情、思维、意识、感觉都是复杂的，不断变化的。人的心理是复杂的。有的人心理健全，有的人心理则是不健全的。在人的心理结构中，不仅存在常态成分，还存在变态成分。如果说常态成分是海面上露出的冰山，那么变态成分就是冰山隐藏在海面下的那一部分。这些变态成分隐藏在人的潜意识中，不轻易出现，所以不被人们察觉。

∝ 什么是变态心理学

变态心理学（Abnormal Psychology）是心理学研究的一个分支。变态心理学关注的对象是人的非常态心理，即人的潜意识和隐意识。假如把人的心理结构比作一片汪洋大海，常态成分是海面上的波浪，变态成分则是深处的暗潮，"谁不曾做梦？而梦就是一种'变态'的心理作用；普通人都可受催眠暗示，而催眠暗示也都是'变态'的心理作用"（朱光潜，1999：76）。变态与常态是共存的。之所以将非常态的成分称为"变态"，是因为这些成分不轻易被我们察觉和认识。

∝ 变态心理学在中国的发展

朱光潜在《变态心理学派别》一书中将近代的变态心理学概括为两大潮流。按照发源国分类，法国的巴黎派（Paris School）和南锡派（Ecole de Nancy）为一类，代表人物分别是沙科（J. M. Charcot）和伯恩赫姆（H. Bernheim）；奥地利的维也纳派（Wiener Kreis）和苏黎世派（Zurich School）为一类，代表人物是弗洛伊德和荣格。按照研究的对象划分，巴黎派、南锡派、耶勒（Pierre Janet）、新南锡派和英美派（Psychological School）为一类，这一类研究的重心是人的潜意识；维也纳派、苏黎世派和个体心理学派（Individual Psychology）为一类，这一类的研究重心是人的隐意识。《变态心理学派别》出版于 20 世纪 30 年代，这本书将各个流派及其代表人物进行了介绍，同时对各代表人物的主张进行了叙述和评论，并深刻分析这些理论的优点与缺点，是当时国内介绍变态心理学较全面翔实的著作。

1921 年，朱光潜就在《东方杂志》上发表了《福鲁德的隐意识与心理分析》一文。当时，国内杂志对弗洛伊德学说的介绍都不够全面，朱光潜用简明的方法介绍弗洛伊德的隐意识说、隐意识与梦、隐意识与神话、隐意识与神经病、隐意识与文艺、心理分析与神经病治疗学等理论。在文中，朱光潜不仅详细地介绍了精神分析方法，还将梦、升华（sublimation）、压抑（repression）等理论与文学艺术结合起来。在《变态心理学派别》中，朱光潜用整整两章的篇幅来介绍弗洛伊德的思想学说并加上独到的见解和评论。谈话疗法、性本能、快感原则和现实原则、无意识、梦、文艺与升华作用、图腾与禁忌这些概念都囊括在内。朱光潜辩证地看待弗洛伊德的学说，肯定弗洛伊德学说在心理学领域的贡献："弗洛伊德的最大贡献在发明心理分析法以治精神病。无论其学理的根据如何，而言实效，则心理分析法的功用已为世所公认。"（朱光潜，1999：75）同时，他指出，弗洛伊德学说最大的缺陷就是泛性欲主义，"弗洛伊德把它看作一切变态心理作用的来源，则未免过于牵强附会"（朱光潜，1999：75）。可见，朱光潜认为，弗洛伊德提出的心理分析在一定程度上也缺乏生理学基础。

❀ 变态心理学与福克纳的小说

福克纳的《蚊群》(*Mosquitoes*, 1927) 就是献给又一个他爱恋又失恋的姑娘的。她叫海伦, 和福克纳相爱了有一段时间, 后来却嫁给了一个律师。小说取材于安德森夫妇安排的几次郊游, 而集中写一次庞恰屈林湖上的泛舟。在有限的场合里, 他写了一大批真假艺术家、食客和有钱的赞助人, 以及形形色色的性癖和性活动, 包括手淫、乱伦、异性恋以及同性恋。这一切都不禁让人想到他的意淫心理。《蚊群》刻画了性与艺术的各种关系, 刻画了艺术家的若干类型, 其中大多数是福克纳平日里希望规避的形象。这部小说以自我为中心到了毫不顾及他人的地步, 心理刻画十分大胆。故事过了一半时, 福克纳亲自出场, 他"太阳晒得黝黑, 衣衫褴褛", "没有危险性, 不过疯疯癫癫", 自称"以吹牛为业", 差点忘记自己的名字, "记起来了——叫福克纳, 不错, 就是这名儿"。故事中的福克纳大谈文学, 称自己的几首自恋诗是为一个同性恋女诗人所作, 声称"凡艺术家都可能有点神经病", 艺术都是"性变态"的产物, 还说作家是"痛苦挣扎于成名作家的欲望和顾影自怜的兴趣之间", 还大谈弗洛伊德。这种欲望和兴趣在《蚊群》中十分突出。《蚊群》把但丁奉为最高典范, 因为他使艺术成为现实爱情的手段。故事中的朱利乌斯·瓦伊斯曼后来说: "但丁创造了比阿屈里丝, 他为自己创造了生活上没顾得上创造的少女, 再把历来男人无法满足的性欲重担全部压在她纤弱但不躬曲的肩上。"书中的费尔柴尔德干脆说, 艺术是"一种不可告人的性变态", 艺术对男人有双重吸引力, 它不仅代替你走进暗室中的禁果, 还有更大的能耐。他说, 女人"进入生活", 怀孕、生育子女, "不用艺术, 便成了生活的一部分"。这类创造, 男人只能"干瞪眼"。但"在艺术中, 男人可以不需任何帮助便进行创造; 他的所作所为, 全是他一个人的。这就是性变态,正是这种性变态建造了沙特尔大教堂[1]，塑造了李尔王"。（Faulkner，1955：120）在雕刻家戈登身上，我们看到福克纳对"爱情、青春、悲哀、希望和失望"的关心，看到一个欲罢不能地进行创作的艺术家。这其实也是他创作的显在动机。

1925 年，在一篇发表在《两面派》（*Double-Faced Magazine*）的文章中，福克纳说，诗歌使他的早年生活恬淡，提供了一个不需要伴侣的"情感替身"。因此，像是《蚊群》中的艺术家约瑟夫·赫格希墨那样搞艺术，福克纳认为那是"性的苦难的怪例"，很理解地认为他是在寻求庇荫。他把赫格希墨的作品比作"可爱的拜占庭式"的柱雕，进而"想象赫格希墨沉浸于自己的书中，犹如循入静止的海港，那里年岁伤不到他，人间的流言蜚语传来不过像是远处朦胧的雨声"。没有声音、没有动静的魅力（"寂静的定格的动，永远为时光所不及"的世界），福克纳对此深有体会。《士兵的报酬》（*Soldier's Pay*，1926）中的唐纳德·马洪就是心理和生理萎缩、遁世的典范。《八月之光》（*Light in August*，1932）中的盖尔·海托华是福克纳笔下又一个出色的"残疾人"的典型，他在教会中找到"庇荫"，在他的天职中找到希望，"过着白璧无瑕、完整无缺的生活，像一只典雅沉穆的花瓶，灵在其中得到了重生，生活的厉风刮不到它……只听见远处被阻遏的风声"。但福克纳并不完全甘于躲避，他感觉到了在这种庇荫下的无奈，像戈登那样，虽然"生活在自己的高傲的城堡中，无求于人"，但他"在这所寂寞和倨傲的象牙塔里"，孑然一身。（朱振武，2016：32–33）

这些作品中提到的诸多对于常人来说不可理解的疯狂行为，就是变态行为，这些变态行为为我们窥探作者内心真实世界打开了一扇窗

1　沙特尔大教堂是中世纪法国哥特式建筑的优秀典范。

户。结合作者自身的经历，可以得知这种变态的欲望和观念在作者生活中时常出现，而且成为作者的创作动机之一。那些非常态的想法、观念、欲望成为福克纳无法抑制的创作冲动，也成就了福克纳那些家喻户晓的著名作品。在分析作品中人物的变态心理时，要结合作家的经历和个性，深入作家的心理世界，剖析作家的创作动机，以此把握作品的深层内涵，全面分析人物形象。

❀ 现实主义小说与变态心理学

现实主义小说侧重塑造"典型环境中的典型人物"，现代主义小说则侧重描写人物的精神世界。现实主义文学作品中不乏对人物变态心理的描写。变态，不一定单单通过心理描写体现，还隐藏在作者对人物的言行举止描写中，有时需要读者通过"推理"才能发现人物的变态情结。例如，在现实主义小说《红与黑》（*Le Rouge et le Noir*，1830）中，主人公于连就是一个具有双重性格的圆形人物。一方面，于连出身低微，但是聪慧好学，具有反抗精神，崇尚平等；另一方面，于连为了跻身上流社会，将一切感情作为可以交换权利与财富的筹码，他也逐渐被权力和财富异化，人性变得扭曲。一开始，他内心的自卑情结与英雄情结是驱使他奋发向上的动力，渐渐地，这些情结逐渐变得病态、变态，成了他不择手段的合理借口。这也说明，常态与变态在一定条件下可以相互转化。虽然司汤达（Stendhal）塑造的于连是"典型环境中的典型人物"，《红与黑》深刻地讽刺了法国贵族阶级的伪善，痛斥了教会的道貌岸然，批判了波旁王朝复辟时期的种种社会黑暗，但是于连的转变也展现了这一人物的自卑情结与英雄情结如何异化为变态情结的过程。所以，在现实主义小说中，作家可能不会着重描写人物的心灵世界，但人物的变态心理可能隐藏在故事情节与人物的言行举止中。

参考文献

朱光潜. 1999. 变态心理学派别. 北京：商务印书馆.

朱振武. 2016. 在心理美学的平面上——威廉·福克纳小说创作论（增订版）.
　　上海：学林出版社.

Faulkner，W. 1955. *Mosquitoes*. New York: Liveright.

创伤 TRAUMA

随着时间的冲刷，有些经历过的事情可能会被人们遗忘，但面对相似的事情时，人们还会做出相同的反应，这是因为记忆深处的创伤（trauma）被激活。"创伤"一词源自希腊语。弗洛伊德最早开始对创伤心理进行研究。随着社会历史的发展，创伤不再是病理学与心理学中单一的概念，它被广泛用于政治、历史、文学、传媒等领域，是一种吸纳了诸多理论成果的思想研究。自然灾害、战争、恐怖袭击等都会给人留下深痛的创伤。

❧ 弗洛伊德关于创伤的论述

创伤本是病理学与心理学中的一个概念。人体外部的力量对人进行压迫，使人受到损伤，这是物理创伤；人在遭受自然灾难、战争、种族冲突、暴力等强烈的外部刺激后，精神受到严重的折磨，产生一种强烈的痛苦、悲伤、愤怒等负面情绪，甚至伴随着自残、失语、遗忘、歇斯底里、性变态等行为，这是心理创伤。一个人在受到严重的刺激后，没有及时进行有效疏导或精神治疗，创伤就会跟随人一生，可能导致其人格分裂甚至自杀。

弗洛伊德认为，患者在遭受重大刺激后，心理防御机制会将一部分痛苦压抑在潜意识中，但这并不代表患者的创伤就会被永久压抑。在治疗过程中，弗洛伊德发现一种奇怪的现象，那些留下创伤的场景会以变形的、扭曲的、装饰的方式占领患者的梦境，患者会反复梦到那些令自己痛苦的人或事，弗洛伊德就用"强迫性重复"（compulsion to repeat）一词概括这一现象。

∾ 创伤研究的范围

创伤研究涉及的范围较广，目前分为七个类别："个体创伤与集体创伤；家庭创伤与政治恐怖创伤；工业事故创伤与战争创伤；儿童创伤与成人创伤；性暴力创伤、民族/种族创伤与代际间历史创伤；施暴者创伤与受害者创伤；直接创伤与间接创伤"（金莉、李铁，2017：66）。20 世纪 90 年代起，心理学家、文学评论家和历史学家等来自不同领域的研究者都对创伤研究产生了浓厚的兴趣。第二次世界大战、战后幸存者的心理问题、美国的种族歧视、中东地区的宗教冲突以及"9·11"恐怖事件等都被划入创伤研究的范围。创伤其实来自现代文明进程中的暴力。弗洛伊德在《一种幻想的未来　文明及其不满》（*Die Zukunft einer Illusion. Das Unbehagen in der Kultur*，1927）中提到，人身上具有进攻性，这种进攻性随着文明的发展而进化。第二次世界大战中纳粹分子对无辜犹太人的疯狂大屠杀、中东地区对异端宗教的强烈排斥、白种人对黄种人和黑种人的厌恶，就是群体进攻性的表现。尼日利亚第三代作家阿迪契（Chimamanda Ngozi Adichie）在《紫木槿》

（*Purple Hibiscus*, 2003）中塑造了一个残暴的"独裁者"形象——尤金。尤金的人格是矛盾的：一方面，他追求西方国家的民主、自由，严格遵守天主教教规；另一方面，他暴虐成性，渴望像传统伊博族男子那样多妻多子，稍有不顺，就殴打自己的妻儿。在西方文化与非洲文化的双重夹击下，尤金在自己的国家"是其所不是"，内心深处充满了挣扎与痛苦。在尤金的身上，我们看到了殖民统治给尼日利亚人民带来的身体与心灵的双重创伤。

在对文学作品中的创伤进行研究时，我们需要注意以下几点：首先，要正视创伤，正视历史，不仅要正视被施暴者的历史，还要正视施暴者的历史；其次，我们要将叙述者或受创伤的群体从"失语"的状态下"解救"出来，言说创伤，书写创伤，剖析个体与群体、心理与文化的创伤，使场景再现；然后，我们从哲学的角度需要辩证地看待创伤，反思历史，反思人性，批判暴力；最后，我们要从文学与艺术的角度出发，为愈合创伤提供独特的见解和方法。

❧ 福克纳作品中的个人创伤书写

作家在现实中受到心理创伤而在想象中加以报复、从中获取快感的例子不胜枚举。福克纳在长相方面，"除了福克纳家族典型的鹰钩鼻外，不论在个头、相貌还是在性格上都很像他母亲"（肖明翰，1999：8）。他的母亲身高只有 1.5 米，难怪他的传记人戴维·明特会称他为"瘦小的男孩"（Minter，1980：1）。明特这样描述他：

他很早就开始感到自己的不利条件，特别是在父亲眼里，主要是他的身材。他总是比同龄人长得矮小。很快，连几个弟弟——体格更像他父亲——的身高和体重都超过了他。威廉的矮个儿和小架子——

像他母亲而不像他父亲……有时候，他父亲开些粗俗的玩笑，就管他叫"蛇唇"。

......

除了五官纤巧外，个头不够大，力气不够大，尤其是不会打架……他提到过舍伍德·安德森[1]，一直巴望自己长得"更加威风凛凛些"。他说，那是因为安德森是"一个矮小的人，也许整个童年时期他都希望自己能长得高大些，打起架来更行，好保卫自己"，才把小说人物都写成高高大大的。（Minter，1980：11–12）

福克纳这样说舍伍德·安德森（Sherwood Anderson），其实，这话用到他自己身上倒更为合适。《熊》（*The Bear*，1942）里的森林提供了一个节奏缓慢的世界，那里的猎人和猎物个子都比较高大，比较勇敢，比较聪明。在这个世界里，严重的创伤也能够得以愈合，而且还是一个没有女人的世界，不存在失恋带来的烦恼。这正如拜伦由于跛足造成的自卑情结反而激发他产生一种变态的自尊和施虐心理，司汤达由于才华超群而相貌奇丑，遂萌生强烈的征服意识，他在恋爱方面所遭到的冷遇、讥讽和挫折反过来成为他塑造奇俊男子如何征服女人的灵感源泉。福克纳更是如此。身材矮小的福克纳像《押沙龙，押沙龙！》（*Absalom, Absalom!*，1936）中的塞德潘等许多人物一样，总想做一个强者，总想做一个英雄，以不辱祖先的英名。他曾在本地报考美国空军，由于体重与身高都不够而未被录取。他身材矮小更使他矫枉过正。他晚年爱骑高头大马，却经常从马背上摔下来。他置办产业、买宅置

1　舍伍德·安德森（1876—1941），美国著名小说家。在他的帮助下，福克纳出版了第一部小说《士兵的报酬》。

地、买马，也正是这种心理行为的结果。后来他终于购置了个人飞机，尝到了当上飞行员的滋味，也摆脱了自己是个吹牛者的歉疚心理。其实，福克纳经常吹牛、撒谎，与他遭受的创伤经历也有着密切关系。"朋友们都长得高大起来，他就愈加感到自己的不利；愈感到不利，他就愈加离群索居。"（Minter，1980：18）他感觉到了自己在形体以及适应周围环境能力上的不足，便越发沉湎于内心生活。这一点倒正是一个艺术家应该具备的品质。"当时占据着威廉·福克纳心灵的可以说有三件事：文艺创作、爱情与战争。"（李文俊，1999：9）在创作上他还没有找到感觉。在爱情方面，他与自己钟爱多年的女友埃斯特尔的感情有了进一步的发展，但由于他的游手好闲和无所事事，埃斯特尔做律师的爸爸坚决反对他们结合。1918 年 4 月，埃斯特尔与别人结了婚，而且还去了夏威夷。失恋后的福克纳先是去了他的文学导师菲尔·斯通正在就读的耶鲁大学，继而来到纽约，冒充英国人，成了英国皇家空军的加拿大空军飞行队的新兵，但运气不佳，他还未能飞上天，第二次世界大战即在几个月后宣告结束。福克纳坐火车从多伦多回到老家奥克斯福。他蓄着小胡子，走路故意一瘸一拐，穿一套英国军官服，肩章上是中尉的星豆，夹着一根英国式的短手杖，有时还说带英国腔的英语。这一切，"毋宁说是为了满足福克纳自己心理上的需要"（卡尔·荣格，1987：11）。

福克纳这些微妙的心理在九年后出版的小说《蚊群》中有很好的印证。在这部小说中，他"自由遨游"着，说平日里不便说的话，做平日里做不到的事，实现平日里没有实现的愿望。（朱振武，2016：26–29）

文学中的创伤研究所涉及的内容广泛，上文实证以福克纳的创作为例。在文学作品中，创伤不仅仅包括个体创伤，还包括群体创伤。

在解读文本时，我们不仅仅要结合历史政治事件与思想文化使留下创伤的场景"再现"，还要结合后殖民批评、结构主义叙事学等批评方法对创伤展开审视和反思。在一些作品中，作者以"创伤"为突破口，重新书写被遗忘的或不为人知的历史，重构群体或个体的文化记忆。福克纳笔下的高大男性形象是福克纳童年时期因身材而遭受的创伤的体现，作品中人物反复出现的行为与言语也可以追溯到作者本人的创伤性体验。在写作中，作者并非故意将这种创伤体验放在作品内，而是这种被压抑在无意识中的创伤复现在作者的意识里，使作者不自觉地在作品中书写出来。

ᘓ 女性创伤书写

福克纳作品中的女性形象始终带有男性凝视的意味，那在女性作家笔下，女性的创伤是如何书写的？

托妮·莫里森（Toni Morrison）的作品《宠儿》（*Beloved*，1987）是一部印刻着黑奴悲惨血泪的作品。作品不仅控诉了黑奴制的野蛮、落后与非人道性，还讲述了黑人女性遭受到的身体与心灵的双重创伤。在《宠儿》中，赛丝遭到两位白人男子强暴后生下了一个婴儿，她好不容易带着婴儿逃亡，结果还是被奴隶主找到。赛丝为了不让女儿也变成奴隶，于是忍痛割了两岁女儿的喉咙。她本以为这让女儿免于奴役之苦，但是，女儿的鬼魂却一直缠着赛丝，向她索要母爱。白人奴隶主不仅仅对黑人女性进行身体上的剥削，还将黑人女性的身体作为自己性欲发泄的对象。他们对黑人女性随意侵犯、凝视、评判，并"阉割"她们的话语权，让她们无法呼救、反抗。黑人女性的身体受到他们的强暴，黑人女性的精神也任由他们随意入侵。黑人女性深受种族与性别的双重歧视，认为自己"低人一等"，她们也不敢去为自己的合理诉求反抗、争取。白人男子的优越情结是一种病态的情结，他们从未将黑人女性看作平等的存在，而是不断地奴役她们的身体与心灵。《宠儿》书写了黑人女性经历了来自性别、种族与社会的种种创伤，并讲述了这些创伤对黑人女性的毁灭性打击。

参考文献

金莉，李铁 . 2017. 西方文论关键词（第二卷）. 北京：外语教学与研究出版社.

卡尔·荣格. 1987. 心理学与文学. 冯川，苏克译. 北京：读书·生活·新知三联书店.

李文俊. 1999. 福克纳评传. 杭州：浙江文艺出版社.

肖明翰. 1999. 威廉·福克纳：骚动的灵魂. 成都：四川人民出版社.

朱振武. 2016. 在心理美学的平面上——威廉·福克纳小说创作论（增订版）. 上海：学林出版社.

Minter, D. 1980. *William Faulkner, His Life and Work.* Baltimore: Johns Hopkins University Press.

创作动机　　CREATIVE MOTIVATION

创作动机（creative motivation），就是驱使、推动创作主体进行创作的力量或冲动。自古以来，诸多理论家对创作动机的解释繁多复杂，莫衷一是。创作动机是多种复杂因素综合作用的结果，不仅包括社会历史、文化、政治，还包括创作主体的成长经历与性格特征。

❈ 关于创作动机的诸多说法

早在古希腊，哲学家苏格拉底（Socrates）就谈到了关于创作动机的问题。苏格拉底说，"诗人写诗并不是凭智慧，而是凭一种天才与灵感。"[1] 柏拉图（Plato）曾探讨过关于创作动机的问题，他提出的"迷狂说"或"灵感论"就涉及驱使诗人创作的动力问题。他认为，诗人创作完全是神灵的意志，与诗人的经历和才华无关，诗人无法在清醒的状态下凭借技巧创造作品。"若是没有这种诗神的迷狂，无论谁去敲诗歌的门，他和他的作品都永远站在诗歌的门外，尽管他自己妄想单凭诗的艺术就可以成为一个诗人。他的神志清醒的诗遇到迷狂的诗就黯然无光了。"（柏拉图，1963：118）在柏拉图看来，"灵感"在文学创作中具有关键地位，因为"凡是高明的诗人，无论在史诗或抒情诗方面，都不是凭技艺来做成他们的优美的诗歌，而是因为他们得到灵感，有神力凭附着"（柏拉图，1963：8）。也就是说，柏拉图认为文艺创作是一种直觉过程，创作并非是创作主体意愿的驱使，而是神灵的凭附。如果神灵没有"选中"诗人，诗人就无法获得灵感，无法进入迷狂状态，也就不能创作作品。质言之，诗人的作品代表着神灵的意志，创作主体完全陷于被动地位，而无意识的灵感和直觉才是创作动机。由此可见，柏拉图认为创作动机源于神力，"由神凭附着，最平庸的诗人有时也唱出最美妙的诗歌"（柏拉图，1963：9）。

柏拉图从直觉主义和无意识的角度来阐释创作主体的创作动机，认为诗人只有在神灵凭附的迷狂状态下才能创作出优秀作品，这种解

1　Russell, B. 2004. *History of Western Philosophy*. London: Routledge, 92. 此处译文依据何兆武，李约瑟译. 1982. 西方哲学史. 北京：商务印书馆，122.

释带有明显的病态生理学色彩，抹杀了社会环境和诗人个性对作品的影响。与柏拉图观点相似的还有现代心理学家弗洛伊德和荣格。弗洛伊德认为"力比多"（Libido）是作者的创作动机。文学创作源于性欲，文学作品是作者无意识里被压抑的欲望的反映。这些欲望违背了社会道德和世俗伦理，所以艺术家就将其宣泄在作品中，用社会允许的方式把它们升华。荣格也忽略了个人因素对创作动机的影响，"尤其是在荣格的文论里，对个人因素的这一认识，是明显被淹没在他为作品中无意识原型夹带着滚滚而去的批评思想之中了"（陆扬，1998：118）。荣格认为集体无意识是作家创作的动机，文学作品呈现的都是不同文化中反复出现的神话原型。他把创作心理分为内倾（introverted）和外倾（extroverted）。内倾型创作的作品受作者意识的控制，完全符合作者的意图和预期；外倾型的作品则受到作者无意识的影响，作品从作者笔下倾泻而出，不受作者意图的控制。后者是一种人所不能理解的原始经验，即来自人类心灵最深处的集体无意识。

柏拉图的弟子——古希腊哲学家亚里士多德（Aristotle）与其老师在文艺创作方面持有不同的观点。在《诗学》（*Poetics*，公元前335）中，他讨论了有关文学创作的诸多问题，提出文艺作品的创作是人的天性驱使。"人和动物的一个区别就在于人最善模仿，并通过模仿获得了最初的知识。其次，每个人都能从模仿的成果中得到快感。"（亚里士多德，1996：47）柏拉图把神灵凭附看成是诗人创作的动因，而不是作者本身的意志；亚里士多德看重创作主体的主动性，认为艺术创作是艺术家对现实的模仿。他认为作者的性格特质与作品的风格存在紧密的联系，"较稳重者模仿高尚的行动，即好人的行动，而较浅俗者则模仿低劣小人的行动，前者起始于制作颂神诗和赞美诗，后者起始于制作谩骂式的讽刺诗"（亚里士多德，1996：47）。他把诗的风格按照作者性格分为两类，稳重的在诗中歌颂英雄，肤浅的人就写讽刺诗。亚里士多德按照创作者性格划分作品风格还体现在他对悲剧和喜剧的解释上，喜剧"倾向于表现比今天的人坏的人，悲剧则倾向于表现比今天的人好的人"（亚里士多德，1996：38）。虽然这种根据创作者的个性来决定作品风格的观点没有什么合理依据，但与柏拉图认为文学作品源于神灵凭附的观点相比，亚里士多德肯定了创作主体在文艺作品中的作用。亚里士多德关于文艺创作的观点对当今的文艺研究仍具有重要意义。

❀ 从《聊斋》看蒲松龄的创作动机

康熙己未（1679）春日，蒲松龄为自己的《聊斋志异》（以下简称《聊斋》）写了一篇《聊斋自志》。在《聊斋自志》的最后，他写了如下一段话：

> 独是子夜荧荧，灯昏欲蕊；萧斋瑟瑟，案冷疑冰。集腋为裘，妄续幽冥之录；浮白载笔，仅成孤愤之书；寄托如此，亦足悲矣！嗟呼！惊霜寒雀，抱树无温；吊月秋虫，偎阑自热。知我者，其在青林黑塞间乎！（蒲松龄，2007：1）

在对《聊斋》的研究中，人们经常谈到《聊斋》的创作动机。学者大多根据这段话，进而援引司马迁发愤著书的观点，认为《聊斋》寄托了蒲松龄的"孤愤"，鞭挞了社会的黑暗，是作者一生遭逢的抒愤之书。如刘大杰在《中国文学发展史》（1982）中说："可知作者的著书目的，是借鬼神世界反映、影射人间生活和社会现实，而加以批判、揭露，来发泄自己的愤懑不满的"（1229）。这一类看法无疑是有道理的。不过，论者有意无意地忽视了一个十分重要的问题，即《聊斋》

是一部近五百篇，题材不一、内容繁杂的短篇小说集，其创作时间长达40年之久。也就是说，作者从30多岁的青年开始创作这部"狐鬼史"，直到70岁的垂暮之年仍然笔耕未辍。[1] 按照古人的说法，蒲松龄漫长的人生旅程，经历了"而立""不惑""知天命""耳顺"和"随心所欲不逾矩"的各个阶段。在人生的每个阶段里，他的思想观念、心理变化应该是不尽相同的，这无疑会影响到不同时期的《聊斋》创作。而《聊斋自志》是作者40岁时所写，其时《聊斋》还只完成了一部分。仅仅以此来说明全部《聊斋》的创作动机，包括作者以后30年作品的创作动机，显然是不全面的。

其实，就是在《聊斋自志》中，作者在谈到其著书寄托"孤愤"的同时，也谈到其创作《聊斋》的另外一些原因：

披萝带荔，三闾氏感而为骚；牛鬼蛇神，长爪郎吟而成癖。自鸣天籁，不择好音，有由然矣。松落落秋萤之火，魑魅争光……才非干宝，雅爱搜神；情类黄州，喜人谈鬼。闻则命笔，遂以成编。……遄飞逸兴，狂固难辞；永托旷怀，痴且不讳。（蒲松龄，2007：1）

显然，蒲松龄并没有否认满足自己个人的兴趣爱好，借笔墨以展天性，是自己多年孜孜不倦地创作《聊斋》的原因。那么，蒲松龄为什么又将自己的小说归结为"孤愤之书"呢？这可能与他的小说观有很大的关系。如果将《聊斋》置于中国小说史发展的过程中，就可以发现，蒲松龄在《聊斋自志》中说《聊斋》寄托了自己的"孤愤"，虽然不能否认其包含了蒲松龄的真实思想，但在很大程度上也可以说是

---

1 关于《聊斋》的写作年代，众说不一，各言其是。章培恒先生认为，康熙十二年（1673）或稍后开始写作，到作者逝世前不久写完第八册，前后共写作了40余年。本文认同此说。详见章培恒. 1993. 献疑集. 长沙：岳麓书社.

他受了"市人小说"的影响，是对中晚明以来新的小说观念的认同，与晚明市人小说批评家以"小说方之于经史"的用意大体相同，为的是提高小说的地位和强调小说的价值（朱振武，1995：129），并不能以此来概括蒲松龄《聊斋》创作的全部思想、心理上的动因。在蒲松龄的人生和《聊斋》创作的每一阶段里，由于受到各种因素的影响，他的心态不可能是始终如一的。事实上，由于《聊斋》创作时间之久、数量之巨，蒲松龄在不同的创作阶段，甚至在每篇作品的创作中，其心态都不可能完全相同。

《聊斋》这部包含近五百篇的短篇小说集，在一定程度上是蒲松龄以创作求自娱和娱人的心理的产物。也可以说，自娱、娱人，不仅是蒲松龄创作的出发点，也是他在创作中经常保持的一种心态。这本来就是小说，包括文人小说和市人小说产生的原因之一。

《聊斋》创作的另一个重要动机就是作者内心的苦闷与不平，或者说，蒲松龄在创作《聊斋》的过程中经常处于一种苦闷和不平的心态。"不平则鸣"，则讽，则揭露之，则鞭挞之，故而有《聊斋》中的许多杰作，这是不言而明的。最后，值得注意的是，作家的创作经常会受到自己心理上的潜意识或所谓"深层需求"所左右。这里所说的作家深层的需求，是指那些被压抑和埋藏在作家心灵深处，欲说不便、欲罢不能的原发性需求。这些需求在暗中对作家创作发生着作用，有时连作家本人也可能未意识到，或难以启齿，这里称之为潜隐难言的心理，这是《聊斋志异》创作的又一动机。一方面，那种由民族悠久的传统文化、传统道德给人们的行为规范、思维方式造成的深层的心理定式，或者说"集体无意识"经常对他的创作起着作用；另一方面，《聊斋》作品中的不少男主人公总是为两个或更多的女性所包围，这些女性经常给男主人公带来一些意想不到的满足和心灵上的愉悦，这种两

性关系实际上又很难用爱情来解释，也可以说在某种程度上暴露了作者不自觉的暗中希冀和追求。（朱振武，2017：3-5）

《聊斋》的创作动机是由多方面因素构成的，绝不单单是学者们强调的"孤愤"。在谈论蒲松龄创作《聊斋》的动机时，要结合作者人生不同阶段的经历和作者本人的性格特征来谈论，而不仅仅是人云亦云。不能否认，"孤愤"确实是蒲松龄创作《聊斋》的动机之一，但倘若将其视为《聊斋》全部的创作动机，显然是不够全面、有失偏颇的。因为创作动机绝不是一个简单的因素。经济政策、政治制度、历史文化等显性因素直接影响作者的创作动机。同时，还要注意，个人无意识或集体无意识等或多或少都会引导作家，这是影响作者创作动机中的隐性因素。

❸ 解密畅销小说的创作动机

作者的创作动机是一个十分复杂的概念，不仅与作者本人的人生经历和志趣选择有直接关系，也与当时的社会背景有着深刻联系。同时，文学活动是由世界、读者、作品、作者构成的系统，作者的创作动机也影响着读者的接受活动。

日本的著名推理小说作家东野圭吾（Keigo Higashino）的小说常年在畅销书中榜上有名。小说的情节往往以凶杀、悬疑与刑侦等一些血腥暴力的事件为主，但是东野圭吾笔下的案件往往不执拗于其本身的复杂，塑造的人物形象也不偏重于刻画正面人物的正义与智慧，其事件本身与人物形象都无法一言以蔽之，这也让越来越多读者反复探究、欣赏东野圭吾的推理世界。首先，东野圭吾选择推理小说这一题材，其创作动机就是吸引更多的读者，因推理小说有着得天独厚的优势，能够延长读者的审美注意力；其次，东野圭吾想借助自己的作品反映、揭露日本社会中存在的种种问题——关于未成年犯罪的法律不健全、对罪犯的无辜家属根深蒂固的成见、人与人之间的冷漠与隔膜等。虽然东野圭吾的小说充满了压抑与辛酸，但东野圭吾的本意是想借助这些发人深省的故事，引导读者向善、行善，用心底的善意来对抗社会的种种不公，从根源上解决这些本不该发生的人间悲剧。

参考文献

柏拉图. 1963. 文艺对话集. 朱光潜译. 北京：人民文学出版社.

伯特兰·罗素. 1982. 西方哲学史. 何兆武，李约瑟译. 北京：商务印书馆.

刘大杰. 1982. 中国文学发展史. 上海：上海古籍出版社.

陆扬. 1998. 精神分析文论. 济南：山东教育出版社.

蒲松龄. 2007. 全本新注聊斋志异·上. 朱其铠编. 北京：人民文学出版社.

亚里士多德. 1996. 诗学. 陈中梅译. 北京：商务印书馆.

章培恒. 1993. 献疑集. 长沙：岳麓书社.

朱振武. 1995. 中国通俗小说批评的四次勃兴. 上海师范大学学报（哲学社会科学版），（04）：129–137.

朱振武. 2017.《聊斋志异》的创作发生及其在英语世界的传播. 上海：学林出版社.

Russell, B. 2004. *History of Western Philosophy*. London: Routledge.

俄狄浦斯情结 / 恋母情结
OEDIPUS COMPLEX
厄勒克特拉情结 / 恋父情结
ELECTRA COMPLEX

俄狄浦斯情结 / 恋母情结（Oedipus complex）与厄勒克特拉情结 / 恋父情结（Electra complex）是心理分析理论与批评中的一对重要概念。

在文学作品中，弑父是一个十分重要的母题（motif）。这一母题与一种心理学概念有关，那就是俄狄浦斯情结。俄狄浦斯情结 / 恋母情结与厄勒克特拉情结 / 恋父情结都来源于古希腊神话。

❸ 恋母情结与恋父情结的神话来源

恋母情结，又称"俄狄浦斯情结"和"伊底庇斯情结"，指的是男性依恋母亲、仇恨父亲的一种心理。弗洛伊德率先提出这一概念。俄狄浦斯是希腊神话中的人物，是古希腊三大悲剧作家之一的索福克勒斯（Sophocles）创作的戏剧《俄狄浦斯王》（Oedipus the King，公元前435—前425）中的主人公。俄狄浦斯出生时，神谕说他长大后将杀父娶母。于是，他的父亲伊奥斯就让牧人把俄狄浦斯弃于野外。牧人不忍看到无辜婴儿死去，就把俄狄浦斯交到科林斯的国王波吕波斯的手中。没承想俄狄浦斯成年后也得知了这一神谕，为了避免这一可怕的命运，他离开了科林斯。在旅途中，他与亲生父亲伊奥斯发生了冲突，扭打在一起，失手杀死了伊奥斯。特拜被狮身人面怪物斯芬克斯困扰已久，俄狄浦斯成功地破解了斯芬克斯的谜语，解救了特拜，被拥为国王，并且娶了伊奥斯的遗孀、自己的母亲约卡斯塔。后来，特拜发生瘟疫，神谕指示，只有抓到杀害前国王的真凶才能驱赶瘟疫。最后，俄狄浦斯发现，正是自己杀死了亲生父亲伊奥斯，自己最终也没能躲过杀父娶母的悲剧命运，于是他在崩溃中刺瞎了双眼。伊奥斯、约卡斯塔和俄狄浦斯想逃避命运，最终还是走进命运的圈套。

与恋母情结相对应的是恋父情结，又称"厄勒克特拉情结"。这一名字的来历也与古希腊神话有关。厄勒克特拉是迈锡尼国王阿伽门农的女儿。阿伽门农远征特洛伊十年，归来后却被妻子克吕泰涅斯特拉与妻子的情夫埃癸斯托斯密谋杀害。厄勒克特拉立誓为父报仇。克吕泰涅斯特拉与情夫统治了迈锡尼，二人把厄勒克特拉嫁到远方。厄勒克特拉的弟弟欧瑞斯提兹则被好心的仆人秘密送出国。最终，厄勒克特拉和弟弟欧瑞斯提兹成功地杀死了母亲和埃癸斯托斯，完成了复仇。

❀ 弗洛伊德对恋母情结与恋父情结的定义

根据《俄狄浦斯王》，弗洛伊德用"俄狄浦斯情结"来比喻儿子心中对母亲的依恋和对父亲的仇恨这一心理倾向。恋母情结发生在性器期（the phallic stage），也就是儿童 3~7 岁左右。如若男孩幼年时的恋母情结没有得到妥善解决，在成年后就容易产生神经症和精神问题。恋父情结则指女孩依恋父亲、仇恨母亲的心理倾向，也发生在儿童 3~7 岁左右。女孩在性器期意识到自己没有男性生殖器，于是嫉恨母亲独占父亲。

作为心理学术语，恋母情结和恋父情结的真实性缺乏严谨的科学依据，但它们在文学创作与文学评论中发挥了巨大的作用。譬如，弗洛伊德指出哈姆雷特迟迟不愿动手杀死叔父的原因并非是他缺乏行动能力，因为哈姆雷特在杀死偷听他谈话的大臣时毫不手软。令哈姆雷特犹豫不决的是他隐秘的恋母倾向——叔父做的不过是哈姆雷特想做又不敢做的事情。电影《奥菲利亚》（*Ophelia*，2018）也在影片中对哈姆雷特的延宕作了艺术性处理，暗示他的延宕与对母亲的严重依恋有关。在劳伦斯的（David Herbert Lawrence）《儿子与情人》（*Sons and Lovers*，1913）中，母亲对保罗带有强烈性质的不伦之爱渐渐演变成了保罗的精神枷锁，保罗在精神上与肉体上均无法与其他女人正常交往。只有在母亲离世之后，他才能摆脱束缚，"朝着远处声音影绰、灯火辉煌的城市快步地走去"（Lawrence，2007：464）。

☙ 恋母情结的极致演绎：《儿子与情人》[1]

戴维·赫伯特·劳伦斯是 20 世纪最具创新精神的作家之一。他的小说突破了 19 世纪的创作传统，发掘出新的题材，着眼于人物的内心世界，从精神层面入手，细腻地描写了两性之间复杂的情感。他是第一位将精神分析应用于写作的作家，其自传体小说《儿子与情人》就明显地带有精神分析的迹象。"俄狄浦斯情结"是弗洛伊德精神分析的基本概念，在精神分析学中占有绝对重要的地位，对文学产生了巨大影响，直到今天这种影响依然存在。

性格决定命运，莫瑞尔夫妇个性上的差异决定了他们之间斗争的结局。莫瑞尔夫人高傲、坚强，有着强烈的占有欲和支配欲；而莫瑞尔先生虽然天性开朗、精力充沛，对社会充满激情，但性格中的弱点

1　节选自李淑芩. 2012. 从精神分析理论看《儿子与情人》中的"恋母情结". 黑河学刊，（1）：29-30.

却注定了他的失败。在高高在上的妻子面前，他胆小怯弱，压抑自己的愤怒，无助地忍受着妻子的鄙视，只有在喝醉的时候才会以最强烈也最粗俗的方式来宣泄自己的不满，但酒醒之后又对自己所作所为羞愧不已。自始至终，他都无法正确地面对妻子。终于，莫瑞尔夫人从精神的层面彻底抛弃了丈夫：一方面，她极力地击垮丈夫的男人气概，使他堕落到更加卑微的境地；另一方面，当孩子陆续出生之后，莫瑞尔太太把所有的爱都转移到自己孩子的身上，从他们那里寻求精神上的慰藉和满足。

从保罗的成长看，莫瑞尔太太对儿子的爱恋控制了保罗的一切情感，支配着保罗的灵魂，使他在精神上、情感上都处于畸形的母爱的包围之中，失去了恋爱能力。保罗从小接受母亲的畸爱，也对母亲的情感作了积极回应，并逐渐发展成对母亲情感的依恋，产生"恋母情结"。童年的保罗和母亲之间的关系不仅洋溢着细腻、丰富、敏感的亲情，而且又充满有浪漫色彩的爱意和魅力。他天性敏感，能理解母亲的烦恼，整个心灵似乎总在关注着她，母亲的喜悦和痛苦时刻萦绕在他的心头。他对母亲的敬慕之心无边无垠。对保罗来说，往往只要一看到母亲，他的心便由于爱而萌生出一种责任和志向。而另一方面，保罗也恨自己的父亲，因此，他祈祷上帝让父亲不再酗酒，希望父亲因为不再酗酒而死掉，然后他就可以完全地占有他的母亲，从而让她快乐并实现她的生活目标。他可以在没有父亲干扰的日子与母亲同睡一张床，更进一步讲，他喜欢和母亲睡在一起。从中我们可以看到，在童年的保罗身上，"恋母情结"已初现端倪。按照弗洛伊德的说法，在正常情况下，男孩的这种"恋母情结"只存在于潜意识中，并不为男孩自己所觉察、承认和肯定，也不会去有意识地执行。正由于这种畸形的母恋，他不能像正常人那样爱他喜爱的女孩，不能与她建立完整、自然、和谐的两性关系。

在小说中，作为一家之主的沃尔特·莫瑞尔来自社会底层。他没有受过教育，讲一口土语，精神上无法与妻子和子女沟通。这是导致他被其他家庭成员孤立的原因之一。正因为夫妻感情失和，莫瑞尔夫人将自己的爱转移到子女身上寻找寄托，也因此，对保罗产生了深刻的影响。保罗心目中根本不存在父亲的理想形象。本来其父应该具有某种男子汉气概，足以吸引保罗以此为标准加以仿效，可是，他对于父亲只有害怕和鄙视。保罗对父亲的态度充分反映了他的矛盾心理，由于母亲高人一等的文化修养而使父亲的粗鲁野蛮十分鲜明地显示出来，保罗对父亲的怨恨把他压得透不过气来。孩子对母亲的正常依赖就更加强烈了。

健康的精神状态必须建立在健康的生活方式和社会制度的基础上。《儿子与情人》所着力描写的精神问题，同样包含着社会的因素。保罗和其母亲之间的异常感情的发展是有各方面诱因的，除了家庭影响之外，绝对不能忽视当时的社会环境对他们的影响。劳伦斯对矿工的家庭生活描绘得细腻逼真，但他与 19 世纪列宁主义（Leninism）作家不同，他从一切对生活在这种环境中的人物精神感情和心灵上的影响方面着墨，着重表现人物内心强烈深沉的感情。保罗的父亲是个生活在社会底层的矿工，肮脏粗鲁。他从十岁起就下矿井挖煤，被剥夺了受教育的权利，在暗无天日的矿井里，过着地鼠一样的生活，每天天不亮就下井干活，出井时天早已黑了。在生活的重压下，他成为一个机器牲畜，身心遭到了极度的摧残和压抑，失去了生活的乐趣，只能借酒精来麻木自己。和其他矿工一样，沃尔特下班后的第一件事就是到酒馆喝酒，酒醉后回到家里不是上床睡觉，就是打骂妻儿。沃尔特是一个不觉醒的老一代产业工人形象。他虽然对现实不满，也富于反抗精神，但他并未意识到自己的不幸遭遇是资本主义工业文明造成的，更没有意识到资本家的残酷剥削和压榨是造成工人生活贫困的根源。矿工们每时每刻都冒着生命危险在黑暗、潮湿的坑道里干着非人的苦工。他们逐渐变得粗暴、蛮横，只有酒才能使他们暂时忘却忧愁和疲劳，只有在家里粗声恶语才能发泄他们心头郁积的怒气。与此同时，他们的妻子在狭小的屋子里养育子女，在彼此邻接的炉坑里捅煤灰，隔着泥泞污浊的街头巷尾进行交谈，对着抽屉里最后一个铜板发愁，为将要出生的婴儿忧虑。生活对于她们来说，无非是贫困和肮脏。莫瑞尔太太的处境是千万矿工妻子所共同面临的困境，大工业生产的阴影笼罩着每个矿工家庭的生活，正是这种情况构成了莫瑞尔夫妇家庭冲突的社会背景。他们新婚之后曾经有过一段短暂的幸福，但生活的贫困、劳动的繁重和教育素养的低下，粉碎了莫瑞尔太太少女时代的美梦。她对丈夫绝望之余便把全部爱情倾注到保罗身上，以致造成保罗精神上和感情上的变态。

保罗的力比多停滞在性器期，他的恋母情结无法缓解，他的心理无法向前发展，对母亲的依恋成了生活的全部。社会环境和原生家庭让保罗认为母亲是自己的避风港，一味逃避现实的保罗只能任由恋母情结日渐严重。保罗憎恨父亲，憎恨自己的家庭，憎恨当时的社会环境，他企图返回与母亲融合的阶段，所以拒绝成长。保罗的恋母情结不仅仅源自保罗自己，也源自莫瑞尔太太，她对社会、对家庭、对丈夫绝望，只能寄希望于自己的儿子，正是这种畸形的爱让儿子在心理上产生变态。

ɔʒ 恋母情结与恋父情结：变态还是常态？

按照弗洛伊德的说法，恋母情结与恋父情结是人类心理发展中一个普遍常见的心理问题，那么从变态心理学的角度来看，恋母情结和恋父情结是人类的变态情感还是常态情感呢？

变态心理学研究的对象是人类的非常态心理活动，而男性的幼时恋母情结与女性幼时的恋父情结是一种无意识心理，并非是由意识主导的故意行为，所以，这种恋母情结与恋父情结并不是变态情感。古希腊悲剧《俄狄浦斯王》中俄狄浦斯因命运的诅咒而杀父娶母，这并不是俄狄浦斯对母亲的迷恋而导致的悲剧，所以这种恋母情结就不是变态心理。在劳伦斯的《儿子与情人》中，保罗对母亲的恋母情结却未能随着保罗的成长而退减，这使得保罗对父亲怀有深深的敌意。也正是因为保罗一直活在恋母情结的支配下，导致保罗父子之间无法拥有正常的交流，也让保罗与父母的关系变得极度畸形。对母亲的过度依恋使得父亲成了家庭的陌生人，也让保罗无法与女性开展正常的交往，从而也间接毁掉了保罗的青春与婚姻。由此可见，《儿子与情人》中保罗的恋母情结已严重影响到保罗的身心发展，所以这属于变态情感。人都有一定的恋母/恋父情结，这是十分正常的，是常态情感；如果这种情感随着年龄的增长越发强烈，甚至让人无法正常生活，这就是变态情感。

参考文献

李淑芩. 2012. 从精神分析理论看《儿子与情人》中的"恋母情结". 黑河学刊，（01）：29–30.

Lawrence, D. 2007. *Sons and Lovers*. Cambridge: Cambridge University Press.

集体无意识 COLLECTIVE UNCONSCIOUS

瑞士心理学家荣格师承弗洛伊德，发展并修正了弗洛伊德的精神分析学说。1906 年荣格与弗洛伊德开始通信，1907 年二人初次相见，1909 年共同访美，1911 年两人又联手创立了"国际精神分析学会"。弗洛伊德很看重荣格，甚至亲切地称他为"我的亲爱的儿子"（高宣扬，1986：254）。荣格自己回忆，弗洛伊德还"暗示我为他的接班人"（Jung，1989：157），可见弗洛伊德殷切地希望荣格能继承他的理论事业。但荣格并不认同弗洛伊德在力比多、潜意识和个体差异等的观点，他特别反对弗洛伊德的泛性欲主义。观点的对立使师徒二人分道扬镳。尽管如此，荣格终生都对自己的老师弗洛伊德保持敬意。1914 年，荣格离开国际精神分析学会，创立了分析心理学（Analytical Psychology）。为了与弗洛伊德的理论相区别，他给自己的理论起名"分析心理学"。荣格在弗洛伊德提出的"无意识"理论基础上，进一步把无意识分为"个人无意识"（individual unconscious）和"集体无意识"（collective unconscious）。

○ 荣格的集体无意识理论

弗洛伊德提出"无意识"概念，他认为，无意识领域储藏的都是个人被遗忘或者被压抑的本能欲望，它们无法被直接感知，也无法进入前意识层面。这些欲望可以追溯到个体的童年生活，并且大多数欲望都和"性"有关系。荣格并不赞成弗洛伊德的观点，相反，荣格认为，所有的心理不能单单凭性欲就可以解释得通。荣格将无意识划分成个人无意识和集体无意识两个范围，并赋予无意识深广的内容。在无意识中，不仅储存着个人经历过的记忆，还有前人经历、遗传并被群体保留的经验和记忆。荣格认为，"个人无意识或多或少属于表层的无意识无疑含有个人特性"（卡尔·荣格，1987：52）。比个人无意识更深一层的是集体无意识，"但这种个人无意识有赖于更深的一层，它并非来源于个人经验，并非从后天中获得，而是先天地存在的"（卡尔·荣格，1987：52）。其实，荣格所说的个人无意识就相当于弗洛伊德的无意识，就是个体在生活中被压抑或遗忘的诸多观念、欲望和情结。集体无意识是一种潜能，它以一种特殊形式的记忆储藏在头脑中。自原始时代起，这种潜能就被遗传下来。集体无意识的内容就是通过继承和遗传而来的各种"原型"（archetype）或者"原始意象"（primordial image）。一般情况下，荣格把"原型"与"原始意象"作为通用的概念。具体地说，原型是形式，是存在于人类头脑中的一些先天倾向性，当人们进入某种唤醒原型的情境时，这种先天的倾向性就会被激活；原始意象是内容。原型是内倾的，原始意象是外显的。荣格认为，弗洛伊德的泛性欲主义把所有的艺术作品和艺术家都当作神经病患者发泄欲望的病例来研究，这样的研究方法最终就是追溯艺术家童年的经历和艺术家与父母的关系，而艺术作品独特的内涵价值也就变得不值一提。与弗洛伊德不同，荣格超越了个人无意识层面，深入集体无意识，到民族心理中寻找艺术创作的源头。

∝ 原型的分类

荣格相信原型主要以神话的方式显现出来。他在自己的著作中描述过众多原型，如出生原型、死亡原型、再生原型、英雄原型、母亲原型和太阳原型等。不同的原型既可以相互独立，又能相互分离，还可以组合在一起。如果英雄原型结合魔鬼原型，结果可能是"残酷无情的领袖"这种个人类型（卡尔文·霍尔，1987：45）；而巫术原型如果结合出生原型，其结果可能是某些原始文化中的"生育巫师"（卡尔文·霍尔，1987：46）。各种原型相互组合，许多不同的组合方式互相作用、影响，最终造成了个体之间不同的人格。其中影响较大的主要有四种原型：人格面具（the persona）、阿尼玛（Anima）和阿尼玛斯（Animus）、阴影（shadow）和自性（the self）。荣格认为，原型是人类普遍拥有的，每个人在出生时都拥有相同的原型，但是随着生活环境的不同与个体经历的差异，这些原型在外显的过程中也各有不同。并且，"当种族分化出现后，不同种族的基本无意识也显现出不同的差异"（卡尔文·霍尔，1987：46）。

弗洛伊德强调，文学艺术作品来源于压抑力比多的宣泄，创作的重心在于个人的无意识。荣格坚持认为，文学表现的是集体无意识的原型。他强调，分析心理学只能适用于研究文学创作主体的心理过程，而文学的本质则属于美学探讨的范畴。集体无意识学说是荣格在心理学领域做出的最大贡献。他的集体无意识理论与人类学家弗雷泽（James George Frazer）的《金枝》（*The Golden Bough*，1890）被认为是神话原型批评（Mythological and Archetypal Criticism）的两大发源处。

⊗ 《泄密的心》中的集体无意识

读了爱伦·坡的短篇小说《泄密的心》（*The Tell-Tale Heart*，1843），不由想起英国著名诗人柯勒律治（Samuel Taylor Coleridge）说过的那句话：古老的天性召回了古老的民性。这是一句令人迷惑的话，却道出了原型批评得以展开的根本。人类虽然历经千年万年的时间，历经千种万种的形态，其内心潜藏在一切意识最深处的前意识，却是大体相同的。这种前意识，按照荣格的观点，不是个别的，而是普遍的，"具备了所有地方和所有个人皆有的大体相似的内容和行为方式"（胡经之、张首映，1989：297）。这句话再加上"所有的时间"一词，就可以概括柯氏"古老的天性"的意思。其实，这也就是原型—神话派理论家们称为"集体无意识"的理论内核。我们用这一理论来考察坡的名作《泄密的心》倒是颇有洞见。

我是万物之灵的人（"我"），我和你命运（老头）住在一起，你的力量（眼睛）始终威胁我的尊严的存在。我处于你的统治（可怕地瞅着人的眼睛）下，并且被你耻笑（眼睛就其晶莹透彻来说，意味着命运对人类困境的了然于心）。我是那般地高贵和敏锐，我怎能容忍呢？我终于将你杀死，不露痕迹。（"连他的眼睛也看不出"）我的确是一个灵长的存在！我真的就最终不能逃脱你的控制吗？（眼睛闭上了，心却跳起来了，这是命运的又一形式）是的，我不能，命运使我失败，使我不再想斗争下去。此时，《泄密的心》已经不再是一篇恐怖心理小说了。它所表达的是西绪福斯式人类生存的某种困境：世界充满了违情悖理和徒劳无益。正是在对人类这种悲剧状态的关注中，读者获得了对小说的普遍同情——对自身境地的潜意识认识被唤醒了。那是多么令人失声痛哭的景象："我"是渺小的，聪明反被聪明误！

整篇小说里两个主要人物"我"和老头，应该说是魔幻型意象中替罪羊和暴君的分别对等。"我"不是单纯的受苦受难，暴君也不是完全地强悍有力。这种现象，首先表现在"我"在小说中的自觉："我"（人）首先能自觉地感到眼睛的冷漠目光（命运的嘲弄）；其次，"我"又自觉地产生了去杀戮的欲望。而最大也是最重要的一个自觉是："我"在招认之前，在心跳声的紧逼中，已经认识到了"我"将失败的必然。"我"清清楚楚地知道，"他们有数！"（They knew）虽则短短四个字（两个英文词），却充分地描述出了"我"的主体性意识的加强。"我"已远远地超过了只知诚惶诚恐的古老的毛利人、汤加人、塔希提人了。

变异还发生在"暴君"身上。最明显的特征是，作为命运力量的象征的眼睛，居然被安在了一个老头的身上。强悍之中掺进了胆小和怕事。看看老头在小说中的形象："他生怕强盗抢，百叶窗关得严严密密。"命运不是绝对强悍的了。然而，为什么会发生这种变异呢？是古老的原型在变化吗？回答是否定的。因为，明明白白地，"我"对命运的恐惧和土人对酋长的敬畏如出一辙。为什么？这种情况的产生恰如一条河的流过，水是最初的水，然而经历的地方多了，其含量也必有一些变化……原型是最初的原型，是最普遍的无意识，然而经历的时间久了，人的意识也强了，人对自然界的过程不再是一个被动接受的过程了。他有了觉醒。正是这种觉醒，促使了人在自然中受罪地位的提升和命运暴君地位的没落。自然，有得也有失，同样地，正是意识的加强，促使无意识退回了心灵的最深处，变得叫人难以辨认。因此，原型意象变异的出现，也标志着原型意象被感知的难度增加了。

现在，我们可以摆脱传统鉴赏眼光，而跃在了某一高度对作品进行俯视。当然我们并不是要挖掘出人对命运的无可奈何而后悲天悯人，这也不是原型批评的最终目的；我们对作品进行原型批评，很明显是找出作品的深层结构。在这种找寻中也更容易地把握住了人类普遍存在的集体无意识，明确了心灵受到震撼的最初原因。由是，在原型的找寻中，人也获得了升华，对自身的洞察，帮助了对生存意义的寻求。"我"并非全然失败，"我"的胜利在于自觉。所以，我们可以初步地认为，原型批评的最终目的是要找出解释——对生存理由的解释——这个解释由每个时代各自的小说、文学文艺作品做出，由原型批评对其中包含的同一仪式的找寻而使之清晰化。可以说，《泄密的心》在一定程度上泄的是人类的集体经验和深层无意识的大秘密。

古老的民性——原型，因产生于"意识的思维在深度和广度方面都很不发达的'原始人身上'"（胡经之、张首映，1989：301），所以它不仅是集体无意识的内容，而且是最粗拙、最直接的集体无意识的内容，是偷摘禁果之后的亚当和夏娃们最初的也是亘古的渴望。因而它具有很大的震撼力。原型—神话批评理论家认为，作家们恰恰是利用这种震撼力去激发人心深处的集体无意识，从而从更深处影响和感动读者。读者的阅读过程，因而也可以说成是读者因其有古老的天性，所以在作品中发现了古老的民性而备受蛊惑的过程，亦即"古老的天性召回了古老的民性"，换句话说，就是"古老的民性激发了古老的天性"。原型—神话批评理论的缺点自然是存在的，它往往忽略了文学的细致的美，忽略了文学的个性。但它对文学共性的关注，却使得我们"可以从作品的表层深入到深层意蕴，从作品的细节追踪到作者的创作心理和动机，并从中观照到文化中发展的轨迹"（林骧华等，1987：480）。

集体无意识不是一种具象的实体，而是一种抽象的概念，像老庄的"道"和佛家的"空"般难以描述清楚，当然也不是不可捉摸。幸亏人类在历史幼稚时期，在并没有进化完全的大脑控制下的活动，为我们留下了集体无意识的最初痕迹，即民间传说、神话等诸如此类的东西。所以，在进行文本细读时，我们要想挖掘作品中隐藏的集体无意识，并非只是找出对应的神话，而是要寻找共性，寻找各国文学的共性，即寻找整个人类文化的共性。诚如古希腊神庙中那句古老箴言"认识你自己"，这句话不仅仅提醒每个人要认识自己，认识自己的无意识，也是提醒全人类，认识共同的集体无意识记忆。（朱振武，2008：3-9）

❧ 童话中的集体无意识

集体无意识也是作者创作动机的一部分，它影响着作品中的人物、情节和主题。所以，我们透过作品的表层可以深入深层，寻找其中蕴含的文化历史。下面我们试着利用集体无意识的理论，分析童话中体现的深层文化内涵。

法国作家夏尔（Charles Perrault）笔下的有关蓝胡子（Bluebeard）的故事是一个极度血腥且残忍的童话。蓝胡子是当地一个有钱的贵族，他娶了一任又一任妻子，但是这些可怜的少女全都下落不明。有一天，蓝胡子去一个农夫家中请求农夫把女儿嫁给他，农夫不敢不从，大女儿和二女儿吓坏了，小女儿为了保护姐姐自告奋勇成为蓝胡子的新娘。回到家后，蓝胡子将所有房间的钥匙交给小女儿，并警告她地下室最后一间房间的门绝对不可以打开。蓝胡子走后，小女儿抑制不住强烈的好奇心，还是打开了房间，房间里堆满了蓝胡子前妻们的残缺不全的尸体，弥漫着血腥味。小女儿不慎将钥匙掉在地上，血迹无法清洗。这时蓝胡子回来发现小女儿进了最后一个房间，就想杀掉她，小女儿想办法拖延时间，并成功得到两个姐姐和兄弟的帮助，反杀了蓝胡子。蓝胡子杀妻的行为，可以看作是丈夫对妻子不忠的惩罚，"钥匙"可以看作是男性阳具的象征，"锁孔"可以视为女性的阴道。同时，这个故事也体现了在男权社会中男性恋女又畏女的矛盾情结，蓝胡子反复娶妻这一行为其实是男性对阳具的过度自恋的表现。

参考文献

高宣扬. 1986. 弗洛伊德传. 北京：作家出版社.

胡经之，张首映. 1989. 西方二十世纪文论选（第一卷）. 北京：中国社会科学出版社.

卡尔·荣格. 1987. 心理学与文学. 冯川，苏克译. 北京：读书·生活·新知三联书店.

卡尔文·霍尔. 1987. 荣格心理学入门. 冯川译. 北京：读书·生活·新知三联书店.

林骧华等. 1987. 文艺新学科新方法手册. 上海：上海文艺出版社.

朱振武. 2008. 爱伦·坡小说全解. 上海：学林出版社.

Jung, C. 1989. *Memories, Dreams, Reflections*. New York: Random House.

焦虑 ANXIETY

焦虑（anxiety）是当下不少年轻人在"内卷"浪潮中都具有的一种心理状态。弗洛伊德首先提出"焦虑"这一概念，他认为焦虑是来源于自我的一种情感状态。起初，弗洛伊德认为，无意识中压抑的力比多冲动使得焦虑产生，后来，他转变了这一观点。除了弗洛伊德，美国心理学家、存在分析学的代表罗洛·梅（Rollo May）也对焦虑进行了深入研究。

❧ 焦虑的起源

弗洛伊德在《精神分析新论》（*New Introductory Lectures on Psychoanalysis*，1932）中提到，"我们不再坚持认为，在这种场合中，正是力比多自身被转变为焦虑了"，而是认为焦虑的起源未必只有一个，"一是创伤性因素的直接后果；一是预示创伤性因素即将重现的信号"（车文博，2004：60）。除了力比多，创伤也是焦虑的起源。而弗洛伊德提到的"这种场合"就是婴儿出生的创伤时刻（traumatic moment）。刚出生的婴儿无法自理，需要父母无时无刻地照料；儿童在成长的前几年对外在环境的危险缺乏抵抗力和精神上的准备，只能依靠他人的保护。这种创伤性的经验会沉淀在儿童心中。在成年后，如果再次遇到无能为力的场景，焦虑就会被激活，所以，出生创伤也会引发焦虑。

❸ 焦虑的分类

焦虑是一种情感状态，它能被主体感知，并且令人感到不快。焦虑存在的作用就是警惕自我。焦虑一旦出现，自我就会采取相应措施来对付困境或者避免潜在的危险。按照产生的根源不同，弗洛伊德把焦虑分为三类：现实性焦虑（objective anxiety）、神经性焦虑（neurotic anxiety）和道德焦虑（moral anxiety）。现实性焦虑产生的根源是缺乏对外部环境的安全感，神经性焦虑的根源是对本我的恐惧，而道德焦虑产生的根源则是对超我的畏惧。

（1）现实性焦虑是焦虑的最基本形式，是个体因害怕外在世界的危险而产生的负面情绪。个体察觉到某种情境或事物可能会让自己受到伤害。这种焦虑既包括先天遗传的，也包括后天培养的。比如，运动员在上场比赛前会感到焦虑，因为害怕自己不能取得理想成绩，观众、教练或父母会对自己不满意。再比如，某人爱吃巧克力蛋糕，某天在吃了一块巧克力蛋糕后，得了肠胃炎住进了医院，出院以后，不知情的朋友送给了这个人一块巧克力蛋糕，结果这个人连连摆手，说什么都不肯再吃，因为担忧自己再次呕吐生病。在美国剧作家田纳西·威廉姆斯（Tennessee Williams）的《欲望号街车》（*A Streetcar*

Named Desire，1947）中，女主角布兰奇在夜晚十分害怕不加装饰的灯泡，她不得不用灯罩把灯泡罩住，因为她害怕明亮的灯光会让她一直隐瞒的真实年龄暴露，这样一来，如此声名狼藉的自己再没有嫁出去的希望。这也是现实性焦虑。

（2）神经性焦虑是由于认识到本我的危险，并且担心在过度满足本我的欲望后会受到惩罚而产生的。现实性焦虑的产生往往源于具体的实在物或形象，比如龇牙咧嘴的狗、令人作呕的饭菜等，但是，神经性焦虑发生时，身边往往没有客观存在的客体。神经性焦虑有三种表现形式。第一种是游离式忧惧症（free-floating fear），比如，有的人总预感厄运会找到自己。这类人时常活在惊恐之中，他们总感觉在自己身上发生的都是不好的事情，并把所有的巧合都看成不祥的预告。他们往往经常陷入紧张、悲观等负面情绪。第二种是恐怖症（phobias），即个体害怕的东西实质上并非那么危险。比如，有人害怕站在高处，害怕密闭的空间、密集的圆点、放大的深海图片等。弗洛伊德指出，在正常情况下，人们面临可能产生危险的事物时，不会故意放大这些事物发生危险的可能性。比如，乘火车出行可能会遇到脱轨、火灾、洪水等意外，乘船出行也可能遇到危险，虽然人们也会考虑这些危险事故发生的可能性，但他们不会因此而拒绝出行，因为这些不幸发生的概率很小。但极度焦虑的人，会因为可能发生的危险而感到惊恐不安，他们会抗拒外出。这种焦虑来自本我的世界，而非外在的客观世界。第三种是突然出现的恐慌反应。比如，有人会突然乱砍乱杀，事后无法解释自己刚刚的所作所为。这种焦虑是随机产生的，它的来源并非是什么能看到或能预知的外界危险。神经质的人和正常人都会有神经性焦虑，只是轻重程度各有不同。

（3）道德焦虑是由于惧怕严厉超我的训导而使自我自责、愧疚产生的，它产生的根源也不是外在世界，而是来自个体的内心。例如，某学生没有认真听讲及时复习，考试前一天他打算作弊，但是考试时，他心中又十分纠结，这时产生的就是道德焦虑。《罪与罚》（*преступление и наказание*，1866）中的拉斯科尔尼科夫在杀掉放高利贷的老太婆和其无辜的妹妹后，无法逃脱超我对自己的审判，最终投案自首，这也是道德焦虑。一个有良心的人在试图做或做完违背超我道德的事后，就会产生负罪感和羞耻感，就是道德焦虑的惩罚。

这三种焦虑之间并非有不可逾越的鸿沟。在一个人身上，三种焦虑可以同时出现。在《欲望号街车》中，布兰奇与丈夫吵架，随后丈夫开枪自杀，布兰奇陷入自责，产生了道德焦虑。此时的布兰奇又企图通过放纵声色的方式来减缓这种焦虑，她与男学生发生暧昧关系，结果被解雇，狼狈不堪的布兰奇只能借住在妹妹与妹夫家。在妹妹家期间，妹夫斯坦利对矫揉造作、故作优雅的布兰奇十分厌恶。布兰奇时常调戏斯坦利，后又与斯坦利的朋友米奇恋爱，希望能成为米奇的妻子，获得依靠。在满足本我的放纵后，布兰奇深感内疚与不安。她与学生的不正当关系让她声名狼藉，成为笑柄；她一直担忧妹妹和米奇知道自己的不光彩过去，自己更无法立足，在产生道德焦虑后，神经性焦虑也随之而来。三种焦虑同时发生作用，布兰奇痛苦万分。最终，布兰奇无法解决这三种焦虑带来的痛苦，精神崩溃进了疯人院。

❡ 罗洛·梅的焦虑研究

美国存在分析学家罗洛·梅也对焦虑现象进行了深入的研究，并取得了卓越成果。他的《焦虑的意义》（*The Meaning of Anxiety*，1950）

深受读者喜爱。在该书中，罗洛对不同的焦虑理论进行梳理，从文化学、生物学、心理学、医学等多重视角展开了对焦虑的探讨，针对个案进行分析，并提出解决焦虑的途径。他认为文化因素是焦虑的主要来源，如从众、孤独感和道德价值标准削弱等都会造成焦虑。个人虽有自我选择的自由，但是时代和社会对个人的目标实现产生巨大的影响，所以自我选择就会受到外在条件的制约。人们企图通过努力奋斗或转移注意力来克服焦虑，但鼓励人们忘我地追求自己的目标反而让人们深陷焦虑。罗洛认为，死亡才是焦虑的基本来源，这与弗洛伊德把力比多和出生创伤看成焦虑的来源不同。死亡意味着肉体和精神的双重消逝。因此，罗洛指出焦虑既来源于对死亡的恐惧，也来源于对精神空虚的畏惧。如果个体能够对焦虑作出适当的反应，调整自己的心态和情绪，这就是正常的焦虑。如果个体无法正视某种焦虑，甚至畏惧、逃避压抑，这就是病态的焦虑。罗洛认为焦虑是当今社会存在的最普遍、最严重的心理问题。通过大量临床病例的研究和多年经验的累积，他认为人们应该正视焦虑，管理焦虑，开发个体的活力与创造性。

✂ 福克纳中篇小说《熊》中的人类文明焦虑

福克纳在《熊》的前三章中已将 16 岁的孩子的成年礼仪式进行完毕，然后有意往后延宕了五分之二的篇幅。"美国文学并不常常反映这样一种戏剧性的过程（指灵魂的死亡和再生——笔者按）。恰恰相反，它所反映的生活背景都是无法解决的矛盾，这些矛盾无论如何也没有被吸收、调和或转化。"（盛宁，1994：127）除了上述原因外，恐怕还因为他是在探讨作为大写的人，即整个人类社会的焦虑问题。20 世纪以来，社会的动荡不安给人类带来了焦虑，如何应对焦虑已成为人们日常生活的主要问题。这种焦虑不仅仅包括个体的焦虑，还包括群体的焦虑。

随着工业文明的入侵，社会经济不断发展，财富不断积累的背后，是情感的退化与丧失。"最卑劣的情操莫过于恐惧"，作家颂扬的"只应是心灵深处的亘古至今的真情实感、爱情、荣誉、同情、自豪、怜悯之心和牺牲精神，少了这些永恒的真情实感，任何故事必然是昙花一现，难以独存"（李文俊，1980：254–255）。"人是不朽的，并非在生物中唯独他留有绵延不绝的声音，而是人有灵魂，有能够怜悯牺牲和耐劳的精神。"（李文俊，1980：254–255）福克纳在《熊》中表现的正是他认为人所应有的最基本、最优秀的品质。山姆教给未来猎人艾萨克的人生第一课就是福克纳多次强调过的"永远忘掉恐惧"。老人说："吓你一跳，这个你避免不了，但是不应当吓坏了……一只熊或一只鹿，也会被一个胆小鬼吓一跳的，一个勇敢的人也会这样。"这是老人给艾萨克上的第一课。当时的艾萨克正是凭着这种勇气，打算克服内心的焦虑，丢掉了可以保护自己的猎枪、可以为自己引路的指南针以及用来计时的怀表，终于以和大熊完全平等的一个自然界生灵中的普通一员的身份见到了盛名之下的"老班"。第二次，他又是凭着勇气以及同情、怜悯之心和牺牲精神，冲到大熊鼻子底下救出了那条勇气有余、"不打算罢休"，但与大熊相比实在不成比例的小狗。而大熊也正是出于同情怜悯之心和博爱精神，以及对小狗和艾萨克的勇气及牺牲精神的欣赏才放过了他们。那条杂种猎犬"狮子"则更是勇敢、顽强、忍耐和不屈不挠的人格美的象征。谦卑、自豪和坚忍是山姆从自己红、黑、白三色人种的祖先那里继承的品德，也是他要传授给"孩子"并对之考核的重要内容。福克纳在文本中告诉我们，人通过受苦受难学会了谦卑，又通过比受苦受难更有生命力的坚忍学会了自豪。重拾这些真情实感和美好的品质，才能克服心底的焦虑，从而减少人与人之间的疏离和冷漠，杜绝人的异化等问题。由此可见，福克纳在中篇小说《熊》中的焦虑书写，既是"孩子"艾萨克的，也是在"内战"失败继之又面临北方工业"入侵"的整个南方人的。

这种焦虑还体现在反复强调孩子的年龄和大熊之死上。故事从艾萨克 16 岁时开始，此前他只懂得生活中的重要性，并不了解其意义。

他感到其中似有灾祸。好像有一件事情，一件他并不知道的事情，正在开始；已经开始了。就像一台戏的最后一幕。好像一件事情开始要收尾了。他不知道是什么事情，只知道他不应悲伤。如果他已被认为符合条件可以成为其中的一部分，或者仅仅是可以看上一眼，他将因此感到谦恭和骄傲。（威廉·福克纳，1990：42–43）

"一件事情开始要收尾了"，实际上这正意味着另一件事的开始。艾萨克参加的不光是一系列的打猎活动，他是在参加一场表现死亡与诞生的宏伟戏剧。一方面是老班之死，山姆之死，杂种猎狗狮子之死，荒野之死，以及艾萨克所感觉到的似乎是整个世界的死亡；另一方面是艾萨克这个少年英雄的诞生与再生。艾萨克是那死去灵魂的孤独的化身，是那个世界及其真理的见证人。肉体的死亡、精神的消亡还有自我的消失都是焦虑的来源。大熊老班死了，从隐喻的角度来看，大熊是死于孩子的诞生。而山姆，这个看上去"过时的人"（anachronism）（Gold，1966：55），正是"老班在人间的对等"（the human equivalent of Old Ben）。这和我们上文中提到的英雄神话中的"可怕的母亲"颇有相似之处。山姆·法泽斯这个名字的寓意已如上述，小说的英文名"The Bear"似乎也不应被忽略。Bear 自然有"熊"的意思，但这个单词同时也有"生产"之意。大熊的名字"老班"（Old Ben），又和伦敦英国议会大厦塔楼上的大钟（Big Ben）同名，这或许是福克纳在向我们暗示大熊的警钟意义，或者是赞扬大熊的那些品德像时间一样不朽。死亡只不过是另一种形式的再生，生死循环，对死亡的焦虑也就随之淡化了。福克纳对大熊之死和艾萨克的诞生的描写是这部小说的点睛之笔，使它不同于传统的描写死亡母题的小说，而且大大升华了作品的主题意蕴。它既满足了人们潜意识中对原型模式的阅读期待，唤起了人们内心深处的情感共鸣，又将作品引申为对人们赖以生存的自然和人类自身未来的关注。（朱振武，2016：63–67）

"焦虑"本是心理学概念，将其运用于文学批评中时，不仅要抓住人物的心理分析焦虑的表现，还要结合时代环境分析焦虑产生的原因。20 世纪经济飞速发展的背后，人的精神危机日益严重，归根到底，人的焦虑已成为最普遍、最严重的问题。在这种背景下，人的焦虑就体现在情感的退化、人与人信任的丧失以及人的异化等方面。在探究文本中所蕴含的焦虑时，要注意焦虑也是作者的创作动机之一。面对现代文明浪潮的冲击、南方文明的瓦解与传统价值观的崩溃，身为南方作家的福克纳开始思索。福克纳无法无视南方文明的弊端，也无法在北方文明中找到认同感，而现代文明又让人们面临异化、疏离等问题，这些既是福克纳的创作动机，也是文本的素材来源。

✂ 文学作品中的文化焦虑

文化焦虑就是"从人文关怀的高度对自己民族或人类命运的深刻反思，是对社会文化问题的总纽结，而不是对一时一地的具体问题的焦虑"（顾祖钊，2018：213）。"社会文化问题的总纽结"就是"创作主体对一定历史时期社会文化的关键问题进行总的思考和应对"（顾祖钊，2018：213）。在文学作品中，知识分子的文化焦虑被刻画得极为明显，作者往往借助文本中这种动荡时期知识分子的文化焦虑来探索民族的未来与国家的出路。

《白卫军》（*White Guards*）是俄国作家布尔加科夫于 1923 年创作的长篇小说，展现了他对前期战争与革命的忏悔，对俄国现代化弊端的反思以及对西方功利主义思想的怀疑。作品以白卫军与共和军之间的战争为背景，讲述了白卫军人图尔宾兄妹在战争中的经历，展现了知识分子对战争的批判、对祖国命运的思考以及对美好人性的讴歌。作品以全知叙述视角描绘了白卫军知识分子家庭在隆隆炮火声中的命运，赞扬了他们没有被残酷战争以及城市现代化泯灭的人性。布尔加科夫以中间立场，凸显战争的残酷性与悲剧性，反思现代化进程中的诸多问题。《白卫军》关注知识分子在战争与现代化进程中的命运，关注知识分子的心灵世界，生动刻画了知识分子的文化焦虑。布尔加科夫细致地反映了图尔宾兄妹曲折的心理变化。"一战"刚结束，国内同胞就打得不可开交，残酷战争的梦魇卷土重来。俄国不仅经历着外部末日审判般的恐惧——西方列强试图重新瓜分世界，也经历着内部壮士断腕式的涅槃——现代化思想的革新与进步，生存环境的跌宕与精神世界的危机几乎将知识分子压垮。《白卫军》仔细地传达出他们内心交织缠绕的复杂情感：既畏惧战争的残酷，又坚定地保护家园；既不相信政府与人民的力量，但又将二者置于自己性命之上；既寄希望于西方先进政治制度与思想学说，又想让本国传统文化发挥更大的作用；既对现实和未来充满着迷茫和悲观，又以极大的热情投身战争和革命。布尔加科夫将极富象征意蕴的外部静物与人物不断变化摇摆的心理动态相结合，同时细腻刻画了人物的非理性情感。最后，图尔宾一家成为诺亚方舟式的避风港，经历九死一生的兄妹三人从肉体到精神都完成了"复活"。

参考文献

车文博. 2004. 精神分析新论. 长春：长春出版社.

顾祖钊. 2018. 文艺学教程：中国文化诗学的新阐释. 北京：北京师范大学出版社.

李文俊. 1980. 福克纳评论集. 北京：中国社会科学出版社.

盛宁. 1994. 二十世纪美国文论. 北京：北京大学出版社.

威廉·福克纳. 2000. 熊. 李文俊译. 上海：上海译文出版社.

朱振武. 2016. 在心理美学的平面上——威廉·福克纳小说创作论（增订版）. 上海：学林出版社.

Gold, J. 1966. *William Faulkner: A Study in Humanism, from Metaphor to Discourse*. Norman: University of Oklahoma Press.

接受美学　　RECEPTION AESTHETICS

接受美学（Reception Aesthetics）是现代西方美学流派之一，它产生于 20 世纪 60 年代中期的联邦德国，创始人和主要代表是姚斯（Hans Robert Jauss）、伊瑟尔（Wolfgang Iser）等联邦德国康斯坦茨学派（Die Konstanzer Schule）的成员们。

❀ 接受美学的定义与思想基础

接受美学是以读者为研究中心，通过考察文学的接受和产生效果的过程来揭示文学的本质和特征的美学理论。接受美学的诞生有着特殊的历史背景，20 世纪 60 年代，美苏冷战，政局动荡，经历过"二战"的人民不愿战争的梦魇卷土重来，在这种背景下，德国的学术思潮呈现出关注现实的倾向。伽达默尔（Hans-Georg Gadamer）的阐释学和法兰克福学派（Frankfurt School）的社会批判理论是当时哲学思潮的代表。在文学理论方面，"文体批评派"盛行一时，该学派提倡关注文学作品本身的形式，但割裂了文学作品与社会历史、作者个性之间的关系。1967 年，姚斯发表了《文学史向文学理论的挑战》(*Literature History as a Challenge to Literature Theory*)，宣告接受美学成为一门独立学派。接受美学的产生，引起了西方学者的广泛重视。接受美学的思想基础是阐释学，从某种意义上说，接受美学是对阐释学的更新和发展。接受美学和阐释学互相联系又有所不同：阐释学偏重对作品的解释和阐发，接受美学更多地关注读者对作品的接受。现象学、结构主义、符号学等思潮也影响了接受美学的兴起与发展。

❀ 接受美学的贡献与局限性

接受美学提高了读者在文学活动中的地位，强调了读者在文学活动中的重要作用，探究了读者与世界、作者、作品之间的相互关系。接受美学的兴起，打破了西方美学一味关注作家和作品、忽视读者反应的传统。"接受美学提出，文学研究应将讲艺术创造的传统美学与讲接受和效果的接受美学一起作为基础，把整个文学活动看成是包括作家（生产）—作品（文本）—读者（接受包括批评）三个环节在内的动态过程。"（朱立元，2010：524）文学活动是个动态的过程，作品的诞生只是这个过程的开始，只有作品到达读者手中，经过读者的阅读、赏析和评价后，作品的价值才能够实现。接受美学重视读者的阅读反应和对作品的接受，认为读者的接受是文学活动中的重要环节。读者并不是被动地选择、接受作品，读者对作品的选择、阅读或欣赏、评论，本身就是对作品的再创造。在阅读的过程中，读者不断对作品内容进行补充和丰富，也逐渐对作品的意义进行更新和重塑。读者对作品的接受和再创造是新的文学活动产生的动力。"接受美学把文学史看成是文学效果的历史，要求实现文学的效果与文学接受之间的统一，把文学的效果史同接受史统一起来作为文学史描述的重点。"（朱立元，2010：524）

毫不夸张地说，接受美学开辟了文学研究的新天地，提供了新的研究视角。从文学批评史的角度来看，接受美学突出了读者的地位和作用，但是，接受美学也有明显的缺陷和不足：它过多地关注和在意读者的接受和反应，将重心放在对读者的研究上，这在一定程度上忽视了作者的创作动机和作品本身的含义，进而忽视了文学作品产生和传播的社会历史背景。

∝ 丹·布朗的小说与接受美学

我们有理由说，丹·布朗（Dan Brown）的作品在某些方面还是具有后现代小说的某些特点的。后现代主义者极力合并各种古老的和通俗的题材和亚题材类型，如哥特小说、神秘小说、侦探小说和科学小说等，"但其作品的终端形态并不拘泥于其中任何一种"（王钦峰，2002：86）。在这方面，丹·布朗的小说与之不谋而合。丹·布朗决不拘泥于这一点，他灵活而又创造性地运用多种后现代小说的创作手法，但又完全摒弃了许多后现代小说令人难以卒读的痼疾，并成功地将谋杀、恐怖、侦探、解密、悬疑、言情等许多畅销要素融入小说，成功地填平了雅俗间的沟壑，从而在更广阔的空间实现了与读者的心灵沟通。

有些人认为后现代主义小说与某些现代主义小说一样都是晦涩难懂的艺术作品，事实并非完全如此。"如果说后现代主义小说仅仅指前卫的实验主义小说，似乎有失偏颇，它同时也应包括情节引人入胜、雅俗共赏的作品。"（王守仁，2003：3）我们这里无意为丹·布朗贴上"后现代派小说家"的标签，但丹·布朗的这几部后现代时期的作品无疑为这一观点提供了一个极好的佐证。他的小说既具有"将'亦真亦幻'变得'真假难辨'"的后现代主义小说的某些鲜明特征（王松林，2004：95），同时又具有通俗小说通常所具有的引人入胜的可读性。作家引进了一种全新的创作理念，从而打破了严肃小说与通俗小说的界限。《达·芬奇密码》（*The Da Vinci Code*，2003），就是消除了"高雅艺术"与"通俗艺术"的对立的典范。在这部小说里，我们可看到诸多后现代主义小说所具有的特征，如反体裁、迷宫手法、反传统、颠覆及改造的运用，同时又明显打上了某些通俗小说的烙印。正如詹姆逊（Fredric Jameson）所说："到了后现代主义阶段，文化已经完全大众化了，高雅文化与通俗文化，纯文学与通俗文学的距离正在消失。"（弗雷德里克·詹姆逊，1997：162）丹·布朗小说的通俗性还在于作家在很大程度上沿用了通俗小说的叙事框架，并糅合了悬念、言情、凶杀、恐怖小说的元素，从而能够满足不同层次读者的需要。鉴于作家特殊的出身，"科学与宗教这两种在人类历史上看似截然不同却又存在着千丝万缕关联的信仰成为他的创作主题"。宗教是神圣的殿堂，而科学却是通向世俗之路。作者将这两者巧妙地结合起来，从而使高雅与通俗融合得天衣无缝。正是站在文化的高度上，他的小说才如此与众不同。某种程度上，我们可以说丹·布朗的其他小说同《达·芬奇密码》一样，都在最大程度上打破了严肃小说和通俗小说的界限，都是雅俗同炉的产物，从而获得了广阔的生存空间。

丹·布朗的小说确实"好看"，用"引人入胜"一词已远不能表达读者的阅读感受，其情节也远不能用"一波三折"或"跌宕起伏"去描述。在移步换景式的阅读体验中，读者往往在山重水复之际逢柳暗花明，在层云翻卷之时见旭日蓝天，完全为作者那精湛的创作技艺所折服，身不由己地在他制造出的虚幻空间释放自己的情感能量，时而凝神静气，密切关注主人公如何绝处逢生，时而冥思苦想，为揭开古老的谜底绞尽脑汁，时而又会心微笑，为男女主人公互萌情愫备感温馨甜蜜。而读罢全书、掩卷沉思之际，读者或心旷神怡，或回肠荡气，或扼腕叹息，或拍案称奇，都禁不住大发"美哉，快哉"之慨，着实感佩作者的独运匠心。作者似乎深谙读者的阅读心理，并不是仅以一个贯穿小说始终的悬念吸引读者，而是随着情节的开展，魔术般地生出一个又一个悬念，关目迭出，包袱频抖，有如草蛇灰线，抛出一个又一个谜团，让读者不得不屏住呼吸来追逐他那多变的节奏。然而这种节奏又疏密有致，张弛有度，不时给读者一点小憩的时间和想象的空间，使读者在不经意间完成了对作品的积极参与和情感体验。在一连串紧张的动作和场面描写之后，作品往往又穿插着对哲学和史学的思考，对当下与过去的关怀，虚实相生，动静结合，层峦叠嶂，路转峰回，真是美不胜收。丹·布朗的每一部小说都像作者自编自导自演的一出戏，观众全神贯注、目不转睛地注视着他那看似无意、实则精心设计的每一个动作，注视着他手上不断翻新的每一个道具，而当演出结束，大幕落下，观众尚惊魂未定或还在托颐沉思之际，担当编导兼表演者的小说家丹·布朗已心满意足地颔首谢幕，留下一个神秘的微笑拂袖而去，把观众又抛回到喧嚣、烦躁、孤寂、无奈、尴尬、颓唐、怅惘、彷徨的现实之中。从接受美学的角度来说，这是丹·布朗的作品打动全球无数读者的重要原因。（朱振武，2021：338-340）

读者反应不是判断一部作品好坏的唯一标准，但却是一个重要标准。作品独特的个性和魅力是通过读者的反应来呈现的，好的作品如果没有可读性，就像是音乐会没有听众、美食餐厅没有顾客一样。用接受美学的理论分析作品要注意是从读者角度出发，分析作品的艺术特征和风格色彩。既不能一味赞赏作品，也不能一味贬低作品，重在结合文本，分析读者的感受。同时，还要注意作者创作动机与作品内容和读者感受的结合，形成对作品的全方位解读，才能使作品成为一个整体。如果抛弃作者个性和作品内容只谈读者感受，则割裂了读者与作品和作者的联系。

◌ 接受美学视域下的畅销小说

读者对作品的反应是衡量作品是否成功的重要标准。当下畅销书籍的质量参差不齐，许多书籍毫无营养，却还是凭借一定的"魅力"而大卖。从桐华（任海燕）的《步步惊心》（2008）到猫腻（晓峰）的《庆余年》（2009），再到愤怒的香蕉（曾登科）的《赘婿》（2011），以"穿越"为主题的小说仍旧是不少网络读者心头的"白月光"。不论是凭智慧在朝野与后宫都获得诸多人喜爱的张晓，还是思维缜密、冷静博学的范闲，或是商业头脑十分发达的"宠妻狂魔"宁毅，都是读者心目中的理想人物形象。随着网络信息的更新，一些诸如"996""社畜""熬夜党"等新兴词汇层出不穷，年青一代的读者在完成一天的工作后总是希望能有一个逃避现实的出口。如此"压力山大"，他们或想穿越回古代，或想去往架空朝代，在阅读中体验一把与自己现在完全不同的人生，作为对现实生活的一种"补偿"。不难发现，随着时代的发展与价值观的变化，网络小说的女主形象也逐渐从"傻白甜"向"大女主"靠拢，男主形象也逐渐从"霸道总裁"向温和、理性的形象转变。波云诡谲的朝野、风起云涌的帝国或是暗流涌动的商业争霸，这些本身就是吸引读者审美注意力的绝佳因素，而人物形象紧跟时代价值观，更能获得不少读者的青睐。同时，跨媒介文学的传播——把作品改编为同名影视剧在各大平台播放，又让这些小说迎来了第二次阅读高潮，影视剧的观众，以及当红演员的粉丝，都会对这些小说产生强烈的阅读兴趣。

参考文献

弗雷德里克·詹姆逊. 1997. 后现代主义与文化理论. 唐小兵译. 北京：北京大学出版社.

王钦峰. 2002. 后现代主义小说论略. 北京：中国社会科学出版社.

王守仁. 2003. 谈后现代主义小说——兼评《美国后现代主义小说艺术论》和《英美后现代主义小说叙述结构研究》. 外国文学评论，（03）：142–148.

王松林. 2004. 论美国后现代主义小说的两大走向. 外国文学研究，（01）：91–97，173.

朱立元. 2010. 美学大辞典. 上海：上海辞书出版社.

朱振武. 2021. 新文科理念下美国文学专题九讲. 上海：上海交通大学出版社.

精神分析女性主义批评

FEMINIST PSYCHOLOGICAL CRITICISM

20 世纪 70 年代，许多具备深厚精神分析学说素养的女性主义批评家把以弗洛伊德为代表的精神分析学派的理论引进了女性主义文学批评的领域，并对其进行批判性继承。由此可见，以弗洛伊德为首的精神分析学派是精神分析女性主义批评（Feminist Psychological Criticism）的源头。

❧ 精神分析女性主义批评的起源

弗洛伊德的学说虽是作为心理学理论提出来的，但其强大的理论冲击力席卷了文学、哲学、伦理道德等诸多领域。耶鲁大学教授皮特·盖伊（Peter Gay）曾说，"不论我们是否意识到，每个人都在谈论弗洛伊德，当下对此司空见惯"（Gay，1989：xiii）。精神分析女性主义兴起之前，女性主义者们对精神分析学说并不赞成，尤其是对弗洛伊德关于"男阳羡慕"（penis envy）的阐述。这一时期的主要代表人物包括凯伦·霍妮（Karen Danielsen Horney）、西蒙娜·德·波伏娃（Simone de Beauvoir）和凯特·米利特（Kate Millett）。德裔美国心理学家和精神病学家凯伦·霍妮师从弗洛伊德的学生，但她对弗洛伊德的女性观尤为不满，彻底否定了他生理决定命运的信条。霍妮强调，文化因素才是造成男女性别差异的重要因素。她用美国人在大萧条时的困境反驳弗洛伊德把性欲问题看成一切行为动机的源泉。20 世纪 20 年代至 30 年代，经济不振，人们的精神危机来源于失业，无钱支付医疗、教育和房租，而不是性欲。西蒙娜·德·波伏娃在其被誉为西方"妇女圣经"的《第二性》（*Le Deuxième Sexe*，1949）一书中极力反对弗洛伊德以男性为中心的"性一元论"，也讽刺了弗洛伊德针对女性提出的"恋父情结"。她质疑所谓的"恋父情结"不过是弗洛伊德对"恋母情结"的复制。针对弗洛伊德的生物决定论，波伏娃反击道："女人不是天生的，而是后天形成的。任何生理的、心理的、经济的命运都界定不了女人在社会内部具有的形象，是整个文明设计出这种介于男性和被去势者之间的、被称为女性的中介产物。"（西蒙娜·德·波伏娃，2015：359）正是因为男性的干预，才能把女性树为他者。弗洛伊德指出，因女性的"男阳羡慕"，因此在女性身上，被动性、谦让性、受虐倾向、自卑和自恋这些特质表现得较为突出。弗洛伊德的这一立场引来了女性主义者们的强烈批判，其中以凯特·米利特的《性政治》（*Sexual Politics*，1968）一书对弗洛伊德的生物决定论批判最为严厉。在《性政治》中，米利特指出女性被限制在料理家务和照顾婴儿这些琐事中，而事关人类成就和抱负的伟业则属于男性的职责，故而"女性分配到的有限作用把她们限制在生物经历的层面上"（Millett，2000：26）。弗洛伊德认为生理结构决定了命运，即男女生理构造上的差异造成了他们的人格差异。弗洛伊德还认定女性面对男性会感到自卑，并且女性会产生"阉割情结"（castration complex）。米利特则竭力反对这一观点，她坚信男女的心理、社会和气质差异并非来自两性的生物差别，并且认为两性在刚出生时是没有差别的，性别差异是后天习得。米利特意在证明弗洛伊德的生物决定论过于牵强，并且正是这种决定论置女性于不利地位。早期的精神分析女性主义承认男女在性别上存在差异，而且批评的焦点在于弗洛伊德的生物决定论和男阳羡慕，弗洛伊德学说的进步方面则遭到忽视。

∽ 后期精神分析女性主义批评的进步

精神分析女性主义借鉴了精神分析学派关于语言和欲望的理论。朱丽叶·米切尔（Juliet Mitchell）既是精神分析学家，也是女性主义作家。对于女性主义者施加在弗洛伊德身上的指责，她在《精神分析和女权主义》（*Psychoanalysis and Feminism*，1974）中"试图把弗洛伊德从这种谴责中解救出来"（迈克尔·曼，1989：546）。她称弗洛伊德和拉康等人只是阐述了父权制存在的事实，而非父权制的幕后推手。法国女权主义标志性理论家茱莉亚·克里斯蒂瓦（Julia Kristeva）利用并且改造了拉康的理论，建构了自己的理论体系。在她看来，拉康的象征秩序体现的是父权社会的秩序，而女性必须争取在象征秩序中获得同男性平等的权利。象征秩序中的语言是父权社会的语言，认同语言也就认同了父权社会，因此女性必须建立女性话语。埃莱娜·西苏（Hélène Cixous）则号召"女性写作"（écriture feminine）。她不满女性没有专属的语言，而现有的文字则浸透着男权文化的阴影。西苏认为女性身体被压制的同时，呼吸和言论也就受到钳制。女性被暴虐地驱逐出写作领域，正如她们被教导要驱离并且丑化自己的身体那样。故而，在《美杜莎的笑声》（*The Laugh of the Medusa*，1976）中，她倡导女性用身体写作，因为"她通过身体将自己的想法物质化；她用自己的肉体表达自己的思想"（张京媛，1995：195）。由此可见，后期的精神分析女性主义者不再片面指责弗洛伊德的阉割情结和男阳羡慕，也汲取了精神分析学说中进步的思想。

∽ 福克纳笔下的女性形象

南方女性的典型形象是淑女形象，这是在两百余年特定的历史条件下逐渐形成的。南北战争宣告了南方奴隶制种植园经济的结束，否定了建立在这种经济基础之上的南方传统和价值观念。接受失败是痛苦和尴尬的，而接受新的价值观念更非一朝一夕之事。男人们被绝望和挫折吞噬着，而生活在这些男人世界中的女性们则趋向于内向爆发。于是，她们采取了几乎完全拒绝新价值的态度。为了维护她们自身的完整性，她们对变化了的现实和正在变化的现实往往视而不见，又无法改变客观世界来适应主观世界，只好筹划一个小小的孤岛来孤芳自赏，满足自己的心理需要。她们表面上刚强，实际上却是外强中干，脆弱得不堪一击。《献给艾米丽的一朵玫瑰》（*A Rose for Emily*，1930）中的女主人公艾米丽就是这样一个女性。这是个耸人听闻的老处女的故事。福克纳在被人问及他是否喜欢艾米丽时答道，"我怕她。"[1]艾米丽是格利森家族的最后一员。她曾经身材苗条，但30多岁时则完全失去了光泽，宛如被浸泡的尸体，在74岁时死去。"活着的时候，艾米丽小姐已经成为一种传统、一种责任、一种操心；一项镇上世传的义务。"现在，这座南方淑女骄傲与尊严之碑倒下了。即使是为了帮助她，前镇长萨托瑞斯上校也只能迂回曲折地找借口，以免伤及她的自尊心。艾米丽在父亲去世和未婚夫失踪之后与世隔绝达40年之久。"这个地方唯一的生命迹象是那个提着个篮子进进出出的黑人。"偶尔，人们能隔着窗子看见她，只见"她那挺直的躯干一动不动，活像尊偶像"。直到她的葬礼之后，人们在一间紧锁的房间里发现了她未婚夫的骷髅，谜底这才得以揭开。显然，这位体面的艾米丽小姐处心积虑地策划并掩盖了一起谋杀案。评论家们认为，由于那个北方人拒绝和艾米丽结婚，为了报复，艾米丽将他毒死。其实，从另一个角度来看，

---

1 Larris et al. (Eds.). 1988. *Short Story Criticism*. Detroit: Gale Research Company, 152.
后文关于《献给艾米丽的一朵玫瑰》的引文均译自此版本，不再一一注出。

艾米丽由于过于空虚，身心都无法得到慰藉，为了让自己有一个男人陪伴，不得已而采取下策——毒死他，以实现永远和他在一起的目的。可惜，这种得到正是永远的失去，在她毒死他的那一刻，她已经在精神上死去了。另一方面，艾米丽实在无法面对一个南方淑女屈身恳求一个北方工人反遭拒绝的事实。在当时的历史条件下，这真是个绝妙的讽刺。尽管这样，她还是"高高地昂着头——即使我们相信她已经坠落了"。艾米丽四周的一切无不与死亡相关联：老宅、腐尸、恶臭、尘埃、紧闭的大门、经年不用的沙哑嗓音和一言不发的黑人奴仆。艾米丽的特点还在于她那完全不顾现实的倔强意志。她不让别人安葬她死去的父亲，声明他根本没有死。她无视法律，坚持要买毒药而不说出目的。她拒绝交税，既不提出理由又不上交申请，只是一口咬定："我在杰斐逊镇没有税务。"更有甚者，她还让上门要税的代表们去找给她免税的萨托里斯上校，似乎她根本不知道萨托里斯上校已经死了有 10 年之久。可以说，拒绝纳税在一定程度上象征着拒绝接受变化了的形势。艾米丽所有的行为都是为了确定自己的优越性、自己的尊严和作为一个南方淑女的完整性。

1929 年到 1940 年是福克纳创作的高峰期，这段时期他的作品在很大程度上都表现了传统的衰败和崩溃，而在表现毁灭的女性形象上着墨最多。福克纳作为南方种植园主的飘零弟子为这种毁灭唱挽歌，努力理解其悲剧命运，揭示出南方失败的内在因素和贵族性格中丑陋、卑劣以及清教文化对美好事物的毁灭。(朱振武，2016：70–73)

用精神分析女性主义批评分析作品，要站在女性主人公的立场，深刻剖析女性主人公的心理活动，思考女性主人公"为何如此"。此外，要在深入理解女主人公的心理世界的基础上，结合当时的社会背景分析造成女主人公悲惨结局的根源。在许多作品中，男女地位的不平等让许多女性终其一生无法跳出牢笼。在分析小说中的女性形象时，也要注意作者自己的女性观。作品中女性的性格特征和命运走向与作者自身的女性观有着直接的关系。作者的母亲、姐妹或妻子、情人极有可能就是作者在作品中塑造的女性形象的原型。而且，不少男性作家的"厌女"倾向究竟是受到当时社会风气的影响，还是作家亲身经历所致，都值得探究。

❀ 简·爱与伯莎

在阅读完《简·爱》（*Jane Eyre*，1847）和《藻海无边》（*Wide Sargasso Sea*，1996）之后，我们不禁对罗切斯特的原配妻子——疯女人伯莎产生了好奇。伯莎的"疯"并不是无缘由的巧合，而是被罗切斯特折磨、抛弃后，被定义了的"疯女人"。下面结合《阁楼上的疯女人》（*The Madwoman in the Attic*，1979），试着用精神分析女性批评解读伯莎形象。

《藻海无边》这一作品可以看作是《简·爱》的前传，讲述了罗切斯特的原配妻子——简·爱在阁楼上遇到的那个丑陋、疯癫、恐怖的疯女人——如何从少女变成疯子的故事。在《简·爱》中，疯女人张牙舞爪，试图破坏简与罗切斯特先生的爱情与幸福，但是，在《藻海无边》中，疯女人不是一开始就疯的，她的名字叫安托瓦内特。安托瓦内特无法决定自己的命运，她的婚姻全凭她的兄长做主。罗切斯特看上了她的丰厚陪嫁。起初，罗切斯特沉浸在与她的鱼水之欢中，她海藻般浓密的长发点燃了罗切斯特的欲望之火。但是罗切斯特很快厌倦了她，她惧怕自己再次回到那种无可归依的状态中，于是试图使丈夫回心转意。安托瓦内特的母亲是马提尼岛的居民，父亲是一个白人，所以混血的安托瓦内特既不被黑人接纳，也不被白人待见，这种身份焦虑让她纠结、迷茫。她渴望独立，但是却无法冲破男权强加的种种枷锁，也无法冲破社会成见与异样的眼光，终于，在罗切斯特对她身心的二重折磨中，安托瓦内特成了疯子。在《简·爱》中，安托瓦内特一把火烧死了囚禁她的庄园，这是她以死亡和自由的烈火来结束男权对她的压抑和统治。

参考文献

迈克尔·曼. 1989. 国际社会学百科全书. 袁亚愚译. 成都：四川人民出版社.

西蒙娜·德·波伏娃. 2015. 第二性. 郑克鲁译. 上海：上海译文出版社.

张京媛. 1995. 当代女性主义文学批评. 北京：北京大学出版社.

朱振武. 2016. 在心理美学的平面上——威廉·福克纳小说创作论（增订版）. 上海：学林出版社.

Gay, P. 1989. *The Freud Reader*. New York: W. W. Norton.

Larris, L. et al. (Eds.). 1988. *Short Story Criticism*. Detroit: Gale Research Company.

Millett, K. 2000. *Sexual Politics*. Urbana: University of Illinois Press.

镜像阶段　　　　　MIRROR STAGE

　　"镜像阶段"（mirror stage）是拉康提出的一个概念，也是理解拉康理论的核心。拉康提出的镜像阶段是用来分析人的自我意识的形成机制。1936 年，拉康初次提出了这个概念，将其命名为"镜子阶段"。1949 年，他在第十六届国际精神分析学会上作了报告《助

成"我"的功能形成的镜子阶段——精神分析经验所揭示的一个阶段》
("The Mirror Stage as Formative of the Function of the I as Revealed in
Psychoanalytic Experience"),进一步阐释了镜像阶段的理论。

❧ 拉康对镜像阶段的定义

镜像阶段是一个过程,是说婴儿在 6 个月到 18 个月大的时候,
已经能在镜子中辨认出自己的模样。在比较心理学的实验中,黑猩猩
通过镜中之像确认镜像无用后,便会自行离开。婴儿在看到镜像后,
则会在一次又一次地玩耍中验证镜中形象与自己的身体和外在世界的
关系。通过镜像,婴儿认识到自己的整体统一性,初步形成了关于自
我的概念,也开始认识到自己与他人之间存在的区别。虽然,婴儿在
此时还是会混淆主体与客体的关系,但自我的建构过程也在这时开始。
这是婴儿的首次自我认同。婴儿与镜像的合体过程便是"一次同一"
(first assimilation)。诚如拉康在报告中所说,"镜像阶段是一种认同
过程,即主体在辨别一个镜像后自身所起的变化"(Elliott,1999:
62)。婴儿此时处于"能指"的位置,镜中反映出的人像则是一种不
确定的"所指"。能指与所指之间的关系并不是对应的,二者之间出
现断裂,处于镜像阶段的婴儿在镜中看到的只是一个被构建出来的自
我,婴儿与外部世界建立的关系是虚构的。此时的婴儿也是处在想象
界(the Imaginary)中。由此可见,人类自我形成的第一个阶段就建
立在幻象的基础上。弗洛伊德认为,人的心理结构是在俄狄浦斯阶段
形成的,而拉康认为人的心理定式在镜像阶段就已经形成了,且主体
这种不断通过幻象寻找变化的自我心理定式将贯穿个人的一生。例如,
在家喻户晓的童话《白雪公主》中,白雪公主的继母——王后就把那
面神奇的魔镜当作能告诉她一切真相的工具。看着自己在魔镜中的影

像，听着魔镜对自己说"你就是全世界最美的女人"或者"白雪公主比你美丽一千倍"，王后的心理完全随着想象中的自我影像而变化。王后错误地以为魔镜就是她可以信赖的唯一真相。殊不知，她对自我的建构只不过是依靠镜子里虚幻的影像。

拉康的理论体系借鉴了弗洛伊德的精神分析学说和现代语言学。他把言语和文本视为行为主体无意识思想的流露。与弗洛伊德的文艺观点相比，拉康的批评视点着重于读者的反应。

ೞ 镜像理论视域下的《借命而生》[1]

从石一枫[2]早期的创作中，我们可以看到这样一类人——正从时代滚滚向前的成长洪流中汲取养分，促成自身的个体成长，这一类人，笔者暂且定义为"摇摆人"。摇摆人，顾名思义，就是一类既想保全理想又想在现实世界中找到位置、游移不定、两边摇摆的人。也有学者将这类人的文化性格称为"犬儒主义"，并认为犬儒主义在《b 小调旧时光》《恋恋北京》《我妹》等文本里体现得较为明显。这类人拥有对金钱、权力、美色的欲望与诉求，但是却表现得桀骜不羁，呈现出淡然的处世态度。而我们认为这不仅是"犬儒主义"的概念划分，这些特征与后现代文化有所联系：后现代具有消解经典、解构历史的虚无感，在石一枫前期的作品当中，我们很容易找寻到关于消解历史厚重感的诙谐笔调，"摇摆人"在理想与现实之间游移不定，虚无感与不确

---

1 节选自覃心童. 2020. 他者幻象与自我认同——从镜像理论视域看《借命而生》. 牡丹江大学学报，（12）：46-50.

2 石一枫，当代新锐作家，毕业于北京大学中文系，代表作包括《世间已无陈金芳》《b 小调旧时光》《恋恋北京》《玫瑰开满了麦子店》等。

定性推动作品情节发展。在这里，摇摆人的作用不是决定历史，而是在一次又一次的摇摆当中铺开叙述，主人公的摇摆与混沌状态便具有了拉康镜像视域下的前镜像认同性质。拉康认为，呱呱落地的婴儿处在前镜像阶段，他们不具备自我意识和自我身份、行为的认同，只能被动地接受外界带来的信息并进行模仿。石一枫前期的一系列文本都有青春文学的感伤痕迹，主人公的摇摆人格具体体现在对同类人生活、行为、思想等各方面的模仿上，不具备自我身份、行为的认同，沦为乌合之众。在《恋恋北京》当中，摇摆人在一家"文化、传媒、时事网站"上班，其背景就像它的定位一样含混不清，与其为伍的"b 哥"也是"互联网烧钱运动所造就的第一拨富人"（石一枫，2018a：5），他们过着醉生梦死的颓废生活，时而与内心的一丝理想之光相伴，但是又很快游移到对现实的无力之中。在他们游移不定、混沌度日之时，有一个或几个女性拥有异于俗世的气息，使得摇摆人驻足凝望她/她们，与其发生爱情并激起摇摆人正义的保护欲，从而变得勇敢、担当，最后在爱情得意或幻灭之时走出混沌，停止摇摆。

《借命而生》里，主人公杜湘东同样具有前镜像阶段的特征：被动接受信息并开始模仿。警校刚毕业的他被安排在郊县的看守所，他有点儿抵触。原想说这样的安排是"大材小用"，又觉得这样有点狂妄，便将到嘴边的话换成了这种说辞。此时的他从学校习得不向权威挑战的思想，只会乖乖顺从安排，像一个孩子一样接受大人的指示。上面又抛出了一个条件让他考虑考虑："异地生按理该回湖南原籍，如果答应去看守所，那就留京了"（石一枫，2018b：1）。杜湘东经过考虑，便答应了去看守所看犯人。在 20 世纪 80 年代，随着农村与城市经济的发展，大量的农村劳动力开始涌入城市，像杜湘东一样能够通过受教育实现在北京入学、毕业并"留在北京"，对于一个没有背景的年轻人而言意味着世俗意义上的认可与成功，别人的观念与行为影响着杜湘东的思考与行为，他被动接受信息并模仿这些未经过鉴别的行为选择。然而，他并没有对自己现在的状态表示出很满意的样子。在看守所里尽忠尽职，在表彰会上不为所动，他的自我认同开始慢慢觉醒："我觉得我不该干这活儿"（石一枫，2018b：3）。当初考取警校是为了破案立功，而不是为了在阴森森的看守所里巡视犯人的吃喝拉撒。于是，他就这样在理想自我与现实处境中混混沌沌，两边摇摆，等待着停摆的契机到来。

而在镜像阶段，婴儿在日常生活中，如果能够发现自己在镜中的身形已经能够任意地活动，可能就会在脑海中误认为自己的行动已经能够对自己的身体形成完整的控制。婴儿，也就是认知主体，发现了镜子中的自己能够任意地活动，逐渐有了自我与他者的意识，便会误以为自己能够掌控自身的行为，调整自己在他者世界中的地位。杜湘东便是如此，他是个警察，准确地说他是一个警校刑侦专业毕业在看守所当监狱管教的警察。他在校期间的成绩形成了一份优秀的简历：各项考核成绩全队前三，擒拿格斗在省级比赛里拿过名次，与警校另一名优秀警员互争高下，这样的优良成绩让他误以为自己能够在刑侦大队一展身手。然而，就是这样一个集优异奖励于一身的青年才干，这样一个想成为叱咤风云的刑警的理想青年，却遭遇了现实无情的打击：他只能在一个看守所里当管教，空有一身超凡的刑侦技术和强健的身体素质。在整体社会环境中，他者对个人的欲望有着种种限制，启蒙时期那种认为理性可以支配统领一切的思维模式现如今已不再适应。"警察"这一职业对他而言，不仅仅是为了生存的需要，更多的是他精神价值的体现。他渴望着在工作中奉献自己，成就自己，哪怕是作为监狱的管教，他也要做得和别人不一样。看守所在理论上承担着协助侦查机关取证的任务，管教则有义务了解新犯人的基本信息以及犯罪事实，但是这些理论在其他人眼里就是个理论，而杜湘东偏要认真执行，来证明自己跟他们不一样。可见杜湘东作为主体，对自我的认知是出类拔萃、业界内的栋梁之材，在现实生活中却屡遭挫折，只能在摸索中寻找真实的自我。

除此之外，他觉得姚斌彬和许文革这两个新来的盗窃案犯人跟其他犯人不一样，他们眼神流露出来的情感像极了偶尔犯错的"三好学生"，而不是穷凶极恶的犯人。双方第一次见面就以"冲突"收场，姚斌彬撕心裂肺地哀号道："我不该在这儿呀！"（石一枫，2018b：13）即便在监狱里这是一对管教者与被管教者，但这句话还是激起了杜湘东内心深处的共鸣。同样是身怀绝技的人在此时惺惺相惜，哪怕彼时双方身份悬殊，以特殊的"管教"与"被管教"的身份存在。谁又该在这儿呢？拉康认为，主体的镜像阶段是主体的形成阶段，又是主体的本质，主体的认知和成长，是在与他者的相互联系当中产生的。这两个犯人作为"他者"身份的出现勾起了杜湘东作为主体的"我"的意识，杜湘东觉得自己的优秀履历值得期待更好的工作岗位，但是在自我与他者的接触当中也屡屡碰壁，他作为主体的"我"在认知世界的过程中，意识到镜像世界与他者的存在。

通过对《恋恋北京》的文本细读可以得知，一开始，主人公杜湘东处于主体建构中的婴儿阶段，他没有认清现实，对自我也没有一个确切的了解，可以说，他将理想的自我建立在他人对自己的定位中，导致自己不能正确认识自己。甚至说，他根本不认识自己。虽然主体具有分裂性，但是主人公将对自己的认知完全建立在自己与他人的关系之上或他人对自己的凝视中，所以他认识的只是"想象中的自我"。正因如此，主人公自己的内心世界彷徨挣扎，掉进现实与理想的夹缝中，苦不堪言。在经历一系列事件后，男主人公"真实的自我"从想象关系中开始觉醒，所以，他开始思考自己的处境以及开始真正认识自己、了解自己内心的真实诉求。

✂ 镜像的作用

人类在幼年时通过镜像形成对自我的初步认知，随着年龄的增长和心智的成熟，这种认知不断完善。随着人的成长，镜像还会在主体建构的过程中发挥作用吗？

在主体建构的过程中，镜像是一个必不可少的参照体系。在人的幼年时期，人无法分清自我与他者或自我与外部世界的联系与区别，往往要借助镜像来获得自己对"我"这一概念的感知与体验，将"我"这一概念的能指与所指对应起来。随着人年龄的增长，其主体建构的方式也不再完全依赖对镜像的凝视。人会在内部世界建立一个"理想化自我"或"欲望化自我"，并以此为标准，改变、完善自身对主体的认知。随着自身发展的需要，其主体建构的速度可能无法跟上自我对"理想化自我"的需求，所以自身会对镜像产生一种疏远与排斥状态。虽然自身远离了镜像，但镜像还是在这段建构过程中具有十分重要的作用。人都有一定的自恋情结，这种自恋情结外化为自身对镜像凝视，内化为主体对镜像的肯定与接纳。所以，镜像在主体建构中一直在发挥作用，只是不同阶段发挥的作用不同，其明显程度也不同。

参考文献

覃心童. 2020. 他者幻象与自我认同——从镜像理论视域看《借命而生》. 牡丹江大学学报，（12）：46–50.

石一枫. 2018a. 恋恋北京. 北京：中国青年出版社.

石一枫. 2018b. 借命而生. 北京：人民文学出版社.

Elliott, A. 1999. *The Blackwell Reader in Contemporary Social Theory*. Oxford: Wiley-Blackwell.

流散文学　　Diasporic Literature

通常来讲，流散文学（Diasporic Literature）是出生在某国但被迫移居他国的作家及其后代用移居国的语言或母语创作的，具有身份困境、家园找寻、文化冲突等"流散症候"的文学。作为"非主流"英语文学的重要组成部分，非洲英语文学的文化表征、美学特色和主题意蕴等深层问题都与加拿大、澳大利亚、新西兰乃至加勒比等其他英语文学有着显著的区别。显而易见，本土流散、异邦流散和殖民流散共同构成了非洲英语文学的流散表征。

☙ "流散"的译法与阐释

"流散"（diaspora）一词由古希腊词源发展而来，随着时代发展不断被赋予新意。它原特指犹太人因离开"本地、本族、父家"而前往异地的独特经历，后来语义逐渐拓宽，大写的 Diaspora 逐渐演变成小写的 diaspora。在中国学界，对 diaspora 的理解和翻译也呈现多样化的特点。在斯图亚特·霍尔（Stuart Hall）《文化身份与族裔散居》（"Cultural Identity and Diaspora"）一文中，diaspora 被译为"族裔散居"；另外，根据语境需要，这个词又被译成"移民社群"。在《全球化关键词》（*Globalization: The Key Concepts*）中，diaspora 被译成"散居"，"指任何离开原住地，分散在世界各地的文化团体或族群……散居共同体最明显的特征至少可体现于其身份的跨国性"（安娜贝拉·穆尼、贝琪·埃文斯，2014：77–78）。除了译为"族裔散居""散居""飞散""离散""流散"以外，diaspora 还有"侨居""大流散""文化离散"等译法。总之，学界对 diaspora 的翻译大都根据自己的理解或文本语境，并且各有各的理由，到目前为止并没有统一的译法。其实，从以上各种译法及阐释中可以看出，除了译法略有不同、内涵稍有宽窄、语意稍稍有所侧重以外，对 diaspora 的译法或阐释总体来讲并没有太大的差别，所表示的意思基本趋同。总体上说，"流散"一词显然更为贴切，已经得到较为普遍的认可。萨义德（Edward Said）在《流亡的反思》中论述了流亡带给人们永远无法弥补的精神创伤，认为流散者与故园之间的裂痕和永远无法弥补的心灵创伤是流散群体的共同特征。

在对 diaspora 这一概念的翻译及阐释中，学者们都不约而同地强调个体或群体的地理位置的徙移。[1] "流散更重要的是文化上的一种跨越，有着流散经历的个人或群体往往会面临母国文化和异国文化的巨大差异。"（张平功，2013：88）不管是时间上的跨越、空间上的跨越还是文化上的跨越，都有意或无意强调了一个前提，即地理位置的徙移。个人或群体由于各自原因离开祖国前往异域完成地理位置的徙移后，接着面临的主要问题就是他们自身所携带的母国文化因素与异国文化间的冲突与融合。也就是说，**地理位置的徙移是个体或群体与异域文化产生冲突的前提**，如果没有地理位置的徙移就不存在文化上的跨越，

1　值得注意的是，这里所指的"地理位置的徙移"主要是国与国之间的位移，而不是一国或一个地区之内的移动或迁徙。

也就不会造成两种或两种以上文化间的交流与碰撞，因而也就不会产生引起广泛关注的流散现象。由此可见，对于有些流散现象来说，地理位置的徙移是其前提，此时的主要问题是异质文化间的冲突与融合；有些流散现象则未必产生地理位置的徙移，而是由于深层文化变迁和主流文化徙移之后产生的身份焦虑、认同困境以及抵抗心理等。

☙ 非洲英语文学的独特流散表征

非洲文学流散表征的形成有其独特历史成因。殖民、反殖民和民族解放运动的冲刷与洗礼，以及势不可当的全球化大潮，使非洲与西方在政治、经济、宗教、语言、文化等方面产生了一种互相吸纳、互为关联、深度纠葛的关系，非洲英语文学就在此背景下发展起来，并表现出鲜明的流散特征。由此可见，一般意义上的流散之"名"部分遮蔽了流散文学之"实"。所以流散文学不一定都是跨国界的，某些非洲作家在流散之前出版的作品和流散之后完成的文学创作（后者与母国密切相关而跟寄居国无关）同样可以归入流散文学的行列。非洲英语文学普遍具备异邦流散、本土流散、殖民流散三大流散表征。有些作家尽管未曾实现地域流散或徙移，却长期生活在异邦文化的浸淫中，其创作同样具有身份焦虑、种族歧视、家园找寻、文化混杂和边缘化体验等各种流散表征。

☙ 恩古吉小说中的流散书写[1]

恩古吉·提安哥（Ngugi Wa Thiong'O）的反抗精神与肯尼亚甚

1　节选自袁俊卿，朱振武. 2019. 恩古吉·提安哥：流散者的非洲坚守和语言尴尬. 人文杂志，（12）：65–72.

至是非洲的现实处境密切相关。正如《孩子，你别哭》（*Weep Not, Child*，1964）中所写，恩戈索年轻时参加过第一次世界大战，等到战后回到家乡，才发现土地已经被抢走。也就是说，按照时间推算，恩古吉出生的时候家族的土地就已经被占领。不仅如此，在反英运动中，他的家人也牵涉其中。他的叔叔遭到杀害，母亲遭到囚禁，同父异母的弟弟姆万吉还参加了肯尼亚土地和自由军（Kenya Land and Freedom Army）。在那个动荡不安的年代，任何人都无法置身事外。

20 世纪初，为了收回建造"乌干达铁路"所耗费的资金、增加收入以及在肯尼亚高地建立白人领地，英国政府先后出台一系列土地法令，把肯尼亚的土地划为英王所有，并通过廉价出售、租赁甚至是无偿赠予的方式吸引欧洲移民。肯尼亚原住民被迫离开自己的土地，在贫民区过着流离失所的悲惨生活，再加上繁重的体力劳动、微薄的收入、恶劣的教育条件、种族歧视以及施加于其精神与身体的各种限制，使得他们忍无可忍，"数千基库尤人以及恩布人和梅鲁人从保留地、'白人高地'和内罗毕等地成群结队地转移或逃避到森林区，开始了武装反抗"（高晋元，1984：84）。1952 年，肯尼亚人民成立茅茅组织[1]，展开反对英国殖民统治的武装斗争。同年 10 月，英国殖民当局宣布全

1　关于"茅茅起义"名称的由来，"据当地参加起义的非洲人说，在人民为举行反英斗争而秘密宣誓时，常派出一些儿童在门外放哨，一旦发现敌人时，他们就发出'茅茅（mau-mau-）'的喊声以作警告，'茅茅起义'由此得名。""茅茅起义"的口号之一就是"把白人抢去的土地夺回来！"参见陆庭恩，彭坤元主编. 1995. 非洲通史·现代卷. 上海：华东师范大学出版社，286. 参加"茅茅起义"的人必须宣誓，誓词内容为"我决心为土地、为民族而战，不惜流血捐躯。若派我焚毁敌营，无论白天黑夜，我绝不畏惧。若派我消灭敌人，不管敌人是谁——即使是父母兄妹，我绝不犹豫。……禁止调戏妇女，戒除腐化堕落。保护战友，严守秘密……如果我违背誓言，甘受极刑惩处。"参见丁邦英. 1988."茅茅"运动. 西亚非洲，（5）：69–74.

国进入"紧急状态",并大肆逮捕、屠杀进步人士。西克·安德烈认为,茅茅运动的经济根源是一群非洲农村失地阶层的一种自发反抗。恩古吉·提安哥的小说《一粒麦种》(*A Grain of Wheat*,1967)就是以此为背景,描写肯尼亚人民在反殖民、求独立过程中的生死悲欢。《一粒麦种》中最具反抗精神的人物是基希卡。基希卡是一个天生的演说家,他那滔滔不绝的激昂言辞常常勾起听众的万丈豪情。他在枪杀地区专员罗宾逊的当夜,向一心想过安稳、幸福生活的穆苟表达了为国家为自由而战的价值与意义,其实这也是恩古吉的心声:

> 为了大多数人能活下来,少数人必须献出生命。这就是今天"被钉死在十字架上"的意义。否则,我们就会成为白人的奴隶,注定永远要为白人端水劈柴。是争取自由,还是甘做奴隶?一个人应该拼死争取自由,甘愿为之牺牲。(恩古吉·提安哥,2012:206)

"一个人应该拼死争取自由,甘愿为之牺牲。"这种"天下兴亡,匹夫有责"的呐喊很容易点燃受压迫者内心的火焰,这也体现出积极的斗争精神。基希卡是一位名副其实的斗士,他为了赶走侵略者、争取民族独立而赴汤蹈火,在所不惜。他是基库尤族的民族英雄。但是,就是这样一位英勇过人的战士,最后却死在了一心想过幸福安稳生活的本族人穆苟的手中。穆苟杀死基希卡的理由很简单:"我想要过自己平静的生活,不想牵扯进任何事情。可就在这里,就这样的一个晚上,他闯进了我的人生,把我拖下了水。所以,我杀了他。"(恩古吉·提安哥,2012:199)穆苟幼时父母双亡,由远房姑妈维特莱萝抚养长大。他的理想既简单又实用,即通过努力劳作发家致富,获得社会认可。"对他来说,连锄地这样简单的行为也能给他带来安慰:埋下种子,看着嫩芽破土而出,悉心呵护,直到植物成熟,然后丰收,这些就是穆苟为自己创造的小天地。"(恩古吉·提安哥,2012:89)但是基希卡的到来打破了他的梦幻。穆苟那"小富即安"的人生目标无法实现，他认为是基希卡破坏了他的生活，并没有意识到殖民统治才是问题的根本。由此可知，尚未觉醒的部分基库尤族人的搅局以及殖民当局的奋力绞杀，是导致持续四年之久的"茅茅起义"（1952—1956）失败的主要因素。

基希卡失败了，"茅茅运动"也偃旗息鼓，但是肯尼亚人民的反抗精神永不泯灭。在《大河两岸》（*The River Between*，1965）中，恩古吉塑造了另一位斗士瓦伊亚吉。他是一位民族意识觉醒的先行者，试图通过兴办教育启蒙大众从而拯救部族于危难之中。"他只要想起国土沦亡，人民蒙受奇耻大辱，被迫为他人干活，为别国政府交租纳税，他就热血沸腾，浑身是胆。"（恩古吉·提安哥，2015：194）他在遭到以维护部族的纯洁性为己任的吉亚马派和"上帝的人"约苏亚派的排挤之后，对教育有了新的认识，他把教育上升到政治的层面，而不仅仅是获得白人的知识。"我们办教育是为了人民的团结，而团结则是为了获得政治上的自由。"（恩古吉·提安哥，2015：194–195）瓦伊亚吉这样拥有昂扬斗志、顾全大局的有识之士，正是民族危亡之际所急需的。但是，瓦伊亚吉最终在传统势力和白人势力的联合绞杀下走向灭亡，令人扼腕叹息。

非洲在西方的殖民统治下呈现出"是其所不是"的状态。非洲的原住民虽然没有"地理位置的徙移"，没有从部族或国家前往他国，但是，由于欧洲的殖民侵略与殖民统治，非洲大地长期处于两种异质文化的碰撞与融合之中。欧洲殖民者凭借强势的政治、经济、军事和文化实力，开疆辟土，一步步盘剥、霸占、侵蚀非洲的土地、主权和文化。在非洲，殖民者凭借坚船利炮以及强大的文化攻势"反客为主"，非但没有成为非洲的"他者"，反而使非洲成为欧洲的"他者"。

对"流散文学"的新界定使这一概念适用于包括非洲文学在内的第三世界文学。在对非洲文学的流散表征进行论述和分析时，要特别注意厘清三种关系：主流文学与非主流文学的关系；单一文学与多元文学的关系；第一世界文学与第三世界文学的关系。我们要以开放的精神、包容的心态、平视的眼光和共同体格局重新审视和观照流散文学作品的文化价值。

⑧ 古尔纳与流散文学

作为非主流文学的重要组成部分的非洲文学具有流散表征。虽然非洲文学受英美文学传统影响深远，但非洲文学绝不是主流文学的补充和延伸，它在主题探究、行文品格、语言风格、叙事方式和美学观念等方面都呈现出与英美文学等量齐观、交相辉映的气象。以2021年的诺贝尔文学奖得主——坦桑尼亚裔作家阿卜杜拉扎克·古尔纳（Abdulrazak Gurnah）的作品为例，非洲作家笔下的流散现象和英美作家笔下的流散现象具有明显的区别。

古尔纳本身就是一位"异邦流散者"，在他的作品中，他将自己对故乡桑给巴尔的思念融入作品的字里行间。他密切关注家乡的变化，书写在桑给巴尔大地上属于非洲人的历史与未来。站在历史与现实、异乡与故乡的夹缝中，古尔纳一边将属于故乡桑给巴尔的语言——斯瓦希里语的一些元素融入作品中，营造属于非洲的独特记忆；一边用属于非洲本土的英语抵抗殖民者的伪善与暴虐，默默抚平东非的伤痕，书写非洲人在历史创伤中流下的泪水。古尔纳的《天堂》（*Paradise*，1994）以第一次世界大战中的东非为背景，讲述了少年优素福被父亲卖给富商抵债，在长达八年的随商旅途中，优素福目睹并经历了德国殖民者的暴行、部落内讧、贸易冲突、疾病与饥饿等一系列痛苦与黑暗，他曾经向往的"天堂"成了地狱，而真正的天堂——他的故乡他却永远也回不去了。优素福成为大地上永远的流散者，怀着绝望的心情，他最终投奔了德国军队。殖民者总是用理性与文明作为美化自己的暴行的借口，从表面上看，他们抢夺资源，滥杀无辜的原住民，这些罪行俨然十恶不赦，实质上，他们不仅仅破坏了非洲的经济文明，还摧毁了这片土地的希望，更导致一些幸存的原住民的人性扭曲。古尔纳试图以愤怒之火灼烧殖民者，以温情之药治愈流散者，以暖心之流浇灌幸存者，作品中流露出他对故乡深切的怀念以及身为非洲作家的热情与良心。

参考文献

安娜贝拉·穆尼，贝琪·埃文斯. 2014. 全球化关键词. 刘德斌等译. 北京：北京大学出版社.

丁邦英. 1988. "茅茅"运动. 西亚非洲，（5）：69–74.

恩古吉·提安哥. 2012. 一粒麦种. 朱庆译. 北京：人民文学出版社.

恩古吉·提安哥. 2015. 大河两岸. 蔡临祥译. 上海：上海文艺出版社.

高晋元. 1984. "茅茅"运动的兴起和失败. 西亚非洲，（4）：79–87.

袁俊卿，朱振武. 2019. 恩古吉·提安哥：流散者的非洲坚守和语言尴尬. 人文杂志，（12）：65–72.

张平功. 2013. 全球化与文化身份认同. 广州：暨南大学出版社.

朱振武. 2021. 揭示世界文学多样性构建中国非洲文学学——从坦桑尼亚作家古尔纳获诺贝尔文学奖说起. 中国社会科学报，10月22日.

人格三重结构
TRIPLET STRUCTURE OF PERSONALITY

弗洛伊德提出的人格三重结构（triplet structure of personality）理论在心理学界并未掀起波澜，但是在文学领域受到不少作家和评论家的青睐。人格的三重结构包括本我（Id）、自我（Ego）和超我（Superego）。

☙ 本我、自我与超我

弗洛伊德于 1923 年在《自我与本我》（*The Ego and the Id*）中提到本我、自我与超我的概念。本我，是人格结构中最低级、最底层的部分，它不受任何道德律法的束缚，一味奉行"快乐原则"（pleasure principle）。本我存在于每个人的人格中，它云集了各种原始的、本能的、低级的欲望，无视理性与秩序，只在意自己的需求是否得到满足。例如，婴儿在感觉到饥饿或寒冷等不适时就会不分场合地大哭，在需求得到满足时就会安静。超我位于人格结构的最高层，代表着道德、法律、理性和良知，奉行"理想原则"（ideal principle），是理想化的自我，它引导自我趋于真善美，压抑本我的欲望。例如，儿童犯了错误，父母会予以责罚和说教，为了避免惩罚和训斥，得到表扬与奖赏，儿童就会约束自己。自我居于本我和超我之间，起到平衡作用，遵循"现实原则"（reality principle），是"通过知觉意识的中介而为外部世界的直接影响所改变的本我的一个部分"（西格蒙德·弗洛伊德，1986：173）。它夹在本我与超我之间，还受到外部环境的影响，常常"进退两难"。自我既要考虑"理想原则"，也不能忽视"快乐原则"。一方面，自我根据超我，遏制本我的非理性冲动和低级欲望；另一方面，自我调节超我与本我之间的关系，满足本我的部分需求，使有机体适应外部的生存环境。

❀ 本我、自我、超我的相互作用

人格三重结构是一个整体，彼此不能孤立地存在。没有超我，自我就会放任本我欲望泛滥；没有本我，人的基本需求得不到满足，就会丧失生活的信心与乐趣。在《卡拉马佐夫兄弟》（*братья карамазовы*，1879）中，次子伊万就是一个人格结构严重失衡的人。从表面上看，伊万与这桩弑父案没有任何关系，他信奉无神论与无政府主义，狂热地崇拜理性，疏离周围的一切，对自己的父亲与兄弟十分冷漠，是一个不折不扣的奉行"现实原则"的人。背地里，他那备受压抑的本我冲了出来，用那一套无神论教唆斯梅尔佳科夫弑父，导致大哥德米特里被冤枉为凶手，斯梅尔佳科夫也不堪重压而自杀。而且伊万一直暗恋自己的兄嫂——德米特里的未婚妻卡佳，他屡次求爱，却没有得到热切的回应。最终，伊万在重重心魔的折磨中，精神崩溃。同时，《卡拉马佐夫兄弟》也是作者陀思妥耶夫斯基（Фёдор Михайлович Достоевский）的欲望宣泄出口。在《卡拉马佐夫兄弟》中，人物不是虐待狂与被虐狂，就是杀人犯和妓女，陀氏将自己的非理性冲动宣泄在作品中，而整部作品中最阴暗的角色——伊万无疑代表着陀氏自己对人类信仰和命运的探索和叩问。

随着年龄的增长，在父母、学校、朋友和社会的影响下，人会逐渐形成自己的世界观、人生观与价值观，从而控制部分欲望与冲动，部分本我也会转化为自我。自我、本我、超我三者势均力敌，如若失去平衡，那么人就会患上极度严重的精神疾病。

∝ 《道连·格雷的画像》中本我、自我、超我的斗争

长篇小说《道连·格雷的画像》(*The Picture of Dorian Gray*, 1891)作品不仅包含着王尔德(Oscar Wilde)对唯美主义思潮的反思与总结，还包含作者内心深处压抑的情感。在当时的英国，人们注重道德伦理，恪守社会规范，文学作品也不能逾矩。《道连·格雷的画像》问世后掀起了轩然大波，王尔德也因它被诟病。

作品中的画家贝泽尔对道连有一种异乎寻常的迷恋，这个角色体现了王尔德的性取向。在道连和亨利同乘马车时，贝泽孤寂地望着二人的背影。在他对道连那一大段颇有深意的类似告白的话中，可以隐约窥探出王尔德对同性极力压抑的迷恋。王尔德在与阿尔弗莱德·道格拉斯进行交往时，被对方的父亲——一位德高望重的侯爵辱骂，王尔德认为侯爵损害了自己的尊严，于是上诉。《道连·格雷的画像》是当时法庭审判的证据，王尔德被定罪，随后被罚做苦役。书中贝泽尔迷恋道连俊美的脸庞、完美的躯体，崇尚一切外形美丽、比例完美的物品，这可以看出早期王尔德对唯美主义的狂热。贝泽尔是一个严格遵守社会道德规范与自我良心准则的人，是一个受超我人格主宰的人，他努力压抑本我对道连迷恋的那部分。在小说中，贝泽尔在得知了画像的秘密后，被道连无情地杀害，这彰显了王尔德的情感态度：触犯禁忌的同性之爱会被所有人唾弃，信奉艺术至上这种极端思想最后只能和艺术一同毁灭。画像作为美的象征，替道连承担了全部的丑恶而变得扭曲狰狞，贝泽尔不忍自己的艺术品被如此玷污，与画像一同"殉葬"。作为超我代表的贝泽尔被道连杀死，说明道连内心已被本我控制，在一个纵欲无度的本我面前，超我只能死亡。

道连的堕落与好友亨利勋爵有着密切关系，亨利为道连的纵欲犯

罪寻找合理依据，是主人公本我人格的反映。道连不幸成为亨利的实验品，在亨利的引导下最终走向毁灭。亨利洞悉人内心深处的欲望，用享乐主义的理论感染道连，但自己并不实践这套理论，看到道连堕落于声色犬马中，他觉得有莫大的快感。对感官短暂刺激的追逐导致道连生活中充斥着空虚，被欲望异化的道连只能选择死亡。亨利这一人物体现了作者对唯美主义的复杂情感。作为一个与靡菲斯特式相似的人物，他承认本我的欲望的合理性，但他的超我人格仍旧能将本我欲望囚禁在伦理道德范围内，所以亨利是这部作品中唯一"幸存"的人。

在道连·格雷堕落的过程中，他失衡的人格也随之显露。一开始，他是一个善良温和的小伙子，在亨利的引导下，他沉迷自己外表的俊美，惧怕时间带走自己的这种美，甚至妒忌那张永葆青春的画像。他认为外在的美是最重要的，是胜于一切的，感官的刺激与欲望的满足让他误认为是在追逐美。道连发现画像变得狰狞丑陋后，将画像锁入阁楼。阁楼是道连儿时读书与玩耍的乐园，画像是道连本我人格的一面镜子，充满情欲和罪孽的本我被放置在象征单纯童年的阁楼，这暗示道连人格中的最后一块净土也被侵略。道连人格的本我被彻底释放，超我也被本我紧紧控制，自我无法调和，道连人格开始分裂，精神变得恍惚。天亮时，他带着贵族的面具继续纵欲声色；天黑时，他寝食难安，一个人在空旷的宅院中踱步。他无法信任任何人，赶走了服侍格雷家族两代的忠心男仆，甚至经常看到被自己杀死的贝泽尔和西碧儿姐弟……最终，他无法忍受内心的魔魇，决定毁了画像，杀死本我。刺向画像的一瞬间，道连变成了一具枯槁扭曲的尸体。道连一心追求美却被欲望异化，想要改过自新，最终还是以悲剧收场，因为灵魂一旦染上丑恶，只能用死亡来洗净，这也说明，本我作为人格的一部分，不能被否定和消灭。

《道连·格雷的画像》包含着作者的唯美主义创作主张和被压抑的情感。这部作品中有王尔德自身的影子——对同性的深刻迷恋和对美的追求，也显露出王尔德对艺术与道德关系的深刻反思：在创作中，艺术家一旦对美的追求逾越了道德的底线，即使作品的结构与形式再美，其内核也是丑恶不堪。

人格三重结构这一概念可以用于解读文学作品中的情节发展与人物关系，也可以用来探究作者与作品之间的关系，有时也可以解读作品的形式。在很多文学作品中，许多主人公的崩溃都是由于人格的失衡而造成的。当主人公自我不能充当本我和超我之间的调节者时，主人公的人格必然走向分裂或变态。被本我统治的人格固然可怕，但是被超我主宰的人格亦是如此。一个人若是长期被本我主宰，就会成为被欲望异化的怪物；若长期被超我主宰，就会永陷自责、忏悔的泥淖无法自拔，最终走向分裂。所以我们在分析文本时，要着重关注主人公本我、自我、超我之间的冲突。本我与超我之间的平衡往往是依靠自我的调节来实现的，如果主人公的言语行动已然处于失常状态，那么其本我与超我之间的斗争势必会将脆弱的自我拖向毁灭的深渊。

主体心理三层结构与人格三重结构

法国精神分析学派代表人物拉康用结构主义理论更新了弗洛伊德对意识和人格结构的理论，他认为主体（subject）包括实在界（the Real）、想象界（the Imaginary）与象征界（the Symbolic）。

不少读者可能会将弗洛伊德提出的三重人格结构与拉康提出的主体心理三层结构都简单地用"三我"来概括。不可否认，拉康的主体心理三层结构确实是在弗洛伊德的人格结构理论的基础上提出来的，二者也都将人格／主体划分为三种不同的阶段，但这两个理论还是有着明显的区别。弗洛伊德的人格三重结构理论认为，本我、自我与超我人格同时存在，随着人年龄的增长，本我会随之隐藏（变态与精神失常者除外），自我的调节功能会越来越强。而拉康关注的重心在于人的欲望与需求。人往往都有"返本"的欲望，进入想象界的儿童会有返回实在界的冲动，而进入象征界的孩子也会有想要返回想象界的欲望。时光飞逝，耄耋之年的老人思念自己年少青葱的岁月，为人妻、为人母的妇女会渴望回到自己的少女时代。也就是说，想象界、实在界与象征界不可来回转换，人的需求只会向着更高阶段迈去，而不会同时存在低级、中级与高级的欲望。弗洛伊德提到的本我、自我与超我，这三种人格在一个人身上同时存在，但是人却永远不能由象征界返回实在界。

参考文献

西格蒙德·弗洛伊德. 1986. 弗洛伊德后期著作选. 林尘，张唤民，陈伟奇译. 上海：上海译文出版社.

日神精神	APOLLO SPIRIT
酒神精神	DIONYSUS SPIRIT

尼采（Friedrich Wilhelm Nietzsche）在其探讨美学和艺术的著作《悲剧的诞生》（*Die geburt der tragödie*，1872）中提出了日神精神（Apollo

Spirit）与酒神精神（Dionysus Spirit）这两个重要的概念，并用来阐述文艺的起源、本质和人生的意义。日神和酒神均是古希腊神话中的神。日神阿波罗（Apollo）是宙斯（Zeus）众多儿子中的一个，也是希腊十二主神之一。他掌管文艺，负责音乐、诗歌、光明、农业和医药等。酒神狄奥尼索斯（Dionysus）是宙斯的私生子，他的生母是个凡人，狄奥尼索斯教会人们酿葡萄酒，是古希腊人祭祀时供奉的神，代表着快乐、新生与狂欢。

❧ 日神精神、酒神精神与悲剧

日神是太阳神，他掌管光明，使万物被光辉笼罩。但是，这种光晕使人们与真理隔着一层屏障，真相被这种欺骗式的梦境与幻觉所掩盖。但也正因如此，人们不会看到世界充满悲惨且无意义的本来面目。古希腊伟大的史诗、绘画和雕塑艺术得益于日神精神。在尼采看来，造型艺术是典型的日神艺术。在祭祀酒神节的仪式上，古希腊人无休止地痛饮，放纵自己被压抑的欲望，赤身裸体。人们将自己被压制的口腹之欲、情欲等欲望尽情释放，放肆地宣泄自己的快乐、悲伤、痛苦等情绪。在祭祀酒神的节日里，人脱离了外在的束缚，回归了真正的本我，回归到原始世界，与自然融合，这样一来，人本身就成了艺术品。而最大的痛苦莫过于个体的解体，但正因为这种解体才消除了个体一切痛苦，使个体品尝到与万物融为一体的愉悦。由此可见，酒神状态就是一种痛苦与快乐并存的状态。

非造型艺术具有典型的酒神特征，这种艺术包括音乐与舞蹈。尼采强调，日神的造型艺术和酒神的非造型艺术是互相对立的，这两种艺术永远处在调和与不调和之中，贯穿于希腊文化的历史。在两者的碰撞中，悲剧诞生。所以说，古希腊悲剧兼有日神艺术（悲剧的对话部分）和酒神艺术（悲剧的吟唱部分）的特质。演员的面具与各队的吟唱是日神掩盖痛苦的面纱。尼采认为，日神精神用美的面纱掩饰悲剧的本质，酒神精神则揭开面纱让观众直面惨淡的人生，在这种极具张力的审美感受中，人生的痛苦也被消融。例如，索福克勒斯的《俄狄浦斯王》既体现了日神精神，也体现了酒神精神。日神掩盖了人物的悲惨宿命，赋予俄狄浦斯高贵的出身、英俊的外形和睿智、勇敢、善良等美好品质，俄狄浦斯本身就象征着日神赐予人间的礼物。然而，外在的完美只是为了遮蔽命运最终对他的捉弄。俄狄浦斯破坏了伦理，触犯了禁忌，走向弑父娶母的悲剧。此时，日神的美好面纱被撕得粉碎，俄狄浦斯选择刺瞎双眼这一自残的方式面对自己的命运，而这种绝不屈服、直面绝境的选择也因此具有悲壮的审美高度。《俄狄浦斯王》被后人视为最伟大的悲剧之一，得益于日神精神与酒神精神的完美配合。在日神状态中，人们沉湎于梦境般的美好外观，舍弃对真相的追逐，以此麻痹、慰藉自己。相反，酒神精神"给人一个超越世界现象的立脚点，以此来俯视人生的痛苦与个体的毁灭，使现实的苦难化作了审美的快乐"（鲁枢元等，2001：198），在自我否定中，个体回归世界的本源。

☙ 荣格关于日神精神与酒神精神的论述

荣格也曾论述过日神精神与酒神精神的关系。不过，他并不同意尼采的观点。在他眼里，尼采只是从审美而非宗教的角度阐释酒神精神，忽略了酒神所代表的宗教内涵。他不赞同在酒神状态中的希腊人是艺术品，因为原始本能控制了有一定文明的希腊人，而这种文明人倾泻欲望的方式比原始人宣泄欲望的方式更狂暴、可怕。而且，宗教祭祀也是希腊悲剧诞生的原因之一，尼采仅仅从美学视角解释悲剧，结论未免有些站不住脚。

❀ 《无名的裘德》中的日神精神与酒神精神[1]

托马斯·哈代（Thomas Hardy）的作品以其充满悲剧元素而受到关注。他的长篇小说《无名的裘德》（*Jude the Obscure*，1895）就是这样一部通过刻画悲剧主人公裘德的一生而体现出作家悲剧意识的代表性作品。哈代于《无名的裘德》中体现的悲剧意识与尼采式悲剧美学相呼应：裘德生命终结的实质是酒神精神的胜利，即日神外观的毁灭和酒神精神的永恒。生命的本质破除美丽的外观幻象，酒神意志以强大的生命力实现了永恒，这是哈代对于人生价值的肯定与生命意志的褒扬，启示我们面对人生苦难时应怀有永恒的奋斗精神。

日神精神沉湎于外观的幻觉创造个体，以颂扬现象世界的永恒美化人生；酒神精神破除外观的幻觉消灭个体，令个体生命复归世界本体实现永恒。"前者迷恋瞬时，执着人生，后者向往永恒，超脱人生。"（弗雷德里希·尼采，2013：20）表象世界瞬息万变如昙花一现，唯有拥有强大的生命力的意志将永存于世。哈代将裘德的一生谱写成为一首日神精神与酒神精神的交响曲，让其在梦与醉交织的世界中揭示生命本原的力量。裘德生命的终结昭示酒神精神的胜利，即日神外观的毁灭与酒神精神的永恒。酒神精神最终破除日神外观美的幻象，进入世界本体生命的洪流中，以高昂的生命意志力实现永恒。

裘德的悲剧命运以生命的终结落下帷幕，其实质是日神外观的毁

---

1 节选自戚曼玉. 2021. 日神精神与酒神精神的交响曲——《无名的裘德》中的尼采式悲剧美学. 渭南师范学院学报，（4）：75–79.

灭，美丽幻象的破除。在婚姻失败、求学无望后，裘德与苏的爱情悲剧也加速了他生命的流逝。由于缺少教会仪式，亦无法律证明，裘德和苏的婚姻不被世俗认可，因此，裘德一家不得不为谋求生计而奔波，过着居无定所的生活。裘德多年的辛苦工作使他的身体每况愈下，这为后来裘德的死亡埋下伏笔。裘德的大儿子小时光老人是他第一次婚姻留下的孩子，由于童年缺失父母的关爱，男孩少年老成，木讷悲观。在裘德决意回到克里斯特敏斯特那个雨夜，苏因为怀有身孕并带着三个孩子被旅店数次拒绝留宿，小时光老人的忧郁悲观使他认定是孩子拖累大人，带来厄运，他不无沉郁地说："因为我们小孩的缘故，你们才不能有好的地方住。……如果没有我们小孩，就一点麻烦也没有了。"（托马斯·哈代，2015：319–320），于是他将两个小孩子吊死在衣钩上，自己也自戕而亡，这变故让苏悲痛欲绝，令未出世的孩子也胎死腹中。苏认为孩子们的死是上天对她与裘德有悖世俗常理的结合的惩罚，执意要回到丈夫身边不再违逆天意。裘德无法接受苏离去的事实，终日酗酒，不久便离开人世。在裘德死后，阿拉贝拉和寡妇艾德林夫人的对话表明裘德日神阿波罗式的美丽外观终成幻景，"他多么漂亮啊！""是的。他是个英俊的死人。"（托马斯·哈代，2015：395）神圣壮丽的日神面纱随裘德短暂的人生一同消散，冲破了日神面纱的酒神却历万劫而永存，成为生命永恒的礼赞。

裘德之于学业与爱情强大的酒神意志是作家意欲褒扬、赞颂的主题，以生命终结画下句点的悲剧命运摒弃日神的灿烂光辉，于酒神的醉狂状态下实现生命意志的永恒。裘德在生命的最后岁月回到那个承载他最初梦想的城市——克里斯特敏斯特，那些在纪念日即将被授予荣誉学位的学者反衬出裘德的失败，令他痛苦万分。苏看出裘德的心情，她饱含热泪恳切地对裘德说："你为追求知识曾勇敢地奋斗过，只有天下最卑鄙的人才会怪你。"（托马斯·哈代，2015：312）这无疑是哈代对裘德奋斗精神的肯定，对其人生理想的赞扬，作家借苏之口抒发心声，揭示深刻的主题。裘德追求真爱的酒神精神同样受到作家的肯定。在苏回到丈夫身边后，裘德痛心不已，他说："再见，我误入歧途的妻子。再见！"（托马斯·哈代，2015：312）哈代对裘德一生追求真爱的肯定，意在抨击冷酷森严的婚姻制度对人生的束缚。裘德的身死看似悲剧的结局，其日神式美丽外观的毁灭实则为酒神精神破除美的幻象，高昂的生命意志力以复归世界本体生命的洪流而实现了永恒，这正是作家悲剧意识的体现。

日神精神和酒神精神交织而成的必然是悲剧，只有悲剧主人公才能完美诠释这两种精神。同时，这种悲剧主人公还要体现强烈的生命意志，比如，面对困境的勇气、与命运抗衡的毅力和自我选择的自由。裘德的一生是一场悲剧，裘德拥有着日神般英俊的面容，却在学业与爱情中屡次受挫，最终郁郁而亡，这种回归死亡的酒神精神其实是主人公对自己悲剧宿命的反抗。当不可避免的结局来临之际，主人公内心死亡的本能回归，这种昂扬的生命意志得以永存。尼采认为，酒神精神反映了人生存的本质，解开了人存在于世的残酷真相。具有感性与理性、激情与镇静、疯狂与冷静等多重特质的人物，可以彰显这种独一无二的美学张力和深厚宽广的哲学意蕴。

✑ 现代主义作品中的日神精神与酒神精神

在不少现实主义作品中的悲剧主人公身上，都能找到这种相互交织的日神精神与酒神精神，例如《红与黑》中的于连、《罗亭》（рудин，1856）中的罗亭、《呼啸山庄》（*Wuthering Heights*，1847）中的希刺克厉夫。在现代主义文学作品中，存在主义（Existentialism）作品与荒诞派（the Absurd）文学作品都揭示了人生的困境，这些作品中的主人公其实也都体现了酒神精神与日神精神。

其实，日神精神与酒神精神不一定要在如于连、罗亭或希刺克厉夫这种"典型环境中的典型人物"身上才可以体现，日神精神与酒神精神的核心是悲剧精神，这种悲剧精神不一定在主人公的性格刻画上体现得如此深刻明显。存在主义文学作品与荒诞派文学作品并不直接对人物形象进行刻画，而是通过主人公内在心灵与外在环境的种种冲突表现一种生命意志，通过主人公的种种境遇揭示人存在的痛苦。例如，在卡夫卡（Franz Kafka）的《变形记》（*Die Verwandlung*，1912）中，大甲虫这一形象十分滑稽可笑，但最终孤寂凄凉地死去，卡夫卡将人与人之间的冷漠、隔膜借助格里高尔这一人物的境遇表现出来，也将现代社会人的异化这一不可避免的悲剧展示出来。主人公格里高尔虽然没有日神的英俊外表，也并非如俄狄浦斯那般极具反抗精神的英雄，他只是一个小人物，对突降的厄运毫无还手与抵抗之力。格里高尔这一形象是卡夫卡对人生种种困境的具象化阐释，这种阐释集中体现了作者的悲剧精神，虽然这种悲剧精神并未像现实主义作品那样透过主人公的外貌与言行表现出来，但不能因此否认存在主义作品与荒诞派作品中主人公所体现的酒神精神与日神精神。

参考文献

弗雷德里希·尼采. 2013. 悲剧的诞生. 周国平译. 北京：北京联合出版公司.

鲁枢元等. 2001. 文艺心理学大辞典. 武汉：湖北人民出版社.

戚曼玉. 2021. 日神精神与酒神精神的交响曲——《无名的裘德》中的尼采式悲剧美学. 渭南师范学院学报，（4）：75–79.

托马斯·哈代. 2015. 无名的裘德. 方华文译. 上海：上海三联书店.

神话原型批评

MYTHOLOGICAL AND ARCHETYPAL CRITICISM

神话是文学诞生的最初形态，也是作家在创作作品时不断汲取的养分和源泉。神话原型批评（Mythological and Archetypal Criticism）是在西方文学史上占据重要位置的一种批评模式。神话原型批评侧重于从宏观上研究文学艺术作品与集体无意识、神话原型之间的关系。

○③ 弗雷泽与荣格：神话原型批评的奠基者

神话原型批评，又被称为"原型批评"。20世纪五六十年代，神话原型批评开始兴起，苏格兰人类学家弗雷泽的人类学理论和荣格关于集体无意识的学说为该批评理论奠定了基石。

关于人类学的巨著《金枝》是弗雷泽的成名作，也是现代人类学的奠基之作。这部作品也奠定了弗雷泽在学界的重要地位。1890年，弗雷泽首先发表了两卷本《金枝》。之后大约30年的时间里，弗雷泽对这部著作重新进行了修改，并将其再次出版。《金枝》罗列了世界各地的原始习俗、信仰和传说，提及不同民族对巫术仪式、部落禁忌、死后灵魂和超自然力量等事物的看法。在《金枝》中，弗雷泽提出，人类的思维方式遵循着"巫术—宗教—科学"这个三阶段发展模式。弗雷泽强调，巫术同科学具有相似之处，因为二者都认为世界按照一定的客观规律运行。原始人认为，只要对人们生存的自然界的现象进行模仿，就可以使世间万物运转，使自然处于人类的控制之下。比如，在打猎前，猎人会模仿猎物闯入自己布置的陷阱，通过这种模仿方式，他们乞求真正的猎物进入圈套。由于认知水平的缺陷，他们错以为自然的运转是通过某种魔法或巫术操纵的。随着时间的流逝，人们认知水平也不断提升，他们渐渐发现万物运转并非依靠巫术魔法，而是有一种超自然的力量使万物运转。所以，人们放弃了直接操纵自然界的欲望，转而崇拜神灵。这就是宗教时代。在科学时代，人们认知水平大幅度提升，他们重新发现世界是按照客观规律运行的，而不是听从宗教神灵的主宰。通过考察世界各地的原始祭祀仪式，弗雷泽梳理出了不同民族的神话传说中共有的原型主题，如创世、永生、复活和替罪羊等。这些原型模式（archetypal pattern）为文学的神话原型批评提供了理论基础，使神话批评方法应用于文学批评成为可能。原始人相信，统治者多为神或半神，且人民的健康安全取决于统治者的健康。因此，原始人认为健康状态不佳或者易受伤害的统治者会给国家和人民带来灾祸，如果他们发现统治者的力量不似以前或者统治者遭遇厄运时，他们就把统治者处死。到后来，统治者本身免受死刑，只要找一个替身代替自己即可，这就是"替罪羊"原型的由来。只要把部落的灾难或者厄运转移到某一人或某只动物身上，并将其杀死，就可以使部落免于灾祸，这就是替罪羊的理念。原型批评家认为，在《哈姆雷特》（Hamlet）中，哈姆雷特就是使祖国免于灾难的替罪羊原型。老国王，即哈姆雷特的父亲，被自己的兄弟克劳迪斯杀死，这象征着王国遭到致命威胁，只有彻底的净化和虔诚的赎罪才能换回王国的平静。哈姆雷特的延宕让他迟迟无法动手，这说明他是个无奈但又没有别的选择的替罪羊。最后，所有有罪的人都已死去，哈姆雷特也完成了使命，完成了献祭自己的仪式。唯其如此，丹麦才能获得净化和重生。精神分析学派认为哈姆雷特的延宕是因为他有恋母情结，而克劳迪斯恰好做了哈姆雷特想做却又不敢做的事情。精神分析学派的典型批评方法就是通过文本分析创作主体的童年经历与创作的关系，这与生物学紧密相连，而神话原型批评则研究整个民族的心理和性格，与人类学和宗教学关系密切。

卡尔·荣格对神话原型批评产生的影响不亚于弗雷泽。荣格师从弗洛伊德，但与弗洛伊德不同，他把人的无意识分为个人无意识和集体无意识。集体无意识是一种精神模式，通过遗传而非后天习得就能拥有对某种刺激作出的带有预定倾向的反应，它不是个体独有，而是人类全体都具有。原型或者原始意象就是集体无意识的内容。集体无意识潜伏在人类意识深处，在特定的环境下受到刺激后就会被激活。神话、图腾或原型就是集体无意识的外在表现。荣格对神话原型批评理论做出了极大贡献，他分析并解读了众多原型，不仅为神话原型批评提供了详细丰富的参考资料，也拓宽了神话原型批评的心理学空间。

∞ 弗莱与神话原型批评的发展

尽管荣格和弗雷泽是神话原型批评的两大奠基者，但是，严格地说，加拿大文学批评家、理论家诺斯洛普·弗莱（Northrop Frye）才是神话原型批评的集大成者。在充分吸收荣格和弗雷泽的研究理论后，弗莱促成神话原型批评理论走向完整、完善，并使其成为一个独立的理论系统。弗莱将心理学与人类学的理论精华融合，借鉴传统的社会历史批评、伦理批评、新批评、弗洛伊德精神分析学说、荣格的集体无意识理论和弗雷泽的人类学等，形成了系统的神话原型批评理论。弗莱的《批评的剖析》（*Anatomy of Criticism: Four Essays*，1957）标志着神话原型批评的兴起。《批评的剖析》在学术界享有很高的声誉，很多学者对这本著作给予很高的评价。这部著作不仅象征着神话原型批评的兴起，而且首次把文学批评明确作为一门独立的学科，文学批评不再是其他学科的依附。全书共分为四篇，分别为：历史批评：模式理论；伦理批评：象征理论；原型批评：神话理论和修辞批评：文类理论。弗莱提出，随着理性思维的崛起，虽然神话逐渐在生活中隐退，但它们并没有完全消逝，反而在文学艺术作品中被保存下来，并得到永生。

神话原型批评在 20 世纪 60 年代达到高潮，70 年代以后随着结构主义批评的兴起而逐渐失去影响。

⊗ 《熊》中的神话范式：成年礼仪

在福克纳的《熊》中，整个打猎情节与成年礼仪式都贯穿着"儿童—考验—成年"这一基本的原型结构。

打猎故事的情节模式源于远古的成年礼仪式，这是无足怪讶的事情。打猎故事有着明显的宗教内涵，而远古的成年礼仪式则是原始宗教信仰的反映和其中的组成部分。朱狄曾经指出："在原始宗教范围内，祭礼仪式占据着最显著的地位，它是原始社会中作用最大的一种'宗教语言'，宗教教育往往是通过祭礼仪式来实行的。在原始部族中普遍存在的'成年礼'仪式，实际上就是组织社会生活，进行宗教教育的作用。"（朱狄，1988：538）实际上，任何成年礼仪式在诸多的考验之外，都有宗教教育的内容，传授部落的神话传说和图腾信仰，晓之以与此相关的禁忌和斋戒、道德规范和处世准则。

福克纳选择打猎来作为艾萨克成年礼的主要内容，而打猎又总是在森林中进行，这就使得这一过程更加成为古老的成年礼仪式的翻版。弗雷泽指出，我们的祖先认为森林是神灵的居所，因此对之十分敬畏，而且各种仪式也多在林中进行（詹姆斯·乔治·弗雷泽，1987：169）。在打猎故事中，我们同样可以看到山姆对艾萨克反复的宗教灌输。山姆本人不光扮演着成年礼仪式执行者的角色，他同时也是宗教教义的灌输者。从他这里，艾萨克接受了部落中流传已久的信仰和禁忌。"在这部历史里，毛茸茸、硕大无比的大熊像火车头，速度虽然不算快，却是无情地、不可抗拒地、不慌不忙地径自往前推进。"（威廉·福克纳，1990：4）它是"荒野的老祖宗；它以某种不明确的神秘方式体现了种种美德"（李文俊，1980：210），被当作一种图腾。这一荒野造物主的种种传闻，使少年艾萨克耳濡目染，激动不已。艾萨克独自一人到森林里去"朝拜"那个可称为大自然之神灵的大熊老班，这是对孩子的非同寻常的考验。老班是大自然的象征，是自然法则的体现。它勇敢、高尚、神秘，似乎长生不老，不可战胜。艾萨克独自一人持枪寻找老班时，却没有成功。山姆告诉他，这是因为他带着枪的缘故。第二天一大早他连饭都没吃、枪也没带，又去寻找大熊，但在森林中转悠了 9 个小时还是没有看到老班，他突然意识到自己"身上仍然有文明的污染"——身上还带着一只指南针和一只手表。于是他将它们解下来，挂在灌木上。果然，他就像虔诚的信徒朝见神灵一样在密林深处突然看见了那只在梦中早已见过的大熊。好像不是他看到了老班，倒像是老班在他面前"显灵"似的，很突兀地出现在他的面前。作者好像有意在告诉我们，大自然具有某种灵性，它和人有着某种神秘的关系。在几次相遇之后，他景仰老班的孤独、顽强、自尊、仁义、大度，这是一些史诗般的英雄品质，因此说，老班同部落的智者山姆一样，也是艾萨克精神上的导师。

从他们身上，艾萨克学到了福克纳式的美德：勇敢、荣誉、自豪、谦恭、忍耐、怜悯和博爱。福克纳作品中的熊的形象显然是受惠于古老的北美大陆上的神话传说的启示。在北美古印第安民族图腾崇拜中，熊一直被看作是一种繁衍生殖的图腾崇拜物，且往往转化为一种对创造力的崇拜。荣格在他的原型研究中认为，英雄的诞生并不是普通的凡人的诞生，而是从一位母亲体内的再生……因为只有通过她，他才能获得永生。荣格说这第二位母亲常常是个动物，甚至通常认为是雄性动物，如巨熊。福克纳把对英雄的认识以这种反复的宗教仪式般的方式——成年礼仪式，表现出来。艾萨克与大熊老班之间的决斗是根据一系列苛刻的惯例和规则进行的，双方都一丝不苟地遵循着这些比文字还要古老的管理和规则。年轻的艾萨克正是在一次次的考验中得到了再生，并受到了圣礼的祝福，正式宣告长大成人，成为人们公认的英雄。如果说荒野是艾萨克乃至人类得以在她怀抱中生息成长、驰骋活动的第一母亲，那么大熊老班则是在精神上培育艾萨克乃至人类的第二母亲。（朱振武，2016：56-58）

在利用神话原型批评解读相关文本时，首先是确定内容情节或人物形象对应的神话原型。在查阅相关原型资料后，剖析该原型代表的宗教神话内涵。然后，要回到文本，结合文本内容，阐释该原型在文本中起到了什么作用，传达了作者怎样的感情。在运用神话原型批评分析文学作品时，要注意首先"追根溯源"，讲述该原型的来源和原有的宗教意义，然后结合作品分析作者赋予该原型的内涵意义。不能一味脱离文本，从文化学的角度对原型进行阐释，也不能凭文本自说自话，脱离原型所代表的文化内涵。

ೞ 安吉拉·卡特童话中的原型

神话代表原始人对世界的初步探索，包含着原始人内心的欲望，映射着人们的生存状态。按照弗莱在《批评的剖析》中梳理的文学与神话之间的关系，我们下面来欣赏并解读安吉拉·卡特（Angela Carter）的童话故事。

卡特的童话作品可谓令人耳目一新：主角不再是等着被英俊王子从恶龙手中救出的傻白甜公主，而是一些勇敢善战又狡黠机敏的悍妇或女战士，用现在的话说，主角多是"心机女"。卡特的童话多是在对传统童话进行戏仿、变形或位移的基础上创作的，颠覆了传统文化对人性之善的歌颂与人文关怀的书写，揭露了传统童话对人性的压抑与迫害。她的童话《狮先生》(*The Courtship of Mr. Lyon*)和《老虎新娘》(*The Tiger's Bride*)是对童话《美人与野兽》的改编。卡特针对女性长期以来被物化、被凝视、被异化这一现状，将自己的思考融入这两篇作品中，认可女性身上具有的智慧、血性意识与原始力量。在传统童话作品中，女性的"被拯救"其实是女性依附男权这一成见的表现，而在卡特的作品中，女性具有无限可能，这些女性不一定是女人，也有可能是女狼人、女吸血鬼、女妖等。卡特的童话颠覆了某些刻在内心深处对女性的成见与偏见，对童话中隐含的社会意识形态进行了反叛性改写，将女性最真实的一面放置在真正的广阔世界中展现。

参考文献

李文俊. 1980. 福克纳评论集. 北京：中国社会科学出版社.

威廉·福克纳. 1990. 去吧，摩西. 李文俊译. 上海：上海译文出版社.

詹姆斯·乔治·弗雷泽. 1987. 金枝. 徐育新等译. 北京：中国民间文艺出版社.

朱狄. 1988. 原始文化研究. 北京：读书·生活·新知三联书店.

朱振武. 2016. 在心理美学的平面上——威廉·福克纳小说创作论（增订版）. 上海：学林出版社.

审美注意力　　AESTHETIC ATTENTION

注意力是每个人都普遍具有的一种能力，它能够让心理活动集中或专注于某一事物上。注意力能够调动个体的知觉、感觉、意识、经验，并使它们集中于需要注意的对象。审美注意力（aesthetic attention）是审美能力的一部分，也是进行审美活动的基础和前提。

❀ 何谓审美注意力？

审美注意力是审美主体与审美客体建立审美意识关系的能力。"就个体的审美活动来说，主客体之间的审美意识关系不是既成的，而是以客体的特征和主体的特殊意识指向为前提的，其中后者是能动的一方。"（杜卫，2000：187）一方面，客体的特征不一，建立的审美意识关系也具有不同的作用；另一方面，主体的需要不同，选择的客体也不相同，不同的主体需要和不同的客体建立的审美意识关系各有差异。主体是具有能动性的主体，外部环境的影响和自我的需要都对客体的选择有一定的影响，在进行审美活动之前，主体需调动自己的知觉、意念、感情与经验并将它们集中于某一客体，审美活动随之开展。

❀ 如何调动读者的审美注意力？

对文学作品的阅读与欣赏也是一种审美活动。在一定的时间内，读者的精力是有限的，所以作者就必须想方设法地最大限度调动读者的审美注意力。在作品中使用陌生化手法、破坏晕轮效应和设置适当的悬念和突转等都是调动读者审美注意力的方法。陌生化，就是反常化。陌生化的目的是延长审美感受的时间，加大对客体欣赏的难度。"晕轮效应"（halo effect）又被称为"成见效应"，是指我们能够通过别人对一个人的评论或一个人的言行举止来判断这个人的性格特征。在文学创作中，对晕轮效果的破坏就是制造人物性格的反差，让读者到结尾时逆转对前期某一人物的初印象。作者在创作时，会预先同隐含的读者进行对话，并预判读者的期待视野；为了使文学作品看起来不像一潭死水，作者会巧妙地设置悬念或安排突转，尽最大可能吸引读者的注意力。可以说，如果作品能够调动读者的审美注意力，那么这部作品就成功了一大半。

❀ 《水浒传》中的审美注意力学问[1]

对于一个传奇小说家来说，写出一个好的开头是非常重要的。因为在创作之初，小说家必然首先面临一个严峻的问题：怎样在小说一开头就以强烈的感染力吸引读者的注意？在小说审美欣赏过程中，注意是最直接、最首要的心理机制，它是感知、理解、想象、记忆等一切心理活动的前提和开端。一部小说如果不能在一开头就引起读者起码的注意，审美欣赏活动就根本无法进行。

那么，怎样才能引起读者的注意呢？心理学研究表明："当周围环境出现某种新异刺激物，人就自然把注意指向这种刺激物并试图认识它。"（曹日昌，1987：193）对传奇小说家来说，这是一条可以利用的

---

1 节选自应坚，张贤蓉. 1988. 审美注意的引起与保持——《水浒》中的读者心理学. 赣南师范学院学报，（2）：19–23. 略有删改。

心理运动规律。传奇小说向来非新奇不传，非怪异不传。在传奇小说封闭式的内部情境中，故事情节在一开始时越新奇，越出乎读者预料，就越能迅速引起他们的审美注意。

施耐庵充分注意到了读者这一心理突破口。在《水浒》的"楔子"《张天师祈禳瘟疫，洪太尉误走妖魔》一回中，他竭尽设奇造异之能事，举凡天上星宿，下方圣人，神仙妖魔，毒蛇猛兽，无事不是奇闻。加上描绘之生动，处处引人入胜。对于初捧此书的读者来说，随着书页的开启，他们的注意力立即牢牢地钉在这些奇诡的故事情节之中。而这，正是传奇小说家梦寐以求的第一个目标。

难题还在后面。从心理学角度看，长篇传奇小说开头部分的主要职责，还在于对小说故事情节发展趋向的一种暗示。吸引读者注意的最终目的是让读者浏览小说全貌，因此，必须引起读者对之后事态发展的急切期待和执着追索。

施耐庵在"楔子"中，针对这一点，设计了"洪太尉误走妖魔"的精彩段落。洪太尉奉旨去江西龙虎山，宣请嗣汉天师张真人往京师祈禳瘟疫，普救灾民。他无事生非，强启伏魔之殿，硬开锁魔石碣。这一开不要紧，"只见穴内刮剌剌一声响亮，那响非同小可。响亮过处，只见一道黑气，从穴内滚将起来，掀塌了半个殿角。那道黑气，直冲到半天里，空中散作百十道金光，望四面八方去了"。从后文住持真人的补叙中得知，那四散而去的百十道金光，原来是一百单八个魔君。"若还放他出世，必恼下方生灵。"读者至此，不由产生种种疑问：到底这百十道金光怎样变化？一百单八个魔君都是什么角色？他们怎样恼乱下方生灵？一连串疑问在读者脑中形成了力图探索究竟的反射（这种追索性反射，心理学上称为"有意注意"）。至此，洋洋洒洒的百回大书，牵引着读者的"期待视界"。

从前面的论述中可以看到，要引起读者的注意其实不难，一般的传奇小说家略施小计都可做到。真正的难题在于引起读者的初步注意之后，怎样使小说像磁石一样，在整个审美欣赏活动中，始终保持并稳定读者的注意力。高明的传奇小说家在得到读者的初步"青睐"之后，决不立马停歇，而总是不断引起读者的审美注意，从而保证审美欣赏活动自始至终顺利进行。

作为一个高明的读者，金圣叹比较了《水浒》和《西游记》的优劣。他明确地下了断语："《水浒》不说鬼神怪异之事，是他气力过人处，《西游记》每到弄不来时，便是南海观音救了"（《读第五才子书法》）。这里涉及一个关键的问题，其实也是创作方法的选择问题。《西游记》是神魔小说，其浪漫主义的夸张想象确实五彩缤纷，瑰丽神奇。但这超自然鬼神之"奇"，毕竟脱离了现实生活之"真"。而"真"恰恰是"美"的基础。这对以奇为美的中国小说来讲，不能不说是一个缺陷。从心理学角度来看，鬼神之"奇"并非百宝灵药，单以神奇怪异的人物、情节来保持读者的注意，只能使读者对于这种单调、重复、高强度的公式化刺激感到厌倦麻木，从而收到欲速则不达的失败效果。心理学家还认为："新异刺激物引起人的注意，与人们对它的理解程度有关系。"（北京师范大学等，1982：264）"新异"应该"既不是绝对没有接触过的，又不是司空见惯"（北京师范大学等，1982：264）。对于读者来说，连篇累牍充斥妖魔鬼怪，满纸呼风唤雨与上天入地的荒唐情节，与他们的现实离太远。当这种炫目的刺激达到饱和状态，读者的注意力就会大大降低。

针对这种弊病，小说家应该运用什么样的创作方法，寻找什么样的奇妙素材呢？即空观道人在《拍案惊奇序》中说："语有之：少所见，多所怪。今之人但知耳目之外，牛鬼蛇神之为奇，而不知耳目之内，日用起居，其为谲诡幻怪，非可以常测者固多。"清李渔也指出："凡作传奇，典当求于耳目之前，不当索诺闻见之外。风说人情物理者千古相传，凡涉荒唐怪早者当时即朽。"李渔此言，虽针对戏剧传奇而论，但于传奇小说亦一脉相通。看来，要写传奇，不能光从陌生、荒诞的神妖鬼魅境界中寻找，而主要运用现实主义创作方法，在熟悉、家常、平淡的入事生活中深入挖掘。大千世界无奇不有，杜十娘为负心汉怒沉百宝箱，卖油郎一片真诚独占花魁娘。深深扎进现实的土壤，将那些生活中的奇闻琐事精雕细刻、敷衍铺排在意料之外、情理之中的"奇"字上做足文章，这样，才能强烈地唤起读者脑中贮存的经验记忆，同时，也才能最大限度地吸引并保持读者的审美注意。对常与奇之间敏感而微妙的艺术分寸，施耐庵掌握得恰到火候。在他的笔下，一次寻常的家宴、一次旅途夜宿、一个追荐亡灵的道场、一个偶然的巧遇，常常是奇波翻涌，陡起波澜，但又总是合情合理，易于接受。比如男女通奸之事，格调低下，本不为世人称道，作者化腐朽为神奇，使这些卑污淫事，也变得花团锦簇。

审美注意力之所以重要，不仅因为它是引导读者阅读作品的动因，也是使作者与读者通过作品得以连接的桥梁。审美注意在审美活动中具有关键地位。为了调动读者的审美注意，作者会从不同的角度和方向"略施小计"，即设置种种悬念，让读者主动"上钩"。在创作过程中，如若作者尝试与隐含的读者进行对话并推测相应的期待视野，那么小说内容在很大程度上就会调动读者的审美注意。此外，作品也不能一味充斥悬念，设置悬念之后，还要有"突转"，就是打破晕轮效果，让作者对之前的情节或人物的初印象产生"反转"。一些著名作家，如希区柯克（Alfred Hitchcock）、丹·布朗（Dan Brown）与斯蒂芬·金（Stephen Edwin King）都是能充分调动读者审美注意力的大师。

❧ 《红楼梦》与审美注意力

让读者一直保持作品的审美注意力，并不是一件容易的事情。作者要统揽全局，做到"入乎其内，出乎其外"。审美注意力不是判断作品好坏的唯一因素，却是一个重要因素。下面以《红楼梦》为例，简要讨论作家曹雪芹用了何种技巧以保持读者的审美注意力。

在《红楼梦》的开篇，曹雪芹插入了两个神话：一是补天顽石的神话，二是绛珠草与神瑛侍者的"还泪"神话，这样就将宝玉的身世与宝黛爱情的前世今生设置了一个"悬念"，使《红楼梦》的整个叙事都架构在神话的基础上。《红楼梦》中的贾宝玉、林黛玉、薛宝钗、王熙凤等人物都是中国古典文学人物长廊中的"典型形象"，曹雪芹并未将他们完全放置在神话般的幻境中，而是用典型的现实环境来突出他们的个性，这就使无数红学家将《红楼梦》归为现实主义小说的阵营。其实，曹雪芹在《红楼梦》中常常使用虚实相生的手法来延长读者对美的感受，这也就是俄国形式主义中提到的"陌生化"。同时，《红楼梦》体现了曹雪芹深厚的悲剧美学意识，这有别于中国人所喜爱的"大圆满"结局，具有深刻的哲学内涵。读者每读一遍，总会有不同的感受，就像品茶一般，越喝越醇厚，而不是如白开水，味道寡淡。情与理融合，奇与真相映，历经百年，《红楼梦》依旧是中国古典文学宝库中的璀璨明珠，也是无数读者从中品读人生、感悟生命的"真经"。

参考文献

北京师范大学等. 1982. 普通心理学. 西安：陕西人民出版社.

曹日昌. 1987. 普通心理学. 北京：人民教育出版社.

杜卫. 2000. 美育论. 北京：教育科学出版社.

应坚，张贤蓉. 1988. 审美注意的引起与保持——《水浒》中的读者心理学. 赣南师范学院学报,（2）: 19–23，34.

升华   SUBLIMATION

在很多作品的结尾，作者常常以特定的技巧和手段对作品主题进行升华（sublimation），借此引发读者的思考。心理学概念上的升华与文学创作的升华则不相同。弗洛伊德阅读了大量的文学著作，从心理学的视角出发探讨文学艺术的创作问题，其中的"升华"理论就是弗洛伊德用来解释文艺创造时的重要理论。这一理论产生了巨大影响。

♋ 弗洛伊德的"升华论"

"升华"是弗洛伊德提出的关于文学创作的一个概念。弗洛伊德认为，文学创作是一种无意识的创作活动。无意识的欲望在艺术家创作的想象中得到满足，作家的创作动力是他们在无意识中压抑的这种欲望。

在人类的无意识活动中，性本能占据主导地位。性本能按照快乐原则行事，一味满足低级欲望，但自我与超我是性本能的矫正者，它们必然会按照现实原则为性本能的满足划定一个社会道德允许的圈子。这样一来，欲望与社会规范之间就会有冲突。无意识中的本能欲望无法被满足，就会产生焦虑。在这时，人们既要想办法满足或发泄这些欲望，又必须遵守超我与现实的准则，所以就只能按照道德法律允许的方式表现出来。故而，艺术家们宣泄这种欲望的途径，就是创作。通过创作，他们把本能的欲望升华为文学艺术作品。在弗洛伊德看来，艺术家们的本能欲望过于旺盛，他们被这些欲望驱使前进。艺术家都是精神病患者，他们同那些被过分嚣张的本能欲望驱策的精神病患者一样，都活在自己构建的幻想王国。与精神病患者不同，艺术家们通过创作作品代替欲望的满足，在作品获得社会肯定与赞扬时，还能够找到返回现实的途径。如果不满足力比多驱使的性本能，人就会产生痛苦和焦虑。在这种情况下，精神病患者们无能为力，只能以精神疾病排遣这种痛苦。但是，艺术家们却可以把这种压抑的欲望升华为社会所接受的优秀高尚的文艺作品。在创作中，艺术家的欲望得以发泄，焦虑得到缓解，精神负担也随之减轻。

弗洛伊德从性本能升华的视角探讨了文艺创作的源泉问题，他的《列奥纳多·达·芬奇和他童年的一个记忆》（*Leonardo da Vinci and a Memory of His Childhood*，1910）就是在"升华说"这一观点的基础上创作的。达·芬奇在笔记上曾写过关于他童年的一个特殊的记忆片段：他那时还在摇篮里，有一只秃鹫朝他飞来，好几次用尾巴撞开他的嘴。这段记忆使达·芬奇相信他注定要对鸟的飞翔问题进行研究。弗洛伊德认为，婴儿时期留存的这种记忆不完全有可信度，可能是达·芬奇在往后的日子里将一个关于秃鹫的幻想（Phantasy of the Vulture）篡改拼贴到童年记忆中。在古埃及，秃鹫被认为是母亲的象征。据传说，所有秃鹫都是雌性，它们能够无性繁殖。弗洛伊德将秃鹫撞击嘴唇比作婴儿吮吸母亲的乳房。弗洛伊德猜想，达·芬奇幼年可能是偶然读到了这一信息，并且想起自己的身世——私生子，所以他把抚育孩子的母亲幻化成把尾巴放进婴儿嘴巴的秃鹫。大约在五岁以前，达·芬奇与母亲生活在一起，之后，他被接回亲生父亲和继母身边抚养。弗洛伊德认为达·芬奇的直率描述揭示了母子之间性关系的强度，并且由此猜测达·芬奇是同性恋的传闻具有较高的真实性。达·芬奇在潜意识里想要表达自己对母亲的忠诚与依恋，对母亲的性爱被他压抑在心底，他选择用对同性的迷恋来掩盖自己的性目的。所以，弗洛伊德认为达·芬奇有大部分性本能升华成一种广泛的求知欲，之后他从童年的经历中脱颖而出，成为一名出色的画家和雕塑家。弗洛伊德毫无怀疑地得出结论：艺术家所创造出来的东西，就是他性欲的一种发泄和升华。正如歌德（Johann Wolfgang von Goethe）是在遭受失恋、又适逢友人因爱自杀的情况下创作出《少年维特之烦恼》（*Die Leiden des jungen Werther*，1774）。据歌德自己说，"在四周间握管疾书……《维特》这部作品就一气呵成地写出来了"（约翰·沃尔夫冈·冯·歌德，1983：623）。弗洛伊德认为这是歌德把心中早已累积的"爱的冲动"升华为伟大的艺术作品。

升华也是心理防御机制的一种方法。本能中的力比多本来是低级欲望的发动机，但通过升华这一防御机制，力比多成为高尚的意识活动的动力。科学研究、艺术创造和思想活动等人类文明成就都是欲望的升华。据此，弗洛伊德认为性欲是人类文明的源泉。

☙ 升华论视域下的《聊斋志异》

蒲立德在《书〈聊斋志异〉朱刻卷后》中说："公（蒲松龄）之名在当时，公之行著一世，公之文望播于士大夫之口，然平意之所托、以俟百世之知焉者，尤在《志异》一书……"（马瑞芳，1986：235）蒲立德说《聊斋》像屈子、史迁等人的著述一样是有所寄托的。所谓有所寄托，在蒲松龄来看，很大程度上就是以故事寄托自己的苦闷和不平。《聊斋》是作者蒲松龄将苦闷不平的情感进行发泄和升华后的艺术品。蒲松龄在创作《聊斋》的过程中经常处于一种苦闷和不平的心态。"不平则鸣",则讽,则揭露之,则鞭挞之,故而有《聊斋》中的许多杰作,这是不言而明的。但是,是什么原因使蒲松龄经常处于这样一种心态中呢?当然,从根本上说,因为蒲松龄有封建时代正直的读书士子的道义良心,因而他经常产生对社会不公、人间不平的愤慨,对《聊斋》创作来说,引发这种愤慨的首要因素应该是作为创作主体的作家的自身经历。蒲松龄是封建时代一位有正义感、思想修养也较高的知识分子,在他的思想中,我们可以发现孔孟、程朱、老庄、释禅等多方面的影响,但他的主体思想仍属儒家范畴,他自己也以"吾儒家自居",因此他与当时的许多读书士人一样有着以天下为己任的抱负,要"为圣人徒,怀君子泽"(《蒲松龄集·会天意序》)。为实现这一理想和抱负,蒲松龄作了不懈的努力,这也是他坚持参加科考的原因之一。他清楚地知道,一介书生,人微言轻,是无法去治国安邦的,"万里门遥,未能攀高轩而达帝听;九重堂远,孰肯降至尊而咨下情"。中国历来都是"丞相需用读书人"的,只有"抱苦业,对寒灯",有朝一日做天子的"耳目股肱",才能实现自己的抱负。因此,他不得不把读书做官作为实现其理想的根本途径,因为只要能进入仕途,他就可以一展才华,上效忠于君,下施惠于民。而蒲松龄自十九岁获县、府、道三个第一,补博士弟子员后,蹭蹬科场的辛酸就一直与他形影不离,几十年的痛苦煎熬、含辛茹苦、惨淡经营,却连个举人也没考中。作为那个时代的下层知识分子,科场无望,再有雄才大略,也不会有任何施展的机会。更何况长期过着"冷淡如僧""萧条似钵"的清贫生活,知音不赏,知己难觅,一个"幼而颖异""长而特达"的有志之士,"试辄不售",满怀经世济民的宏伟抱负,不得不在笔墨中寻求慰藉,对于蒲松龄来说,应该是够悲哀的了。正因为屡试不第阻碍了他的理想抱负及个体生命价值的实现，蒲松龄长期处于苦闷和不平之中，所以才把科举作为他的小说中揭露、讽刺、鞭挞的第一个对象。

《聊斋》中关于科举的小说是蒲松龄苦闷不平心理的抒发，既是对科举的揭露、讽刺、鞭挞，也记录了他的心路历程。《叶生》篇写文章词赋冠绝当时却久困场屋的叶生，死后仍以幻形留在世上设帐授徒，使知己之子成名中举。文末有一大段"异史氏曰"，抒发其科举失意的悲愤。《叶生》在《聊斋》手稿本被编在第一册，是蒲松龄早期的作品。当时的小说评点家冯镇峦认为此篇是"聊斋自作小传"。篇中叶生认为，不少人沦落天涯，"非战之罪"，罪在科举腐败。可见作者当时科考失利心情虽然沉痛却不甘认输，不过仅仅认为命运不济罢了。至《聊斋》中期的作品，由于更多的失败，作者逐渐认识科场之腐败，于是转而对考场舞弊、夤缘幸进现象进行揭露，以及对试官目中无文加以嘲讽。《司文郎》属于中期作品，作品虽然对试官积愤为谑，极尽讽刺挖苦，但因对科考仍存幻想，所以作品中又出现了"当前寂落，固是数之不偶，平心而论，文亦未便登峰，其由此砥砺，天下自有不盲之人"（蒲松龄，2007a：1143）这样的话。不过将科考更多地归之于不可知的命，归之于因果，已不复有当年的信心了。《于去恶》篇也无可奈何地寄希望于有"张桓侯"这样的人执平文运。到创作期更晚的《贾奉雉》中写主人公屡次应试不售，后"于落卷中集其篇蔚茸泛滥、不可告人之句，连缀成文"（蒲松龄，2007b：1402），竟然中试，事后自己也觉得以此等文章中举，无颜见人，便遁迹山林，逃离名场。这时的作者已经有了心灰意冷、厌恶科举的情绪了。

这些关于科举的小说，确实反映出蒲松龄长期的苦闷不平的心理。除此之外，《聊斋》还有许多作品反映蒲松龄对自己的卑微处境的不平，对社会不公的不平，对世风日下的不平，对吏制腐败无能的不平，等等。有关这些方面，因论者多有论及，兹不赘述。

由于种种原因，蒲松龄内心的愤懑不能直接发泄，所以他将其释放在作品中，将自己内心的情感升华。这种升华，也是自己本能需求得不到满足的释放。作者生活清贫，按照马斯洛（Abraham H. Maslow）的需要层次论，这种升华也是本能需求与安全需求得不到有效保证的表现。作为一种心理防御机制，升华能够使作者这种不被满足的需求得以释放。因为自我价值无法实现，所以只能寄托于创作，将这种情感升华在作品中，将内心的苦闷、对现存制度的不满倾泻在作品中，使其升华为人物的语言动作或故事的主题内涵。换言之，正是因为作者自己的价值需求无法实现，才在作品中保留一丝希望与幻想。

ᘓ 文学都是性欲的升华？

古希腊时期，亚里士多德就从作者的创作动机来谈论文艺作品的本质，"文学作品是作者欲望的宣泄"这一观点是否是西方理论家的原创？显然，"文学作品都是作者欲望的宣泄"这一观点在中国古代文学理论中很容易就可以找到痕迹。有关文学本质的探讨贯穿了中国古典文论的发展历史。先秦时期，《诗经》《左传》《庄子》就提到了"诗言志"，将作者心中之志与作品联系在一起；《毛诗序》中"在心为志，发言为诗"阐释了文学作品的本质——作者心中无法化解的热烈情感通过书写来表达。由此可见，关于文学作品与作者欲望宣泄关系的讨论，在我国也是古已有之。南朝的刘勰在《文心雕龙》的《原道》中提出"文之为德也大矣，与天地并生者何哉？"来探讨文学的"载道"本质。南朝时期的文笔之争是一次集中对文学本质与文学特征的探讨。

关于"文学是什么"这一问题，至今为止都没有一个准确的答案。先人对文学本质的探讨是从"文"这一字开始的，后来开始区分实用性文章与审美性文章，继而发展为对文学本质的讨论，这其中伴随着古典文学发展的内部规律与文人文学自觉意识的萌芽。随着时代的发展，更多的学者不断对文学本质赋予新的内涵。我们也是在前人理论的基础上，不断优化、刷新我们对文学的认识、对自然的认识以及对人性的认识。

参考文献

马瑞芳. 1986. 蒲松龄评传. 北京：人民文学出版社.

蒲松龄. 2007a. 全本新注聊斋志异·中. 朱其铠编. 北京：人民文学出版社.

蒲松龄. 2007b. 全本新注聊斋志异·下. 朱其铠编. 北京：人民文学出版社.

约翰·沃尔夫冈·冯·歌德. 1983. 歌德自传：诗与真. 刘思慕译. 北京：人民文学出版社.

生的本能　LIFE INSTINCT

死的本能　DEATH INSTINCT

从出生到死亡是每个生命体必然经历的过程，在这一过程中，生的本能（life instinct）与死的本能（death instinct）以不同的形式伴随着每个生命体，二者是并存的，在某些时刻还能相互转化。

❀ 弗洛伊德对"生的本能"和"死的本能"的论述

生的本能和死的本能是弗洛伊德在《超唯快乐原则》(*Beyond the Pleasure Principle*，1920）中提出的一组概念。"弗洛伊德把由内部躯体刺激的心理代表成为本能。他认为，本能理论不仅是精神分析学的重要特征，而且是对人的行为起一切决定作用的东西。"（西格蒙德·弗洛伊德，2018：236）

生的本能，又被称作"爱洛斯"（Eros）。爱洛斯是希腊神话中的爱神，是阿芙洛狄忒（Aphrodite）的儿子，他经常以小男孩的样子出现，手持象征爱的神箭，激起人们对爱的渴望，帮助人们寻找另一半，促进万物繁衍子孙后代。生的本能是人类自我保护和繁殖生命的本能。例如，地震后困在废墟下十几天的人能够凭借意志生存，车祸后昏迷不醒的人能渐渐恢复知觉等，都可以证明是生的本能发挥的力量。生的本能表现为对生命、创造、和谐、两性关系、自我保护和生殖繁衍的向往。在生的本能的驱使下，人会渴望并追求真、善、美和爱。

死的本能，又被叫作"桑纳塔斯"（Thanatos）。桑纳塔斯是希腊神话中的死神，冥间女神尼克斯（Nyx）的儿子。根据神话传说，桑纳塔斯的形象是一个背后长着大翅膀的俊美少年，散发出逼人的寒气。他来到将死之人身边，用手中的宝剑削下将死之人的一缕头发，这人的灵魂就跟着桑纳塔斯一起走。弗洛伊德认为，死的本能就是让一个人回到出生以前原始状态的本能。在第一次世界大战中，弗洛伊德看到了人类相互杀戮、摧毁的惨状，所以他认为人性中有一种毁灭自我也毁灭别人的本能。由于生物本身具有的保守和安于现状等特点，人类都有强迫自己回到过去原始状态的倾向，这就是所谓的"强迫性重复"（compulsion to repeat），又被称作"压抑的复现"。比如，生物学家发现鱼类会在产卵期间不辞辛苦跋涉很久，去寻找曾经栖息的水域；有些动物具有器官再生能力，在失掉一个器官后又重新长出相同器官，这都说明生物试图回到原始状态。同理，弗洛伊德指出"有机体"（organism）之前是一种"无生物状态"（the inanimate state），某种神秘力量唤醒这种无生物状态，并赋予它生命的属性，所以，有机体在经历一番"旅途"后最终会回到最初的无生物状态。所有的人都无法逃脱死亡的命运，死亡是人生必经的终点，人生的尽头就是坟墓。死的本能向外表现为破坏、重复、侵略、强迫；向内表现为自我毁灭，即自我惩罚、谴责，甚至自残、自杀。例如，有的人在高楼或高山上往下看会有向下跳的冲动，儿童推倒别的孩子搭好的漂亮积木，人类发动两次毁灭性的世界大战，这些都是死亡本能的表现。由此可见，如果不能以有效的方式排遣死亡本能，世界就会陷入大乱。

生的本能和死的本能是一枚硬币的两面，既互相排斥又同时并存，自始至终地伴随每个人。人既是生命的守卫者，也是死亡的追随者，既热爱生命，又向往死亡。

☙ 《暗夜行路》中"生的本能"与"死的本能"的书写[1]

长篇小说《暗夜行路》包含了志贺自传体三部曲（《大津顺吉》《和解》《一个男人及其姐之死》）和其他一些短篇的题材。志贺采用自然主义的手法，从身边琐事取材，着意细节描写，将自己的人生经历和创作合为一体，以自身的生活体验为基调，借用文学形式来表现自己

1　节选自车洁. 2010. 死的本能和无意识——小说《暗夜行路》中的弗洛伊德主义因素. 怀化学院学报，（4）：88–90. 略有删改。

精神活动的真实。因此，小说《暗夜行路》带有强烈的自传色彩。从某种意义上说，小说《暗夜行路》可以说是作者本人的生活缩影，是志贺本人的精神生活发展史。长期以来，对小说的评论也基本围绕着作家志贺的现实生活和志贺在小说中塑造的人物形象之间的关系展开。而当我们进一步细读小说文本就不难发现，小说《暗夜行路》在对现实进行批判的同时，也向读者暗示了作者意识深处的"死的本能"。

小说的主人公时任谦作是母亲和祖父之间的私生子。谦作 6 岁丧母，由他生性讨厌的祖父抚养成人。在幼小的谦作心中，父亲对他不仅冷漠，简直是憎恶；母亲则真正地爱着他，尽管母亲经常教训、呵斥他，但幼年谦作还是认为只有母亲才是真正爱自己的人。自幼就尝惯了种种不公平滋味的谦作早已模模糊糊地感到，自己的一生都与这种不幸相伴。主人公谦作本就是带着罪恶来到这个世界，从他降生之时就被推入漫长的命运"暗夜"，加速了他"死的本能"释放的进程。

谦作初次求婚的对象是比他小 5 岁的爱子。其实，他对爱子的感情并不是那炙热火焰般的爱情。向她求婚，是因为对其母亲的感情在其中占了绝大部分。爱子的母亲与谦作的母亲是儿时的好友。小时候的谦作就经常出入爱子家中，因此与爱子和爱子母亲相熟。母亲死后，爱子的母亲经常在他面前提起他母亲并怀念她。谦作已经把爱子的母亲和自己的母亲联系在一起，他认为爱子母亲身上有着自己母亲的影子。详知谦作出生秘密的爱子母亲，态度暧昧，最终拒绝了谦作的求婚。此时的谦作根本不知道求婚被拒的原因是自己是罪之子。爱子母亲的拒绝，使谦作心灵上大受伤害，对人生充满了悲观绝望。谦作感到一股突如其来的压力，这压力就是由他返回母体的愿望被拒、本我找不到宣泄口引起的。为逃脱现实，也为本我找到宣泄口，谦作来到风光如画的濑户内海之滨的尾道，住了很长时间。

尾道期间，谦作时时沉浸在对母亲往事的回忆中。从精神分析的角度看，此时的谦作找到了"快乐的归宿"，回归了自然——这个大地母亲的怀抱。穿着母亲的和服登场的爱子母亲，在主人公谦作心中是母亲形象的再现；谦作把对自己母亲的"真正的爱"通过对爱子的求婚、通过爱子和她的母亲联系起来，谦作期待着返回母体。对自然的寻求，实际上是主人公谦作返回原始的本能，返回母体的象征。这也正是他"死的本能"加速向前推进的表现。在得知自己的出生秘密后，主人公谦作在"死的本能"的驱使下，同样选择了回归自然。他去了京都。京都的一切别有一番古老的意蕴，这让他心中享受着这份不寻常的快乐与宁静。在游历了无数大小寺院后，谦作认为这份宁静带领自己回归了自然，回归了母腹。

在小说后篇中，主人公谦作在遭遇妻子"性过失"后，为缓和夫妻间的矛盾，他再次选择回归自然。这一次，谦作去了朴真清静的伯耆大山，住进了古刹莲净院。在大自然中，他感觉自己找到了无法用语言表达的喜悦，无法用笔触描写的宁静。大自然是谦作的避难所，如同婴儿在母腹的保护下自由自在，不受外界伤害。经过了漫长命运"暗夜"的谦作，最后终于回归了自然，返回了母体。

谦作的出生本来就是母亲和祖父不伦情欲的产物，他象征着毁灭、谴责、罪过，所以谦作本人就是"死的本能"的代言人。在谦作的"不伦之恋"以爱子母亲的拒绝告终后，谦作受到了很大的打击。但是，他没有放弃希望，他想逃避那个承载着母亲与祖父以及自己与爱子母亲不伦之恋的地方，逃避自己邪恶的欲望和冲动，想要重新开始生活，这就是受到"生的本能"所驱使。在两次试图回归母体都以失败告终后，谦作最终选择了回归人类的母体——大自然。此时的主人公已经和大自然融为一体，象征着"生的本能"的胜利，也象征着自己与"死的本能"的和解。在解读相关文本时，要注意："生的本能"与"死的本能"不是相互背离的，而是互为一体，同时作用在人物身上，并通过人物的言行举止、情感态度表达出来。

❧ 魔幻现实主义小说中的生死观

在《百年孤独》（*Cien años de soledad*，1967）、《玉米人》（*Hombres de maíz*，1949）和《佩德罗·巴拉莫》（*Pedro Paramo*，1955）等魔幻现实主义的小说中，时间交错，空间扭曲，人物随意往返生与死的世界，作者似乎有意模糊生与死的界限。在这些光怪陆离的世界中，作者流露出了怎样的生死观呢？

在《百年孤独》中，马尔克斯（Gabriel José de la Concordia García Márquez）描写了大量怪诞神奇的死亡形式。这些离奇神秘的死亡形式蕴含着与众不同的死亡美学，也呈现了作者的生死观。在马尔克斯笔下，死亡既具有单纯的诗意与唯美，也有走向虚无的荒诞与痛苦，还有面对死神的恐惧与慌乱。死亡如同潮汐一样，时而汹涌时而平静淡然，在与新生的交替中，像老朋友一样时常出现。在《百年孤独》中，蕾梅黛丝抓着床单，如同仙女一样缓缓升空，就这样死去了。其死亡形式的美丽与怪异，消解了其肉体死亡这一事件的悲剧性与严肃性。魔幻现实主义作品大都呈现出一种怪诞的审美形态，而其中关于人物出生与死亡的描写也被赋予了超现实的内容，对新生的喜悦与死亡的悲痛被消解或冲淡，生与死的界限也变得模糊。在魔幻现实主义作家笔下，生与死可以互相转换，也就是说，人从出生的一刻便注定了死亡这一不可避免的结局，而死亡也不是生命的终结，而是另一种开始。

参考文献

车洁. 2010. 死的本能和无意识——小说《暗夜行路》中的弗洛伊德主义因素. 怀化学院学报，2010（4）：88–90.

西格蒙德·弗洛伊德. 2018. 弗洛伊德心理学全书. 郑和生译. 长春：吉林出版集团.

生态批评 ECO-CRITICISM

生态批评（Eco-criticism）是研究文学与生态环境关系的一种文学理论，它强调文化研究与自然环境之间的关系。生态批评起源于美国，它的产生背景十分复杂，包括诸多社会、经济、文化因素。"当代日益严重的生态危机和生态运动的发展是其产生的直接动因，对回避现实生态危机的当代文学批评理论的反拨是其产生的学术背景，生态哲学的发展和成熟是其产生的思想基础。"（陈小红，2013：1）

∞ 生态批评的起源与发展

生态批评是文学研究与生态学理论结合而成的一种批评方法，旨在从生态的视角出发解读、评价文学作品，挖掘作品中包含的人与自然的关系，从而引导读者加强生态观和保护自然的意识。生态批评一词源于威廉·路柯尔特（William Rueckert）于 1978 年发表的论文《文学与生态学：生态批评的实验》（"Literature and Ecology: An Experiment in Ecocriticism"）。英国的乔纳森·拜特（Jonathan

Bate）的专著《浪漫主义生态学：华兹华斯与环境传统》（*Romantic Ecology: Wordsworth and the Environmental Tradition*，1991）为英国的生态批评研究奠定了基础。卡森（Rachel Carson）、梭罗（Henry David Thoreau）、艾默生（Ralph Waldo Emerson）、海德格尔（Martin Heidegger）等都对生态批评做出了杰出贡献。第二波生态批评理论兴起于布依尔（Lawrence Buell）所说的环境批评，深入到研究文学想象（literary imagination）中引发的生态危机思想、文化和社会根源。

中国的生态批评理论在 20 世纪 90 年代开始发展。儒道佛禅等中国古代文化思想为我国的生态批评奠定了坚实的哲学基础。到目前，我国的生态批评理论建设已取得相当可观的成果。我国生态批评学者不仅对西方的一些关于生态批评的理论名著进行了引进和翻译，对西方经典文学作品用生态批评进行评论和解读，而且还出版了一系列生态批评的理论著作。例如，王诺的《欧美生态文学》、胡志红的《西方生态批评研究》和鲁枢元的《生态文艺学》等专著为我国的生态批评本土化进程做出了巨大贡献。与西方国家相比，我国的生态批评理论研究过程中虽然还存在着不足和缺陷，缺少比较与沟通，但是我国生态思想资源丰厚，所以生态批评理论的发展还具有很大的潜力和后劲。

☙ 文学中的生态批评

生态批评受自然文学的直接影响，二者一脉相承，但生态批评在本质上更倾向于一种文学研究方法。在进行研究时，生态批评将生命科学的一些理论方法融入作品的解读与阐释中，实现文学的跨学科。从生态批评的视角出发对文学作品进行评述，既包括"对文学传统的纵向阅读，又有对不同文学品种的横向审视"（赵一凡等，2017：489）。生态批评是一个庞大复杂、开放包容的批评系统，它兼具自然科学与人文科学的双重属性，从跨文化、跨学科的角度出发，探讨人与自然、文化与自然、人与文化的关系。生态批评提倡人们应放低自己的姿态；人类并非万物的主宰，而是宇宙的一员，不断膨胀的"自我意识"终究会害人害己。生态批评的最终目的就是通过文学研究和文化研究，对人类的文明进行重新审视和评价，并纠正人们在经济发展与日常生活中对待大自然的行为和态度，减少环境的恶化与生态的危机。随着生态批评的发展，它更深入到文学想象的生态、文化和社会蕴含等层面，并努力在理论与实践对话、地方意识和生态建构及环境正义的重视等方面寻求突破，以期重新估价文学想象的生态、文化乃至社会价值。

ଔ 《一只白苍鹭》中的人与自然的和谐理念[1]

朱厄特（Sarah Orne Jewett）的短篇作品《一只白苍鹭》（*A White Heron*，1886）把人与自然的和谐完美地展现在读者的面前。在城市里，西尔维亚无法融入兄弟姐妹中，更害怕见陌生人，自从慈爱的外婆把她带到了乡下，一切才得以改观。在远离尘嚣、风景宜人的新英格兰森林中，每一种动物似乎都被大自然赋予了人的思想和感情——在捉迷藏时知道如何才能让铃铛不发出声的调皮又善解人意的母牛；傍晚啼啭着互致问候的鸟儿；被晚间的生客吓得不敢回家的癞蛤蟆；对人类"毫不猜疑"、引吭高歌的鸟儿；和西尔维亚玩起了游戏的老松树；

1　节选自朱振武，杨瑞红. 2009.《一只白苍鹭》中的人与自然的和谐理念. 外国语文，（4）: 28–33.

懂得憋住劲儿不让自己断裂的细小的纤枝；"夫妻合鸣""恩爱无比"的白苍鹭夫妇……这一切使读者仿佛置身于泉水叮咚、鸟兽"安居乐业"的和谐环境中。美国著名的生态学者约翰·缪尔（John Muir）指出，"人类不仅要回归自然或者融入自然，还应当开放全部感官去感受自然，去体验自然中无限的美"（王诺，2003：228）。朱厄特正是让读者和作品中的主人公一起感受大自然的美、宁静与和谐，并体会在大自然中生活的舒适和惬意。

大自然能够使人身心得到放松，精神得到升华。人和自然总能找到心灵最深处的共鸣与契合点。生态文学[1]及生态批评倡导"回归到原始时代智慧产生的地方、回归到自然荒野、回归到人类精神创造文化的源头，用文学艺术创造想象环境意识观念，去改变人类麻木沉沦的人类中心主义对自然环境的屠杀和掠夺"（井卫华，2005：26）。在城市中生活得不快乐的西尔维亚立刻被乡下的祥和宁静给迷住了，她觉得自己的生命好像是到了乡下才开始，并暗下决心再也不离开这里。西尔维亚在乡下如鱼得水，与大自然完美地融合在了一起。"热爱大自然的人……心中充满着虔诚与好奇，当他们满怀爱心地去审视去倾听时，他们会发现山之中绝不缺乏生灵。"（约翰·缪尔，1999：147）西尔维亚熟悉乡下的每一寸土地，所有的树木花草、飞禽走兽在她眼里都和人一样拥有思想和感情。她因为听到画眉的啼鸣而喜悦得心跳加快，会把数量不多的食物节省下来喂鸟兽。林中的鸟兽也把她看成同类，它们毫无顾忌地到她手里吃东西。显然，西尔维亚也认为自己成

---

1 环境文学、绿色文学、环保文学、生态文学一般被视为同一概念的不同表达，生态文学或称为环境文学、绿色文学，包括描写大自然、描写人的生存处境、展示人与自然的关系、揭露生态灾难、表现环境保护意识、抒发生态情怀的文学作品与文学现象。详见温越. 2008. 生态文学的发展生态论析. 甘肃社会科学，（3）：1-2.

了山林的一部分，成了大自然母亲的女儿和鸟兽们的姐妹。当西尔维亚和奶牛"莫莉太太"一起在黄昏中赶回家时，她也毫不担心，"她仿佛感到自己都融进了灰暗的阴影与摇曳的树叶之中，成了它们的一分子"（Jewett，1999：2）。显然，人与自然是一个不可分割的整体，人的存在和发展依赖于自然的健康发展。

人类的生命活动与地球生态系统的生命活动息息相关，自然界的持续发展是人类社会存在和发展的必要条件。同样地，与土地相依为命的外婆梯尔利老太太也在大自然中秉承了淳朴善良的品质。她勤劳好客、关心晚辈。当西尔维亚领着迷路的鸟类学家回到家时，已在家门口等候的她关切地询问西尔维亚为什么回来这么晚。当年轻人向她问好并说明来历后，她热情地接待了他，请他和家人一起吃饭，还让他留下来住宿。虽然生活清贫，他们的日子还是过得有滋有味。外婆把小房子精心打理得干净、舒适，他们睡在柔软舒适的玉米衣和羽毛堆上，那都来源于外婆亲手种的玉米和养殖的动物。人是自然界长期发展的产物，同时自然界为人类的生存与发展提供了便利，自然界是人类社会产生和发展的前提。这就是说，人以及人类社会与自然是不可分割的，他们是自然界的一部分，是自然的多样性、丰富性的一个例证。《一只白苍鹭》中，朱厄特用平淡优雅的语言把人与自然的相互依存表现到了极致。

大自然是人类永远的导师。美好的大自然不仅为我们的衣食住行提供了保障，在陶冶情操、培养我们的审美能力和高尚的情怀以及形成健康人格和心理等方面，同样具有巨大的作用。卢梭曾说，"住在一个对人类更觉自然的环境里，尽了自然的责任，跟着也就获得了快乐"（鲁枢元，2006：367）。西尔维亚寻找白苍鹭时，在艰难的攀爬过程中体会到了老松树对自己的喜爱和宠纵，最终站在枝头的她惊异于大自然的壮阔和伟大，她看到了向往已久的大海和白帆，以往高高在上的苍鹰此时似乎也是触手可及。在短暂的寻找之后，她终于如愿以偿，看到了梦寐以求的白苍鹭。当她正为达到目的而窃喜时，眼前的一切使她改变了寻找白苍鹭的初衷。白苍鹭优雅高贵，洁白如雪，在空中轻轻起舞。与其他聒噪的鸟儿比起来，它是那么的安静端庄、卓尔不群。并且，它还拥有一颗热爱家庭和生活的心，它鸣叫着以应答巢里爱侣的呼唤，为迎接新的一天梳理着自己的羽毛。西尔维亚被大自然中这生动的景象深深地感动了，她不忍心为了自己的小小私利而剥夺白苍鹭的生命，破坏它们恩爱的生活。她那颗原本充满爱和同情的心从人类物质欲望的控制中解脱了出来。回家后的西尔维亚面对外婆的呵斥和年轻人温柔、求援的目光很想说出真相，但是她不会再为自己小小的利益而伤害陪她眺望大海、欣赏晨曦的白苍鹭了。大自然重新唤醒了小西尔维亚的良知，也挽救了白苍鹭的生命。大自然的博大和美好使人们学会了博爱。大自然既锻炼人的身体，也熏陶人的灵魂。大自然对人类的教育作用在西尔维亚的身上得到了充分的体现。只有在大自然中人类才能找到自我的精神家园，才能够获得灵魂的新生。

在利用生态批评解读文本时，关注点要落在人与自然的关系上。人物的行为与言语体现了人与自然和谐还是冲突、对其他物种是友好还是敌对态度。作者将人与自然和谐相处或人与自然激烈冲突的画面展现在读者面前，目的在于引发读者对目前人与自然关系的深刻思考。其实，不仅仅是小说，环境诗、环境戏剧和环境科幻小说等文学文本也隐含着深厚的文化意蕴和环境意识。我们要记住，使用生态批评的最终目的，就是提高人类对自然环境以及植物动物的保护意识，从而改变人类毫无节制开采自然资源的现状，使人们转变对自然的态度，转变人类才是宇宙的中心这一想法。在解读作品时，要跳出作品本身的框架，多层面、多角度挖掘文本的环境价值和社会意义。我们要以一种新的全球的和历史的眼光去审视文学作品，在生态危机新语境下通过发掘作品的生态价值和社会意义，不断充实、丰富文本意蕴。

☙ 艾特玛托夫小说中的生态伦理

俄罗斯当代作家钦吉斯·艾特玛托夫（Чингиз Торекулович Айтматов）是一位国宝级别的作家，在他创作的许多作品中，神话传说、现实困境与历史问题相互交织，蕴含着人与人、人与动物、人与自然之间的永恒博弈。阅读艾特玛托夫的作品，可以结合生态批评，从人与自然的角度出发对作品进行赏析或解读。

《崩塌的山岳》（*Когдападают горы*，2006）是艾特玛托夫的最后一部作品。与前几部作品一样，艾特玛托夫在这部作品中表达了自己对人与环境、人与动植物之间关系的深度思考。但这部作品也与以往作品有很大区别，因为艾特玛托夫将生态环境问题提升到了人类整个文明层面。作者毫不留情地揭露了金钱异化人性这一可笑的现实，又一针见血地指出了人与自然、人与人以及社会各个阶层的种种矛盾的根源——人类中心主义。在一个金钱至上的社会中，人与人之间的冷漠都不足为奇，又怎么能要求金钱的奴隶去保护自然、爱护动植物呢？其实，在这部作品中，山岳可以看作人类社会，那只雪豹就是人类最后的良知。从该作品题目“崩塌的山岳”也可看出，作者对所有人的警告与呼吁：坚守底线、保护自然，才是保护人类自己。在小说结尾，男主人公牺牲了自己，不愿意做出违背人性的绑架与杀戮之事，纯洁的雪豹与男主人公一同死去了，这也表示了艾特玛托夫的态度——人与自然、人与动植物的和谐需要人类共同的善意来维持，需要所有人的努力才能维系。

参考文献

陈小红. 2013. 什么是文学的生态批评. 上海：上海外语教育出版社.

井卫华. 2005. 生态批评视野中的"一只苍白鹭". 外语与外语教学,（12）: 26–27.

鲁枢元. 2006. 自然与人文. 上海：学林出版社.

王诺. 2003. 欧美生态文学. 北京：北京大学出版社.

温越. 2008. 生态文学的发展生态论析. 甘肃社会科学,（3）: 1–8, 36.

约翰·缪尔. 1999. 我们的国家公园. 郭名惊译. 长春：吉林人民出版社.

赵一凡, 张中载, 李德恩. 2017. 西方文论关键词（第一卷）. 北京：外语教学与研究出版社.

朱振武. 2021. 新文科理念下美国文学专题九讲. 上海：上海交通大学出版社.

朱振武, 杨瑞红. 2009.《一只苍白鹭》中的人与自然的和谐理念. 外国语文,（2）: 28–33.

Jewett, S. 1999. *A White Heron and Other Stones*. Mineola: Dover Publications.

替身　　　　　　　　　　　DOUBLE

　　快节奏、快步伐的时代不允许我们"躺平"，面对繁杂的事务，不少人希望自己有一个"替身"。"替身"（double）本是心理学中的概念，这一概念具有深厚的历史渊源，最早可以追溯到古希腊神话。随着历史的发展，"替身"从心理学走向文学等学科，其内涵还在不断被充实、丰盈。

∽ 文学中的替身

替身，英语单词为 double，又可以被称为"影身""同貌人"。弗雷泽在《金枝》中探讨过影身，他提到，原始人由于认知水平的低下，将影子作为自己的分身，如果影子受到伤害，那么自己离灾祸也就不远了。20 世纪初，奥地利心理学家兰克（Otto Rank）在《替身：一种心理分析学研究》（*The Double: A Psychoanalytic Study*，1925）中首次提到这一概念，意指人对自己影子的恐惧。弗洛伊德在《暗恐》（"Das Unheimliche"，1919）一文中也对替身有过讨论，他认为替身是造成暗恐的重要原因之一。

替身是文学中的母题之一。作为一个正式的文学概念，替身最早出现在德国浪漫主义作家让·保罗（Jean Paul）的《斯宾克斯》中，之后便作为一个文学类型被许多作家重新演绎，如霍夫曼的《魔鬼的长生汤》（*Die Elixiere des Teufels*，1815）、斯蒂文森（Robert Louis Stevenson）的《化身博士》（*The Strange Case of Dr. Jekyll and Mr. Hyde*，1886）、王尔德的《道连·格雷的画像》（*The Picture of Dorian Gray*，1891）和果戈理（Николáй Васи́льевич Гоголь-Яновский）的《鼻子》等作品都借替身形象表达了人物分裂、异化的主题。兰克认为，替身存在的意义要么是代表"恐惧与反感"（Rank，1971：73），要么就预示着一种自恋。不仅如此，"替身关系演绎的乃是'自我力比多'与'客体力比多'之间的对立、穿越和交换"（于雷，2013：103）。这与拉康提到的主体概念有着异曲同工之妙。从某种程度上来说，替身就是他者，是用来审视主体的存在。

从心理学角度分析文学作品中替身形象，一般来说，有这样两种可能性：第一种，主人公是精神分裂症患者，作者通过主人公与替身之间的相处或斗争来揭示主人公内心本我与超我的斗争，展示主人公自我的分裂与纠结，或者是通过他者的眼光凝视主人公的内心世界，从而完成作者对人性和灵魂的深度探索。例如，《卡拉马佐夫姓兄弟》中的伊凡，《道连·格雷的画像》中的道连。第二种，通过描写人物与替身之间的斗争揭示主人公所面临的精神困境或生存状态，替身与主人公代表的是两种不同的价值观的选择，他们的斗争实际上就是二元模式的斗争。例如，国漫电影《姜子牙》中的小九与九尾，表面上看，这二者是无辜受难者与妖女之间的斗争，实际上，二人代表着姜子牙内心的面临的抉择——是屈服于神界，漠视生命，还是斗争到底，追求真相。

经过历史的沉淀，替身这一文学母题不仅具有深广的美学意蕴，还具有深厚的哲学内涵。在世界文学的长廊中，许多文学作品都涉及人物替身这一主题。替身，绝不仅仅是丰满人物、推动情节的工具，在引导读者反思历史、思考当下以及认识人性本身等方面具有不可替代的作用。

☙ 《恶魔纪》与《威廉·威尔逊》中的同貌人

在布尔加科夫的《恶魔纪》（*Дьяволиад*，1924）与爱伦·坡的《威廉·威尔逊》（*William Wilson*，1839）中，作者均利用同貌人造成梦境与现实的混淆。不同的是，爱伦·坡在"我"放荡堕落、良知泯灭的过程中，将内心对同貌人的恐惧外化，而布尔加科夫利用卡利索涅尔兄弟这对同貌人展现了科罗特科夫受外部怪诞世界影响、内心逐渐怪诞的内化过程。

在坡的《威廉·威尔逊》中，每当"我"游走在良知的对立面时，同貌人总会突然出现，拆穿"我"的阴毒诡计，并给予警告；"我"为了逃避同貌人的"穷追不舍"，在费尽心思挖掘同貌人弱点的过程中，产生了对同貌人身份的怀疑——"他是干什么的？他从哪里来？他安的是什么心？"（埃德加·爱伦·坡，1998：69）"难道我自己愈来愈坚定，折磨我的那人愈来愈游移，不过是我凭空幻想？"（埃德加·爱伦·坡，1998：74）"我"对同貌人的恐惧与怀疑，在小说结尾终于有了答案：这个威廉·威尔逊，其实就是"我"，"我"是一个患有妄想症与精神分裂症的人，这个威尔逊是"我"精神分裂时的幻觉。

"我"被同貌人威尔·威廉姆斯"折磨"得苦不堪言，其实是被自己的二重身所代表的良知折磨、拷问，这也隐现了坡的"反常之魔"的命题。"反常之魔"源自坡的另一部小说《反常之魔》（ *The Imp of the Perverse* ，1845），它隐喻人在特定情境中无法克制的犯罪冲动，也被比喻成小魔鬼，因为它引诱人犯罪，使人坠入强烈的自我惩罚深渊。"我"的同名同貌人威廉·威尔逊其实也是超我人格在文本中的具象化表达。在弗洛伊德的《自我与本我》（ *Ego & Id* ）中，人格结构被分为"本我／自我／超我"三部分，本我奉行快乐原则，是各种低级的欲望与冲动的乐园，它往往受到超我的"管辖"，因为超我为社会规则与伦理道德服务。"我"与同貌人的冲突，实则是"威廉·威尔逊"的本我与超我的冲突，最终"我"刺死了同貌人，本我战胜了超我，抛弃了伦理和良知。爱伦·坡被誉为怪诞小说鼻祖，他擅长描绘人心灵深处的恐惧，借助各种意象将这种"心灵式恐怖"随情节逐渐外化，最终，恐惧充斥人物所处的世界，人物内心的怪诞与外部环境彼此融合。

在《恶魔纪》中，随着卡利索涅尔兄弟这对同貌人的交替出现，外部的空间场景也开始不断流动、转换。例如，主人公科罗特科夫经过一番周折终于到达供应中心，而"供应中心主任办公室"的门与"留校女生寝室"像玻璃门的正反面一样来回转换，让他心神不安；去"申诉委员会"控告卡利索涅尔的罪行，却被告知是"婚姻登记处"，还立马要和一个素未谋面的黑发女人一起被发往波尔塔瓦……不断变换、流动的空间场景让科罗特科夫对所处世界产生了怀疑，同时读者也不清楚科罗特科夫所处的究竟是梦境世界还是现实世界。在《恶魔纪》中，作者利用精确的日期和部分处于稳定性的物质和空间来营造一个现实世界与梦境世界混淆的怪诞世界。例如，开头便指明日期——1921 年 9 月 20 日，在描述卡利索涅尔的外貌时，是"巨大的，长了两条腿的活的大桌球"（米·布尔加科夫，1998：5）；描写其孪生兄弟时，就成了"方形脊背一转身，变成了魁梧的胸膛"（米·布尔加科夫，1998：15），还"留着亚述人那种垂胸的波浪形的大胡子"（米·布尔加科夫，1998：15），而且"那嘴巴里出来的竟然是温柔的男高音"（米·布尔加科夫，1998：15）。两个外貌相似、性格不同的卡利索涅尔交替出现，且科罗特科夫越是急于向光头卡利索涅尔解释，越是碰到胡碴卡利索涅尔的"无意"的阻碍；当他被这对孪生兄弟折磨得苦不堪言时，意识癫狂，神经错乱，看到胡碴卡利索涅尔"顿时原形毕露，变成一只闪着磷光的黑猫，窜出大楼，一溜烟地跑过广场，躬身跃上窗台，在打碎的玻璃窗和蛛网中消失了"（米·布尔加科夫，1998：46）。科罗特科夫恍然大悟，如梦初醒，这时外部环境的怪诞已经变成了主人公内心的怪诞，主人公所处的世界不能只用梦、幻觉或者臆想来解释，读者也无须重构话语将文本中的怪诞世界恢复为正常现实世界。

通过对比爱伦·坡的《威廉·威尔逊》和布尔加科夫的《恶魔纪》中的同貌人，可以看出，二者均运用同貌人造成了梦境与现实的混淆，不同的是爱伦·坡将人物心中的怪诞外化，布尔加科夫将外在的怪诞内化。除此之外，布尔加科夫还利用文本中的同貌人嘲讽了官僚主义者的两面嘴脸，描绘了在官僚主义污染下的变形的俄国社会。不仅如此，他又超越了嘲讽官僚主义这一层面，在作品中融入了对社会转型时期人的孤独处境与异化状态的思考，可以说，西方 20 世纪荒诞文学中常见的"孤独"和"异化"主题在布尔加科夫笔下得到了具有俄国知识分子式的"当代性、民族性和现实性"的表达。

在坡的这篇小说中，主人公的替身并非真实存在，而是作为主人公的对立面展示主人公内部的本我人格和超我人格的强烈冲突。这种替身其实是暗恐的一种表现。因为替身作为主人公的对立面，是一种外貌、行为、语言的重复，这种重复给人带来的压抑和惊恐，让主人公时刻处于焦虑状态。替身，不一定是和主人公同貌同形的人，也不一定是有具体形态的实体。布尔加科夫小说《恶魔纪》里的替身具有多重含义，不仅代表主人公分裂的内心世界，还具有强烈的讽刺意味。实际上，作者借主人公与替身的不同处境表达自己对俄国 19 世纪官僚体制的痛恨。替身的出现将主人公置于官僚主义异化的怪诞世界，主人公所处的是一个由熟悉的、日常的人与事组成的诙谐与恐怖并存的情境，既在一定程度上消解了官僚主义害死人这一事件的严肃性，又体现了作者对官僚主义者嘴脸的强烈憎恶。所以说，这里的替身既表现出对俄国"不彻底"的现代化的反思，又反映了人存在的痛苦与虚妄。

✑ 替身与暗恐

弗洛伊德在《暗恐》中也论述过替身与暗恐的关系，他认为，替身其实就是"压抑的复现"。在俄国黄金时代和白银时代文学中，果戈里的短篇小说《鼻子》、陀思妥耶夫斯基（Фёдор Михайлович Достоевский）的《双重人格》（Двойник，1846）和梅列日科夫斯基（Мережковский Дмитрий Сергеевич）的《基督与反基督》（Христос *и антихрист*）（三部曲）等作品塑造了一系列"同貌人"形象。

在俄国黄金时代与白银时代作家的笔下，"同貌人"是一个十分重要的文学母题。一方面，"同貌人"代表着人性中本我与超我的对立，主人公一些诸如谵妄、人格分裂、崩溃、疯癫、臆想等非理性行为的描写，体现了俄国作家对个体内心世界的关注，展现了他们的人文关怀；另一方面，俄国作家将自己对俄国社会出路的担忧与探索表现在作品中，他们既担心俄国"不彻底的现代化道路"使俄国成为一个"不伦不类的怪物"，又担心俄国会因"不发达的现代主义"而被欧洲、被世界抛弃，更害怕俄国因此背叛自己的传统，丢失原有的民族特色。所以，他们作品中的替身，不仅仅是作家对人性的反思与审视，也包含着自己对国家出路的探索与思考。然而，作品不仅仅体现作家的责任感，除此之外，替身也体现着作家无法控制的无意识——对于祖国未来的担忧，对战争的憎恶以及对无数人即将流离失所的畏惧，还体现着身为俄罗斯人的一种与生俱来的暗恐——对于无根基的恐惧。从地理位置上来说，俄国既不属于东方也不属于西方，既不属于亚洲也不属于欧洲，所以在俄国作家作品中这种"非家幻觉"的体验更为强烈。

参考文献

埃德加·爱伦·坡. 1998. 爱伦·坡短篇小说集. 陈良廷等译. 北京：人民文学出版社.

米·布尔加科夫. 1998. 狗心. 曹国维，戴骢译. 北京：作家出版社.

于雷. 2013. 替身. 外国文学，（5）：100–112，159.

Otto, R. 1971. *The Double: A Psychoanalytic Study* (H. Tucker Jr., Trans. & Ed.). Chapel Hill: University of North Carolina.

文学心理学 PSYCHOLOGY IN LITERATURE

"无论是把文学看作社会生活的外部刺激在作家头脑中反映的产物，还是把文学看作作家的记忆、志趣、感受、体验在语言文字中的自由表现，还是把文学看作人类个体之间进行精神交往的一种生生不息、绵延不绝的再创造过程，文学活动都可以被看作一种心理现象，文学与心理学的关系就总是一个合乎逻辑的必然存在。"（钱谷融、鲁枢元，1987：1）自古希腊起，"认识你自己"就是萦绕在人类心头的一个命题。文学与心理学这两大学科都为解开这一谜题作出了不懈尝试与努力。19世纪与20世纪之交，文学与心理学的相互联系日趋紧密，作为一门学科的"文学心理学"（Psychology in Literature）便诞生了。

∽ 文学心理学的前世今生

早在古希腊时期，亚里士多德就试图解释文学与心理学之间的关系，他认为悲剧和音乐等文学艺术能够净化人的灵魂，调节人的感情。在《诗学》中，他从心理学角度阐释了悲剧的"净化功能"（Katharsis），悲剧能够唤起人们的怜悯与恐惧等感情，并且使这种感情得到净化。英国艺术批评家和美学家赫伯特·里德（Herbert Read）亦曾指出，"艺术也是情感宣泄过程"（赫伯特·里德，1987：20）。

显而易见，心理学对文学产生了巨大的影响。从心理学角度解析作家创作的动机、创作的心理过程和读者对作品的接受，为文学作品的阐释和评论开辟了一条别有意味的新道路。精神分析学家弗洛伊德具有深厚的文学素养，他对莎翁的四大悲剧之一《麦克白》（*Macbeth*）

的另类解读令人耳目一新。在第二幕第二场中，麦克白夫人坦白她没有亲自杀死苏格兰国王邓肯的原因是——邓肯熟睡时像她父亲。由此，弗洛伊德认为麦克白夫人具有恋父情结。这一全新的解读深化了《麦克白》原有的内涵。精神分析学派深刻影响了现代主义文学的发展，现代主义文学不再致力于描写外在客观世界发生的故事情节或刻画人物性格，而是关注小人物的敏感甚至是变态的主观世界，作家也更多地选择使用凝缩、倒置、自由联想、意识流、象征的手法。随着心理学家对文学作品和创作主体的研究，心理分析批评作为一种文学批评理论的地位逐渐巩固，"心理分析文学批评的基础业已打牢，文学和文化批评史上崭新的一页已经掀开"（Young-Eisendrath & Dawson，2008：270）。

❃ 文学与心理学的相互作用

文学与心理学之间的影响是相互的，并不是一方被动地接受另一方的影响，文学对心理学的影响也不可忽视。弗洛伊德曾用神话人物命名心理现象，如众所周知的心理学术语——俄狄浦斯情结和厄勒克特拉情结。弗洛伊德认为，俄狄浦斯杀父娶母的悲剧可以解释为男孩无意识中的恋母倾向。如果这种情结没有被妥善处理，就会导致个体神经病和精神变态。在《列奥纳多·达·芬奇和他童年的一个记忆》中，弗洛伊德提到，达·芬奇的名作《蒙娜丽莎的微笑》是画家儿童时恋母情结驱使下的产物。与恋母情结相对应的是女性在儿时的恋父情结，这一情结的来源也是希腊神话。阿伽门农被妻子及其情夫杀害，女儿厄勒克特拉联合弟弟杀死生母和生母的情夫为父报仇。弗洛伊德常将这两种情结联系在一起，用以解读文学作品中人物的无意识心理和作品的深层情节。

虽然心理学对文学作品的阐释不应无限扩大，但它进一步深化并丰富了文学作品的内涵和意蕴。同理，文学对心理学的影响也不可小觑，广为流传的神话故事和闻名世界的文学作品也能打动心理学家，并给他们带来灵感。文学心理学不仅仅是跨学科的产物，它进一步为"认识你自己"这一从古希腊开始就萦绕人类的命题提供了更多可参考的解答。

❧ 文学与心理学——相伴相随

最早致力于探索文学作品中精神分析倾向的批评家皆来自于心理学领域，而非文学领域。弗洛伊德大概是从心理学视角来阐释艺术作品和创作主体的第一人。他把艺术的创作动机归功于性欲的压抑和无法满足，并且挖掘艺术家的生平经历和他们可能患过的神经疾病，以试图在这些艺术家的作品中找到相应的内容。简言之，弗洛伊德开创了以心理学的视角审视文学作品的先河。弗洛伊德还在 1938 年创办了学术杂志《美国意象》（*American Image*）。该杂志致力于探讨并开发心理学与艺术、文学、人类学、哲学、历史、政治和教育等学科的关系。弗洛伊德之后，一些精神病学家撰写了一系列研究创作主体和艺术作品的文章，这些创作主体，如乔纳森·斯威夫特（Jonathan Swift）、爱伦·坡和弗兰兹·卡夫卡等人往往是神经病症和创作天赋兼而有之的艺术家。这些心理学家剖析作品和创作主体的工具也不外乎就是强调俄狄浦斯情结、同性恋、乱伦、阉割恐惧、精神分裂和负罪感等因素在创作过程或者作品中所起的作用。

奥托·兰克受弗洛伊德《释梦》（*Die Traumdeutung*，1899）一书的启发而写成了论艺术创造动机的论文《艺术家》（"The Artist"）。随后，兰克在1907年把这篇文章扩展为专著《艺术和艺术家》（*Art and Artist*），引起了弗洛伊德极大的兴趣。他还在《英雄诞生的神话》（*The Myth of the Birth of the Hero*，1909）中，把俄狄浦斯情结推广到各类"弃婴传说"。兰克认为，几乎所有古文明民族颂扬的英雄都充满了奇妙的类似特征。故事的主人公的父母往往是身居高位的国王和王后。在主人公的母亲怀上他的时候，有可能难产；父亲有可能得到梦境或神谕的暗示，将要降生的孩子会危及父亲的安全。于是，父亲会下令把婴儿抛弃在水里或森林，甚至杀死婴儿。这个婴儿会被人救起并抚养。长大后，他经过种种奇异的冒险，找到了父母并向父亲实施了报复，赢得了荣誉。神话传说中的巴比伦建立者萨尔贡、古希腊神话传说中的俄狄浦斯和犹太人的先知摩西都是"弃婴传说"的应验者。兰克是第一个自觉地运用弗洛伊德的学说进行文学创作的人。厄内斯特·琼斯（Ernest Jones）继承并且补充了弗洛伊德对哈姆雷特恋母情结的断定，并在《哈姆雷特与俄狄浦斯》（*Hamlet and Oedipus*，1949）一书中系统地阐述了自己的见解。法国公主玛丽·波拿马（Marie Bonaparte）花费大量时间从精神分析的视角研究爱伦·坡，她认为爱伦·坡作品中的很多人物都被神经焦躁与恐惧笼罩。通过对爱伦·坡的作品如《厄舍古屋的倒塌》（*The Fall of the House of Usher*，1839）、《莫格街谋杀案》（*The Murders in the Rue Morgue*，1841）、《黑猫》（*The Black Cat*，1843）和《被窃的信》等的剖析，她得出了这些作品所呈现的内容都是爱伦·坡潜意识里恋母情结、阉割恐惧和死亡本能写照的结论。

美国心理学家亨利·莫雷（Henry Alexander Murray）也曾经运用过弗洛伊德的人格三重结构分析赫尔曼·麦尔维尔（Herman Melville）的《白鲸》（*Moby Dick*，1851）。执意要向白鲸寻仇的埃哈伯船长是本我的象征。本我依照快乐原则来满足自己的本能欲望。本我若在人格结构中占据主导地位，那么主体就会变得狂野，不受约束。埃哈伯就是一个被内心病态欲望控制的疯狂复仇者。大副斯达巴克是一个理智的基督教徒。他象征着遵循现实原则的自我。斯达巴克对白鲸所代表的神秘力量充满敬畏，但是对于统治者埃哈伯的命令他也无能反抗。他曾经要求船长放弃猎杀白鲸的行动，但以失败告终。白鲸则代表了作者麦尔维尔所信仰的加尔文教和社会道德，即超我。也许只有上帝才能与神秘、纯洁和无所不能的白鲸相媲美。试图毁灭这种无处不在的神秘力量，必然以悲剧收场。菲利斯·格里纳克（Phyllis Greenacre）则是从精神分析视角探讨英国作家乔纳森·斯威夫特与其作品中的主人公格列佛的关系的先驱。斯威夫特幼年丧父，曾饱尝贫困之苦。在《格列佛游记》（Gulliver's Travels，1726）中，格列佛来到小人国后，当地居民担忧他食量过大会引起饥荒。格里纳克指出这一情节与斯威夫特幼时的贫困生活不无关系。斯威夫特还曾写过一篇散文，名为《一个温和的建议》（"A Modest Proposal"，1729）。该文章极具讽刺意味：斯威夫特提议为了避免爱尔兰穷人的孩子成为父母和国家的负担，可以在婴儿一岁时就把他们烹饪成食物。格里纳克认为这一细节与斯威夫特在一岁时曾被绑架到英国有关。一言以蔽之，格里纳克试图把斯威夫特的生平与作品中的人物联系起来，把作品看成作者心理与经历的投射。

从心理学的角度剖析作品和作家的具体方法包括研读作家传记，分析作品中的人物形象，解析文学意象的象征与评论作品风格等。用心理学中的理论概念分析文学作品的情节内容和人物性格是文学心理学研究的常用方法。不同于一般社会历史批评，文学心理学从文本出发，以人物的心理世界和作者自己的内心世界为参照，探寻文本的深层内涵，挖掘读者没有直接告诉我们的"符码"。在利用文学心理学对作品进行评析时，不仅要关注作品中人物的变态思想和变态行为，作家本人潜意识中的变态欲望也是我们应该关注的对象。以人物或读者的心理世界为参照，并非要站在人物或作者一边，而是以一种客观的眼光看待他们潜意识中的欲望。

∝ 文学心理学与非虚构文学

近几年，非虚构文学越来越受到读者的关注和喜爱。非虚构文学细节描写贴近现实，题材广泛，逐渐在文学史中占据重要的地位。但非虚构文学是否就绝对客观，而不存在作者本身的情感表达呢？

众所周知，艺术来源于生活，但艺术高于生活。文学艺术本就是对现实生活的模仿，文学作品所呈现的真实是想象中的真实，而非现实世界的真实。非虚构文学取材于真人真事，作者也是站在"绝对诚实"的立场上将自己的所见所闻写入作品中。虽然非虚构文学只遵循客观的真实，但是作者一旦参与创作，必然会有一些"不可控"的因素让作者"说谎"。政治形态、集体无意识文化、童年经历或创伤等都会"操纵"作者。例如，《红与黑》取材于 1828 年 2 月 29 日《法院新闻》所登载的一桩死刑案件，诺曼·梅勒（Norman Mailer）的《刽子手之歌》（*The Executioner's Song*，1979）则记录了真正的谋杀案件。当然，前者是以案件为原型讲述了一个野心青年在上流社会迷失本心与人性的故事，后者则是叙述了一个发生在身边的现实事件。但是，为了使作品具有可读性，作者还是"略施小计"，字里行间还是露出了虚构的痕迹，读者也能很轻易地捕捉作者的声音与态度。由此可见，非虚构作品并不是绝对客观的，文学作品总是有虚构的成分在其中。

参考文献

赫伯特·里德. 1987. 艺术的真谛. 王柯平译, 沈阳: 辽宁人民出版社.

钱谷融, 鲁枢元. 1987. 文学心理学教程. 上海: 华东师范大学出版社.

Young-Eisendrath, P. & Dawson, T. (Eds.). 2008. *The Cambridge Companion to Jung* (2nd ed.). Cambridge: Cambridge University Press.

心理距离说　　PSYCHICAL DISTANCE

瑞士心理学家、美学家布洛（Edward Bullough）于 1912 年 6 月在《英国心理学杂志》（*British Journal of Psychology*）第 5 卷第 2 期上发表了《作为艺术因素与审美原则的"心理距离说"》（"'Psychical Distance' as a Factor in Art and an Aesthetic Principle"）一文，提出了"心理距离说"（psychical distance）。他认为，保持一定的心理距离是审美的先决条件。

♋ 布洛与心理距离说

布洛从心理学角度来探究美，放弃了传统美学对美的本质的追究。换言之，布洛开启了美学研究的心理学转向。

"心理距离"强调的是审美主体与审美客体之间的关系。布洛认为，审美主体与审美客体之间存在一定的距离，这种距离既不是时间距离，也不是空间距离，它指的是一种方式、态度和境界，而非一种物理长度。布洛试图举例说明心理距离的具体内涵。比如，在海上航行的途中遇到大雾天气，旅客就会感到焦虑，从而紧张不安，烦躁忧郁，但是，旅客也可以选择暂时抛开大雾带来的烦恼与忧虑，置身于美景之中。一望无际的海面，被轻纱似的薄雾笼罩着，远处海天相接，海风柔柔地轻抚脸庞，这种与世隔绝的宁静，也是一种十分美好的审美体验。面对相同的景色，却能产生两种截然不同的感受。在第一种情景中，海雾是一种自然现象，作为实在物的它阻碍了审美活动，旅客就会联想到海雾对航行的阻碍和对人身安全的威胁。因为审美主体与海雾之间距离太近，主体无法超出实用的框架，所以无法得到审美享受。然而在第二种情景中，海雾与审美主体之间距离被拉远，被当作毫无利害关系的审美客体，主体获得愉悦的审美享受。

那么如何把握适当的心理距离呢？在审美过程中，审美主体一方面需要跳出主观性，抛弃功利心；另一方面，又要适当地融合自己的主观经验，获得更好的审美享受。这就是布洛所说的"距离的矛盾"（the antinomy of distance）。做到心理距离的平衡十分困难，这也恰好能解释为什么专业的评论家们往往是不合格的观众。作为一种职业，在评论作品时，评论家往往不能保持适度的心理距离。布洛进一步指出，艺术家们也处于同样的窘境，"距离太近则会使人们指斥某一艺术作品为'粗鄙的自然主义'，'令人难堪'、'咄咄逼人的现实主义'。而距离太远则会给人以不切实、匠气、空洞或荒唐等等印象"（爱德华·布洛，1982：101）。苏轼的"不识庐山真面目，只缘身在此山中"就可以理解为因距离太近而没有宏观的美感。故而，审美距离要适当，距离过度则会丧失情趣，造成审美鉴赏力不足；距离不足则又陷入实用的窠臼中。

♋ 朱光潜对心理距离说的论述

朱光潜先生也专门探讨过布洛的"心理距离说"。他提出，一旦人跳出实用的藩篱，即不再考虑实用性，就能在某种事物身上感受到美。比如，通往阿尔卑斯山脉的途中有一条绝佳的观景公路。若只是把这条公路当作一个匆匆"打卡"兜风的地方，那就陷入了实用的框架，也无法真正体会阿尔卑斯山的魅力。但如果驻足观赏，缓缓前行，将阿尔卑斯山当作一幅天然油画，就能体会到山的独特美感，达到无所为而为的境界。所以，朱先生不赞同关于悲剧的"快感说"。他认为，观众从悲剧中感受到美，是因为他们作为旁观者与悲剧的痛苦保持一定的距离。通过观赏悲剧，观众可以通过怜悯、叹息、哭泣宣泄情感，但并不因此担忧人物所遭遇的不幸会发生在自己身上。所以，观赏悲剧使观众获得一种悲壮的审美体验。王国维先生提到的"入乎其内，出乎其外"这一说法也与布洛的"心理距离说"有着异曲同工之妙。王国维有言："诗人对宇宙人生，须入乎其内，又须出乎其外。入乎其内，故能写之。出乎其外，故能观之。入乎其内，故有生气。出乎其外，故有高致。"（王国维，2003：99）创作主体与客体既要相互融合，又要站在客观的角度观察、评价客体，抛去无关的杂念，才能创造出具有价值的艺术品。

♋ 从中美读者对陀氏作品的接受过程看审美距离的影响[1]

20 世纪初，无论中美在审美上对陀氏艺术风格的评价都并不高。

1　节选自俞航. 2020. 20 世纪上半叶中美陀思妥耶夫斯基接受研究：他者意识与审美距离. 中国俄语教学，（2）：62–70.

就中国而言有以下几点原因。

一方面，陀氏作品那惨厉阴冷、悲剧冲突激烈的美学性格与国人"温柔敦厚"的阅读品位相去甚远。例如，周作人虽然肯定陀氏的艺术成就，但不得不表示"有点敬畏，向来不敢轻易翻动，也就较为疏远了"（周作人，1998：342）。鲁迅先生虽然极敏锐地看到了陀氏通过不断拷问人性中的污秽，最终本质地揭示出污秽背后隐藏的光辉，但也不得不承认，对于喜爱温暖或微凉的读者，这是太过残酷了。

另一方面，由时代特征所决定的接受方的精神结构通常会影响作为审美实体的文学作品所受到的评价。"为人生"写作的接受角度使中国读者、学者往往更重视陀氏作品的内容，忽视其艺术性。陀氏的中国接受恰逢"五四"文学蓬勃发展时期，而"五四"文学主尊现实主义，陀氏也是因其对现实真切的刻画与揭露而被推崇。其中更深层的原因是，当时对外国文学的接受主要是服务于现实，将文艺作为改造社会的重要方式。这样一来，艺术形式的重要性也被降到第二位。然而，"在当时如果不对陀思妥耶夫斯基的作品进行一种现实主义的缓冲，单凭其自身原生美学品质，不仅不会得到国人广泛的认同，而且还会使更多的人望而却步"（丁世鑫，2006）。

第三个原因是陀氏作品中的基底——宗教意识在中国的文化框架中比较缺乏，或者说中国的信仰体系与以基督教为基础的西方宗教差距太大，以至于读者在没有相关文化背景的基础下很难理解其作品中的超验性和救赎精神。中国传统文化用道德情感代替宗教，以人为考虑问题的基础。鲁迅先生在《穷人小引》中用伦理来代替宗教，解读陀氏对人灵魂的剖析。中华文化讲究现世的教化和规则，而对原罪、救赎、神人等基督教理念感到生疏。因此，文化模子的不同使我国接受者很难对陀氏作品中的宗教情感产生共鸣。然而，陀氏的宗教思想是形成其艺术特征十分重要的源泉，尤其是他对基于拜占庭传统的东正教圣像体系的热爱。与此相关，在他的艺术理念里，单纯的审美不能将人类提升到感知上帝的高度，艺术须在尘世平面提供使观看的信众／读者变容的可能性。宗教信条是陀氏诗学的基础。因此，文化审美心理上的差距使我国读者在陀氏接受的初期存在着一定的错位。

20 世纪初期的美国对陀氏作品的艺术评价则经历了审美距离上的由远及近的变化：从 19 世纪末的纪实性到 20 世纪初的预言性与真实性并存，最终到 20 世纪三四十年代被新一代美国读者和作家挖掘出新特质并得到推崇。早期陀氏的艺术风格被众多人诟病，到了 20 世纪，依然存在着对其文体的责难。但与此同时，有一批作家开始接受陀氏的艺术风格，甚至崇拜并模仿他。逐渐兴起的声音是陀氏那"无组织的""不够简洁"的文体正体现了他的艺术的伟大之处。

审美主体与审美客体之间的距离过远，这种过远的距离是两国不同的自然环境和文化背景造成的，所以导致中国对陀氏作品的评价不高。时代不同，文化精神不同，接受者对作品接受的侧重也有所不同。"五四"新文学时期，作者与读者多重视现实主义，而陀思妥耶夫斯基作品中的宗教内涵和美学意蕴则被忽略。同时，陀氏作品阴冷、灰暗的风格也使当时许多读者"望而生畏"，产生了较远的审美距离。读者所处的时代背景对审美距离有着直接影响，读者与作者的文化背景差异也会对审美距离造成一定影响。不同的时代环境造成不同的审美距离，继而影响着作品的传播和读者对作品的接受。

❀ 读者如何把握审美距离

审美距离是作者写作过程与读者阅读过程中的极为重要的因素。作为读者，我们既要深入时代背景与人物内心，体会人物的思想感情，又要保持客观中立，用辩证地眼光看待作品。那么，作为读者，我们如何把握适当的审美距离，做到"入乎其内，出乎其外"呢？

近几年，网络上流行一种"沉浸式XXX"的说法。所谓沉浸式，就是无论周围环境如何变化，无论周围有没有旁人，都可以专心致志于手头的事情。在快节奏的生活中，保持沉浸式阅读并非易事，但如果能保持相对"沉浸"地阅读一部作品，将为我们的生活增添许多亮丽的色彩。把握适当审美距离，首先是尽力做到"沉浸式"阅读，专心致志、心无旁骛，想象自己就是男女主人公，这样可以设身处地地理解人物的处境、当时的社会历史、作者的创作动机，还能深度挖掘作者隐藏的符码，这就是"入乎其内"。除了深入文本，我们还要从中"抽身"，即对文本审视、质疑，选取合适的角度，对人物的行为或语言进行思考。作者并非完人，世界上也没有十全十美的作品，任何作品都是有瑕疵的。对作品进行"挑刺"，并非对作者或作品怀有个人情绪，而是身为读者不仅要参与作者的创作，成为作品的一部分，也要跳出作品，对作品进行客观评价。

参考文献

爱德华·布洛. 1982. 作为艺术因素与审美原则的"心理距离说". 中国社会科学院哲学研究所美学研究室. 美学译文 2. 北京：中国社会科学出版社.

丁世鑫. 2006. 陀思妥耶夫斯基在现代中国（1919—1949）. 济南：山东大学博士学位论文.

王国维. 2003. 人间词话译注. 施议对译注. 长沙：岳麓书社.

俞航. 2020. 20 世纪上半叶中美陀思妥耶夫斯基接受研究：他者意识与审美距离. 中国俄语教学,（2）：62–70.

周作人. 1998. 希腊之余光. 钟叔河编. 长沙：湖南文艺出版社.

心理美学   PSYCHOLOGICAL AESTHETICS

心理美学（Psychological Aesthetics）是美学的分支，它是由心理学中某些符合或加以改造后符合文学艺术的观点理论与美学相结合形成的一门学科。

⌘ 心理美学的诞生与发展

心理美学的第一个流派是实验心理美学。随着诸如精神分析心理美学、格式塔心理美学等各个流派对心理美学理论的发展和完善，心理美学逐渐成为一门独立的、完整的学科。心理美学、哲学美学和社会学美学是美学的三大分支。哲学美学阐释审美与艺术的本质，例如"美是什么？美感的本质特征是什么？美的基本范畴是什么？艺术的本质是什么？"（童庆炳，1993：11）社会学美学是从社会历史的角度研究审美现象，"它把艺术现象和审美现象看作是一定社会条件和历史时代的产物，着重研究人类社会中审美现象的存在、变化和发展"（童庆炳，1993：12）。心理美学不同于这两者，它的研究方法与研究对象与传统美学不同，它以一种特别的角度潜入传统美学无法进入的领域——审美主体或审美客体的心理世界，从较高的层次研究审美活动与艺术创作的普遍规律。

心理学和心理美学具有密切的关系。心理学中的一些理论、概念和方法同样适用于心理美学的研究，并为心理美学的研究奠定了基础。纵观心理美学的发展历史，心理学的流派发展直接影响着心理美学任一流派的发展，由此可见，心理学研究方法在心理美学研究中具有重要地位。虽然心理学和心理美学相互联系，但二者是两门互相独立的学科，各自具有不同的研究范围和方法。心理学的研究范围是人类的心理活动和心理变化，心理美学的研究范围是人类特殊的心理活动——审美活动。审美活动是一种复杂的心理活动，具有独特的性质。心理学研究多采用具有自然科学性质的研究方法，心理学家大多用实验方法使研究对象量化，但心理美学更多地利用体验和内省的方法，分析或描述强烈的情感或复杂的审美活动。

❀ 心理美学在中国的发展

西方心理美学传入中国后，引起了很大反响。在我国心理美学研究方面，朱光潜的成就是最大的。他的《文艺心理学》（1936）是我国第一部心理美学著作。这部作品详细介绍了克罗齐的直觉说、布洛的距离说、立普斯的移情说等重要的西方心理美学理论，并且以中国古代文艺现象为例，深入探讨了审美活动的本质和规律。严格说来，朱光潜并非专从心理学的角度研究文学，他的兴趣范围更加偏向美学。但他同时也涉猎了心理学、哲学和文学领域。在《文艺心理学》中，他对美感与快感、文艺与道德、艺术起源等问题进行了探讨，并且都有独到的见解。《悲剧心理学》则是朱光潜的另一部文艺心理学著作。

这部论著的基础是作者 1927 年在爱丁堡大学心理学研究班小组讨论会上宣读的论文《论悲剧的快感》。随后，作者花费五年细致研读与悲剧有关的文献著作，研究"心理距离说"、悲剧的快感与美感、悲剧的"净化"作用、悲剧与宗教和哲学的关系，解读了黑格尔、布拉德雷、叔本华与尼采的悲剧理论，最终著成《悲剧心理学》。朱光潜先生提出，近代心理学的光芒几乎照耀了包括文学在内的人类活动的所有领域，从心理学的角度阐释喜剧的著作也比比皆是，唯独论及悲剧的著述难以寻见。所以，从心理学的视角来发掘悲剧是必要的。从中亦不难发现朱光潜对弗洛伊德的分析与批判，譬如，他指责弗洛伊德派学者把恋母情结用来分析一切悲剧，"他们到处去发现儿子对母亲的乱伦的情欲和对父亲的嫉妒和仇恨"（朱光潜，1983：187）。朱光潜认为，悲剧能够净化被唤起的情绪，即怜悯和恐惧，而非悲剧所表现出的嫉妒和野心之类的情感。弗洛伊德学派在谈论悲剧的净化或升华时所指的显然是后者，因为在弗洛伊德学派看来，是潜意识里被压抑的不符合道德伦理的思想和欲望被净化。这些被压抑的情感和欲望存在于人类的潜意识深渊，所以哈姆雷特才对杀死叔父为父报仇一事犹豫不决，观众也能把自己被压抑的观念正当地移置悲剧主人公身上，进而获得解放和宣泄。如此说来，弗洛伊德学派把所有人都当成了神经病患者。与郭沫若、施蛰存和郁达夫等人不同，读者会发现朱光潜并没有把弗洛伊德的精神分析具体应用到文学创作或批评实践中去。但不可否认，在朱光潜的美学著作中，仍可以见到他分析或者批判精神分析学说的痕迹。

∞ 心理美学视域下的《聊斋志异》

总观《聊斋》，我们会发现，这部近五百篇的短篇小说集，在一定程度上是蒲松龄以创作求自娱和娱人的心理的产物。也可以说，自娱、娱人，不仅是蒲松龄创作的出发点，也是他在创作中经常保持的一种心态。而这本来也是小说（包括文人小说和市人小说）产生的原因之一。古代小说向来不能与诗文相提并论，是不入九流、难登大雅之堂的"小道"。所以魏晋以降，小说作者往往不避讳小说游戏娱乐的创作旨趣，仅从"志怪""逸事""传奇"这些名称上，就不难看出小说所具有的游戏娱乐的性质。干宝在《搜神记序》中虽说要"发明神道之不诬"，但同时却强调："幸将来好事之士，录其根本，有以游心寓目而无尤焉"（干宝，1957：4）。这正是当时许多志怪小说写作的重要目的。至于轶事小说，鲁迅认为"若为赏心而作"，"虽不免追随俗尚，或供揣摩，然要为远实用而近娱乐矣"（鲁迅，1981：60）。唐人传奇，也有不少属娱乐遣兴之作，所以鲁迅说："记叙委曲，时亦近于俳谐"，"其间虽抑或托讽喻以纾牢愁，谈祸福以寓惩劝，而大归则究在文采与意象"（鲁迅，1981：70）。宋元话本，本来就是为迎合市民的娱乐需要而创作的，其作者自然要注重作品的消遣娱乐作用。正如鲁迅所说的："当时一般士大夫，虽然都讲理学，鄙视小说，而一般人民，是仍要娱乐的；平民小说的起来，正是无足怪讶的事情"（鲁迅，1981：320）。尽管中晚明许多市人小说家和小说批评家强调小说的"传道""劝惩"意义，但仍然不能改变市人小说以娱乐为出发点的事实。

"以文为戏""游戏笔墨"是一种传统；而杰出的市人小说值得称誉的原因之一，也是其往往以"娱心"冲破"劝惩"。因此，无论从蒲松龄的身份和所处的地位来看，还是从"文学的传统和惯性"来看，说《聊斋》创作包含一定的自娱、娱人的成分并不为诬。《聊斋》中有些篇章完全可以说是作者的游戏之作，是作者自娱和娱人心态的产物。比如《鬼令》：

……酒数行，或以字为令曰："田字不透风，十字在当中；十字推上去，占字赢一锺。"一人曰："回字不透风，口字在当中；口字推上去，吕字赢一锺。"一人曰："图字不透风，令字在当中；令字推上去，含字赢一钟。"又一人曰："困字不透风，木字在当中；木字推上去，杏字赢一锺。"末至展，凝思不得，众笑曰："既不能令，须当受命。"飞一觥来。展即云："我得之矣：日字不透风，一字在当中；……"众又笑曰："推作何物？"展吸尽曰："一字推上去，一口一大锺！"相与大笑……（蒲松龄，2007：1015）

作者写作此篇的目的，并不在于揭示故事的社会意义，也不是为了描写酒徒的行为和刻画酒徒的形象。作者创作时关注的重心是这些鬼名士们所作的酒令，以及这个故事浓厚的调笑色彩。这一篇文字不仅与以往文人们笔记、诗话等类似的文字一样，反映了古代读书人以文字娱乐的风习，而且还带有某种民间文学的格调。在中国许多地方流传的"解（缙）学士"故事、八仙与"圣贤愁"的故事等都有类似的情节内容。可以想见，通过这一文字，蒲松龄无疑感到愉悦。同时，蒲松龄也坚信，他的读者也会通过阅读他精心结撰的文字，获得愉悦。

《狐谐》也是作者苦心经营的一篇"游戏"之作，作品的主要内容是狐娘子同诸客人的谐谑之谈。她说的两个骂人的"狐典"，精巧、离奇、委曲、生动，既是成语，又是故事，读之令人捧腹。作者为编织这些戏语、故事，可谓费尽心机。这从稿本的修改情况即可看出。改前的稿子没有陈氏兄弟两个人物，狐女巧骂二陈的一段原为另一"狐典"，也是取笑孙得言的，不很精彩，后被全部涂去，改成现在的样子。但是作者的刻意求工，应该说主要是为了调笑取乐，并无太深的意思，其写作的目的无疑主要是自娱、娱人。

《仙人岛》堪称《狐谐》的姊妹篇，有异曲同工之妙。全文 350 多字，通篇文采飞扬，但主要是供人笑乐的文字游戏。兹录一小段，以窥全貌：

> 王即慨然颂近体一作，顾盼自雄。中二句云："一身剩有须眉在，小饮能令块磊消。"邻叟再三诵之。芳云低告曰："上句是孙行者离火云洞，下句是猪八戒过子母河也。"一座抚掌。桓请其他。王述水鸟诗云："潴头鸣格磔，……"忽忘下句。甫一沉吟，芳云向妹咕咕耳语，遂掩口而笑。绿云告父曰："渠为姊夫续下句矣。云：'狗腚响弸巴。'"合席粲然。（蒲松龄，2007：981）

此篇虽命意在讽刺一个浅薄而又自视甚高、出口不逊、盛气凌人的狂妄书生，但文字机趣，令人喷饭，读来轻松愉快，饶有兴味。

这类文字在《聊斋》中可以说是随处可见，随手还可举出《侯敬山》《田子成》《粉蝶》《鸲鸟》《乩仙》《凤仙》等许多篇。《聊斋》的其他作品中也有体现出作者自娱、娱人创作心理的情节、文字。张元《柳泉蒲先生墓表》说，蒲松龄是一位说话"讷讷不出于口"的"恂恂长者"，谈不上"伶牙俐齿"，但其口不能言却能妙笔生花，通过文字达到自娱和娱人的目的。

自娱以娱人，人娱而自娱，不能不说是蒲松龄创作《聊斋》过程中的一个重要的心态。俞樾在谈到《聊斋》时说："卷首有乾隆丁亥横山王金范序，其略云：'柳泉蒲子，以玩世意作觉世之言'"（俞樾，1984：95），也看到了蒲松龄文字中的"玩世"成分。蒲松龄的儿子蒲箬对其父的创作心态则说得清楚而又中肯，他认为《聊斋》"大抵皆愤抑无聊，借以抒劝善惩恶之心，非仅为谈谐调笑已也"（朱一玄，1990：1147）。所谓"非仅为谈谐调笑已也"，自然是首先肯定其有很大的"谈谐调笑"成分，以至于需要强调"愤抑无聊"和"劝善惩恶"，以免引起人们的误解。实际上，蒲松龄自己不仅没有否认过其创作时的自娱、娱人因素，有时甚至还自觉不自觉地强调这一点："途中寂寞姑言鬼，舟上招摇意欲仙"（《途中》）（蒲松龄，1986：460），"新闻总入《夷坚志》，斗酒难消垒块愁"（《感愤》）（蒲松龄，1986：460）。这些早期的诗作中就已经透露出蒲松龄的这种心态。蒲松龄的同邑后学王敬铸在为《蒲柳泉先生遗集》作序时，说其"往来书札，兼作诙谐谑语，然简洁隽永，的是作者本色"（朱一玄，1990：1156）。蒲松龄的确喜欢通过文字自我消遣，自我娱乐。《聊斋诗集》中题为"戏为""戏赠""戏柬""戏贻""戏酬"一类的诗就有几十首。这些诗虽然也常常寄寓着作者的某种情感，但不少是"以游戏写意"，带有消遣、自娱、逞才弄笔的意思。像"笙歌一派拥红妆，环佩珊珊紫袖长，座中湘裙已罢舞，莲花犹散玉尘香"（《树百宴歌妓舞琵琶，戏赠》五首之一）（蒲松龄，1986：471）等，大概只能说是聊以奉承，为博得东主孙树百一哂的文字了。在蒲松龄创作《聊斋》过程中，应该说也有类似的心理在起作用。（朱振武，2017：9–14）

心理美学在文学评论中的运用范围十分广泛。从文学本质论的角度来说，文学起源于游戏，蒲松龄基于自娱、娱人的角度创作《聊斋》，某种程度上，其实是作者闲时怡情的产物。作者的创作不一定是为了反映某种社会现实，而是为了消遣时光、休闲娱乐，是一种纯粹的审美活动。作者的创作动机虽然不是单一的，但有时也没有那么复杂。蒲松龄本人仕途坎坷，不可否认，《聊斋》中的一些篇目的创作确实包含讽刺时事的意图，但这并不代表整本《聊斋》都是对现实的映射。作者对现实生活十分不满，于是在自己的作品中创造了一个乌托邦。如果一味地从社会历史的角度出发解读《聊斋》的创作动机，不仅与其中一些篇章内涵不符，而且也抹杀了作者这种消遣、娱乐、纯粹为了写作而写作的动机。虽然创作动机不是一个单一的因素，但并不是所有的作品都是现实的折射。

❀ 心理美学视域下的唯美主义作品

19 世纪 20 年代，唯美主义思潮从法国兴起，随后席卷欧洲。唯美主义作家认为文学艺术不能被道德法律所破坏，也不应该做时代的附庸与人生的模仿者。那么，唯美主义作品真的没有体现时代背景与道德取向吗？我们试着从心理美学的角度分析几部唯美主义作品的创作动机。

唯美主义是 19 世纪 20 年代诞生于法国继而波及英美的文艺思潮，该理论思潮诞生的目的是以文学艺术之美来对抗庸俗不堪、浅薄无知的布尔乔亚们。唯美主义运动的领袖之一戈蒂叶（Théophile Gautier）认为艺术是无功利的，任何作品的美在于其形式，就是主体对作品的最强烈、最直接的感受；"唯美狂"王尔德（Oscar Wilde）认为艺术家就是创造美的人，他们不应被道德、法律与理性束缚，而是要追求极致的美。唯美主义运动是西方文艺思想史中承上启下的一场运动，虽然持续时间不长，但是它的余波影响了象征主义、直觉主义、存在主义等众多思潮，对世界范围内的文艺作品创作与文学理论的更新有着不可估量的作用。但是，不可否认，唯美主义一味追求作品形式的精巧及作品内容与客观现实的脱离，这本就违背了文学创作的规律。唯美主义的诞生的背景与波旁王朝复辟让无数青年作家与艺术家陷入了感伤、忧郁、颓废的情绪有关，在看到资产阶级的伪善嘴脸后，他们便以这种标新立异的美学主张对抗现实的丑恶。王尔德的《道连·格雷的画像》是唯美主义的经典代表作，男主人公这一形象带有作者的自传色彩，也流露出作者自己的潜意识——对同性的爱慕与迷恋。由此可见，唯美主义文学作品也无法脱离现实，只是作者有意不让现实在作品中显现。

参考文献

干宝. 1957. 搜神记. 胡怀深标点. 北京：商务印书馆.

鲁迅. 1981. 鲁迅全集第 9 卷. 北京：人民文学出版社.

蒲松龄. 1986. 蒲松龄集·二. 路大荒整理. 上海：上海古籍出版社.

蒲松龄. 2007. 全本新注聊斋志异·中. 朱其铠编. 北京：人民文学出版社.

童庆炳. 1993. 现代心理美学. 北京：中国社会科学出版社.

俞樾. 1984. 春在堂随笔·卷六. 张道贵，丁凤麟标点. 南京：江苏人民出版社.

朱光潜. 1983. 悲剧心理学. 张隆溪译. 北京：人民文学出版社.

朱一玄. 1990. 明清小说资料选编·下. 济南：齐鲁书社.

朱振武. 2017.《聊斋志异》的创作发生及其在英语世界的传播. 上海：学林出版社.

压抑 REPRESSION

压抑（repression），本来是指一种低落的情绪状态，弗洛伊德在阐述精神分析理论时多次提到"压抑"这一概念，使得"压抑"的含义得到扩展和补充。

∽ 弗洛伊德关于"压抑"的论述

压抑在弗洛伊德的理论中扮演着重要的角色。弗洛伊德提出，意识（conscious）是由意识、前意识（preconscious）与无意识（unconscious）构成的，在无意识中，贮存着被压抑的、无法直接觉察的欲望。后来，弗洛伊德又提出关于人格结构的理论，人格结构包括本我、自我和超我，本我中储藏着各种各样被压抑的低级本能欲望。前意识与自我都具有调节作用，一方面，它们压抑部分欲望，使这部分不符合现实原则的欲望和需求"老实本分"地待在本我/无意识中；另一方面，它们还要满足一部分欲望与需求，使人能够适应不断变化的外部环境。由此可见，压抑不完全是一种负面情绪状态，有时能起到调节、稳定有机体的作用。

压抑，也是自我防御机制的一种。当人们遇到自己无法排解、难以接受的刺激或伤害时，个体会将这些痛苦压入无意识中。人们在采取压抑这种自我防御机制的时候，会看到被歪曲的、装饰的、错乱的信息，以掩盖曾经发生过的痛苦创伤。在正常情况下，个体不会想到这些被压抑的回忆，但这并不代表这些内容进入无意识领域后就被完全遗忘；它们不会消失，还会间接地给个体造成影响，甚至在一定情况下会被唤醒。

∽ 文学中的"压抑"

压抑在文学创作中具有重要作用。根据弗洛伊德提出的"升华"理论，艺术家创作的内容大多源自自己被压抑的欲望或记忆。弗洛伊德认为，力比多是人们一切行为动机的原动力，人们的一切活动都是由性本能驱使的，所以，文学创作的动因也是性欲。艺术家无意识领域欲望长期受到压制，得不到满足，文学艺术创作活动恰好弥补了这种不足。这种欲望，就是不符合道德法律的过分的性本能冲动，艺术家按照现实原则，以社会伦理允许的方式将这些被压抑的欲望升华为作品。

弗洛伊德在《创造性作家与白日梦》(*Creative Writers and Daydream*, 1908)中曾提到，外部世界的种种限制让作家的本能欲望被压抑，所以他们就借助幻想和艺术来满足自己的需要，释放被压抑的欲望。在《释梦》中，弗洛伊德以歌德为例，说明作家将被压抑的欲望和本能通过文学艺术进行宣泄和释放。歌德的名作《少年维特之烦恼》极大程度上取材于歌德自身的经历。在歌德年轻的时候，他曾倾心于一位名叫夏洛特·布菲的小姐，可惜这位小姐已有婚约。后来小姐的未婚夫出现，歌德只好伤心地离开了这位小姐。歌德有一位同事名叫耶路撒冷，因遭受爱情的不幸而开枪自杀。于是，歌德将自己的亲身经历和耶路撒冷的悲剧融入《少年维特之烦恼》中。据说，歌德曾自述这部书信体小说的写作只花了短短四周左右的时间，目的就是抵消爱情带来的痛苦，并将自己从自杀的念头中解救出来。由此可见，性本能是艺术家从事文学艺术创作的原动力，艺术家和作家以社会所见容的方式将被压抑的性本能升华为文学艺术作品。可以说，没有被压抑的欲望，就没有创作的动力。

☙ 从《聊斋志异》看蒲松龄的压抑

日本学者厨川白村说："人生的大苦恼，正如在梦中，欲望便打扮改装着出来似的，在文艺作品上，则身上裹了自然和人生的各种事象而出现。以为这不过是外底事象的忠实的描写和再象，那是谬误的皮相之谈。"（厨川白村，1988：10）文艺作品因作者巧妙的化装和隐藏，使人们不容易一下子就看到作者心灵的深处，因此评论也易于流于空泛和皮相之谈。厨川白村认为："个性表现的内底欲求，在我们的灵与肉的两方面，就表现为各种各样的生活现象。"（厨川白村，1988：10）这种"内底欲求"，在作家笔下就表现为文艺创作。这种潜隐在作家心灵深处的东西，弗洛伊德早已认识到。他认为，创作的动机是为了要满足自身的一种本能欲望，而欲望中最强烈的就是性欲。人类的这种原始的欲望是人的一切行动的内趋力之一，文艺创作作为人类一种高雅的行动，不过对此表露得更加隐蔽一些而已。

在中国古代，可以说，没有几个读书人不是在儒家的训教下长大的。儒家对人提出的高标准、严要求，特别是道德修养方面的约束，对作为自然人的"本我"的实现是有着很大的压抑作用的。后来，"理学"的出现，对人性的压抑几乎达到了顶峰。儒家"敬鬼神而远之"，"子不语怪力乱神"，使人们特别是读书人的好奇心与探索精神受到了扼制。狐鬼故事的出现，正是对儒家思想的补偿与反动，因为它不但满足了人们对"怪力乱神"的好奇与需求，而且使编造与传扬狐鬼故事的人以迂回的方式实现令儒家学者特别是后来的理学家皱眉的欲望。在这里，尽管作者本人或许都未意识到，狐鬼故事的编造成了人们在心理上实现欲望的力量和手段。

《聊斋》里的狐鬼仙魅千姿百态，内容包罗万象，但仔细研读，就不难窥见作者内心深处的独白，他内里的欲求成了他创作《聊斋》的内趋力之一。正如有的学者所说："由《聊斋》里的狐妖故事所组成的妖精交响曲，事实上是'欲望交响曲'，它们要满足的主要是人们的色欲与财欲。"（王溢嘉，1992：216）其中又以性欲（色欲）为主。蒲松龄毕竟是读书人，不是三餐不继的贫民。所以他的笔下多是读书的士人，而且大多同蒲松龄一样，客居异地他乡，读书应举之余，寂寞无聊，亟待满足的首先是那种原始的欲望。于是出现了幻化成国色天香的狐妖主动来满足他，如《胡四姐》与《莲香》等许多篇都是如此。关于这类故事，林语堂先生曾有过描述：

> 这些鬼怪并不是让书生们晚上独自一人待在书房而感到害怕的那种鬼怪。当蜡烛即将燃尽，书生昏昏欲睡之时，他听到丝绸衣服窸窣作响，睁眼一看是位十六七岁的娴静少女。一双渴望的眼睛，一副安详的神色，她在看着他笑。她通常是一位热情的女子。我相信这些故事必定是那些寂寞的书生依照自己的愿望编造出来的。然而她能通过各种把戏给书生带来金钱，帮助他摆脱贫困。书生病了，她精心服侍，直至痊愈。其温柔的程度，超过了一般现代护士……（林语堂，1988：77）

这段话简直可以说就是对《聊斋》很多故事的描述。《双灯》即是一个这样的故事：魏运旺无端邂逅一"楚楚若仙"的女郎，绸缪半载即飘然而去。这未必不是作者自己的绮思丽想。在财、色二者中，蒲松龄认为色比财来得高雅。以贪财为鄙，以怜香惜玉甚至以平康冶游为雅，这正是古代读书士子一种普遍的心理。《沂水秀才》是一篇讽刺小品。两个狐狸精化成二美人——如称呼顾青霞一样，蒲松龄称她们为"可儿"——她们给这位沂水秀才来了一次无声的考试，不是考他写诗作赋，而是考人品。这位秀才见丽人而不动情，无才子之风情；见文字而不投眼，无文人之雅致；见白金即动手，便赤裸裸地露出一副穷酸乞儿嘴脸。蒲松龄认为这是"俗不可耐"。蒲松龄作此文，命意在讽刺那些不知风情的贪吝之辈，我们却能从中看到蒲松龄的深层心理，让人想到弗洛伊德所说依快乐原则来行事的"原欲"及"本我"。蒲松龄心理上这一平日隐忍不言的欲望，在讽刺别人、嘲笑别人中不自觉地暴露出来,这正是从心灵底层蹦出来的"本我"。《聊斋》里的女狐女鬼故事,实际上就是男人和美女的故事,女狐女鬼必须变成美女,否则是不能让男人动心的,《青凤》等篇说明了这个问题。《聊斋》中的女狐女鬼大多都是"世间罕有其匹"的美女,而且这些美女往往自己承认是狐是鬼,但男人(主要是书生们)依恋其美,却并不以为怪,这实际上是男人对女人的欲望(原欲)的外射:女人要有"容华若仙""媚丽欲绝""娇波流慧""细柳生姿"的外貌,同时又要具有"自荐枕席""恒无虚夕"欲念,而且因为这些美女是狐鬼异类,男人可以随心所欲、为所欲为,而不负任何责任,从而更能放纵其身心。这才是此类狐女鬼女在蒲松龄笔下频频出现的潜在原因。

《聊斋》中出现大量描写男女性爱故事又是作者蒲松龄内心的矛盾和心理上受到压抑的结果。中国传统的"礼教"严重地压抑着中国人的心理,尤其是性心理,人们本身的欲求经常承受着现实的重压,这就在很多人的心灵深处造成难以解决的矛盾。

虽然蒲松龄思想活跃,但他所受到的教育和周围的影响始终约束着他的思想、情感和意志,使他不得不把热烈的追求和渴望隐理在心灵深处,只能通过文学创作自觉不自觉地有所表达。由于采用了非现实的、幻化的构思方式和表现手法,《聊斋》似乎与现实拉开了距离,但也正因为如此,才使作者意识深处的热烈追求和渴望较为自由地表露出来。(朱振武,2017:36—41)

性欲是最本能的欲望,通常这种欲望被人压抑在潜意识中,不能轻易被意识察觉,但是,作家在创作过程中,这种欲望总是有意无意地"跑"出来。这也正所谓"文学即人学"。藏在潜意识里各种各样的欲望不被世俗伦理和道德法律所容许,所以个体将他们压抑在不易察觉的地方；压抑作为一种自我防御机制，既保护自己免于自责，也避免自己的情绪陷入冲动。作家在创作过程中，把压抑在潜意识的欲望升华为作品，创作过程也是作者面对本我并与本我对话的过程。压抑不仅仅来自个体，也来自外在世界，封建礼教使作者本身合理的欲望也受到压抑，而那些本来就压抑的欲望再一次被压抑，作者只能通过创作将其发泄。

❧ "发愤著书"说与文学中的压抑

司马迁在《报任安书》中写道："此人皆意有所郁结，不得通其道也，故述往事，思来者。"并在其中举例说明《春秋》《离骚》等都是作者发愤而作。曹丕在《典论·论文》中提到"盖文章，经国之大业，不朽之盛事"。由此可见，这两种"作文"的意图是不同的。

我们不能简单地将文学作品的创作动机都归结为作者发泄心中压抑的情感。首先，创作动机十分复杂（见本书"创作动机"这一概念），当作家开始创作一部作品的时候，其创作动机是一个复杂的动机簇，而不是一个简单的因素。司马迁的《史记》，虽自述为"述往事，思来者"，难道司马迁就只是简单地行使了史官的"记述"职责吗？显然不是这样。司马迁因李陵之祸受到牵连，承受了痛苦的宫刑之辱，也因此葬送了自己的政治前途。《史记》中的《屈原贾生列传》既是司马迁为记述而作，也是以屈原和贾谊的人生经历来弥补自己内心对"忠义"这一行事准则的怀疑。不可否认，司马迁是将自己的愤懑与惆怅倾注在《史记》的篇章中，但仅仅将《史记》的创作动机都归结于司马迁的"发愤"与"记述"显然是有失偏颇的。作品与作者是互相成就的，司马迁成就了《史记》，《史记》也成就了一个全新的司马迁。他将自己的魂注入了《史记》中，《史记》不仅仅包含了司马迁的愤懑，也见证了他身为史官的责任感、道德感与使命感，也熔铸了司马迁对于仁、义、理、智、信等诸多道义的思考，他自己也在自春秋到汉这一风云波荡的历史中找到了"容身之所"。

参考文献

厨川白村. 1988. 苦闷的象征. 鲁迅译. 北京：人民文学出版社.

林语堂. 1988. 中国人. 杭州：浙江人民出版社.

王溢嘉. 1992. 欲望交响曲——《聊斋》狐妖故事的心理学探索. 辜美高，王枝忠编. 国际聊斋论文集. 北京：北京师范学院出版社.

朱振武. 2017.《聊斋志异》的创作发生及其在英语世界的传播. 上海：学林出版社.

阉割情结 CASTRATION COMPLEX

弗洛伊德曾提出"恋母情结"与"恋父情结"这两个概念，他认为，恋母情结会引起欲望的压抑。据此，弗洛伊德推测，受到压抑后，男孩儿投注在母亲身上的力比多就转化成焦虑，表现出企图取代父亲职能的征候。男孩以父亲的职能自居[1]。

1　"自居作用"（Identification）又称"认同作用"，也是自我防御机制中的一种。它指的是个体将某一客体的属性和特点同化为自己的特点。个体模仿他／她所崇拜的对象的某些特点就是自居作用的表现。譬如，有些追星人士会购买他／她的"爱豆"的同款衣物饰品。

∽ 阉割情结的来源

儿童对自己投注在母亲身上的力比多要求感到恐惧，就会产生一种向内的危险，这是一种神经性焦虑的表现。同时，儿童的这种焦虑又涉及一种来自外界的危险情境，为了避免这种危险情境，他只好放弃力比多投注的对象，压抑自己的欲望。这时体现在儿童身上的就是现实性焦虑。弗洛伊德认为，儿童因恋母情结而产生的恐惧来自阉割惩罚。劳伦斯的短篇小说《木马赢家》(*The Rocking-Chair Winner*，1926)，以童话故事般的口吻叙述了一个小男孩无意间发现自己可以通过骑木马来预测赛马赢家的故事。小男孩保罗为了满足母亲对金钱不断膨胀的欲望，拼命地骑木马预测赢家，最终心力衰竭而死。当母亲因为经济拮据责怪丈夫"没运气"之时，保罗却非常自信地向妈妈保证自己是个幸运儿。直至临死之际，保罗还在向母亲保证自己的运气比父亲好。从精神分析批评的视角来看，极力取悦母亲的保罗患有恋母情结，并且在知道父亲运气不好之后企图以自己是个幸运儿的借口来承担父亲的职能。保罗的心理发展阶段已经停滞了，他沉溺在恋母情结时期无法自拔，生怕自己不能取悦母亲，母亲会抛弃他。在这里，保罗对阉割的恐惧以害怕母亲离开自己这一方式表现出来。

处在恋母情结期的儿童在现实中不会因为恋母而遭受阉割的惩罚，但是，儿童会对这种来自外在环境的危险深信不疑。弗洛伊德提出，儿童对这种危险信以为真，其实是儿童幼年期手淫时受到过阉割的威胁。在非洲的一些部落，男女在青春期或青春期之前都要进行割礼。弗洛伊德也强调，一些地方将阉割仪式作为成年仪式，所以他坚信阉割情结属实。女性也有阉割情结，但和男性的恐惧不一样，女人恐惧的源头是失爱。弗洛伊德认为这种失爱的恐惧源于婴儿时期的失母恐惧。失去母亲，那么婴儿就会失去安全感，本能需要得不到满足，就会产生焦虑。在弗洛伊德看来，女性的失爱焦虑，实际上就是"出生焦虑"的持续，因为出生的结果就是从母体中脱离。他的徒弟兰克则认为，女性成年后历经的各种焦虑的情境，其原型就是出生焦虑。男性在放弃对母亲的恋母情结之后，有可能以母亲自居，也有可能以父亲自居。通常来说，男性会选择以父亲自居，女性选择以母亲自居，这样一来，男孩和女孩的性格就固定下来。

∽ 有关阉割情结的故事与传说

在古希腊诗人赫西俄德（Hesiod）的诗作《神谱》（*Theogony*）中，古希腊神话的结构被基本确立。其中，就有与阉割情结有关的传说。地母该亚（Gaea）与天神乌拉诺斯（Uranus）结合后，生了十二位提坦神（Titan）。乌拉诺斯憎恨自己的儿子，而其中的提坦神之一——克洛诺斯（Cronos）也同样厌恶自己性欲旺盛的残暴父亲。乌拉诺斯把该亚所生的几个子女藏到暗无天日的隐秘处，甚至想把这些孩子重新塞入该亚腹中。该亚十分生气，于是她鼓励孩子们反抗乌拉诺斯。克洛诺斯是最小的儿子，他鼓起勇气接受了母亲的建议。当乌拉诺斯再次向该亚求欢时，克洛诺斯用镰刀割下了父亲的生殖器。在古希腊神话中是儿子阉割父亲，但在《西游记》中，孙悟空一开始是大闹天宫、藐视佛法和反抗众神仙的叛逆者，最后变为秩序顺从者，也可以解读为父性权威对他的另类阉割。电影《姜子牙》中，神界对九尾的镇压、对姜子牙的惩罚，也体现了多数对少数、幻象对真相的"阉割"。

∽ "还泪"神话与人鱼传说中的阉割情结[1]

如果说男性历劫几乎是全部男性文学作品的共同主题，那么在男性笔下的女性主题则多次出现了阉割的影子。文学史上为男性作家多次咏写的一个神话故事——人鱼的故事，也在《红楼梦》中出现了一个对应的版本"还泪神话"。然而，"浇灌"本是一个性含义极明显的暗喻，但在《红楼梦》研究中，我们却始终面临一个问题：为什么宝黛之间没有性行为的发生？或者更确切地说，为什么宝黛之间没有性行为发生的可能性？要回答这个问题，就要回到人鱼传说上去。人鱼的传说中外皆有，内容颇多不同。在文学中最有影响的莫过于安徒生的童话《海的女儿》和希腊神话中奥得修斯与海妖的故事，后者经由 T. S. 艾略特在其长诗《阿·普鲁弗洛克的情歌》（"The Love Song of J. Alfred Prufrock"）中再次引用，象征含义尤为明晰。

在黄昏的时候，这五个姐妹常常手挽着手地浮上来，在水面上排成一行。她们能唱出好听的歌——比人类的任何声音都要动听。当风暴快要到来，她们认为有些船只快要出事的时候，她们就浮到这些船的面前，唱起非常美丽的歌来，说是海底下是多么的可爱，同时告诉这些水手不要害怕沉到海底；然而这些人却听不懂她们的歌词。他们以为这是飓风的声息。他们也想不到自己会在海底看到什么美好的东西，因为如果船沉了的话，上面的人也就淹死了，他们只有作为死人才能到达海王的宫殿。（汉斯·克里斯汀·安徒生，1999：16）

这些女仙们专以美妙的歌声迷惑旅人。她们站立在葱绿的海岸上，

1　节选自张媛. 2001. 男性历劫和女性阉割的双重主题——试阐《红楼梦》的男性写作视角. 明清小说研究，（2）：162–172.

每逢船舶驶过就曼声歌唱。但被迷惑并在这里登陆的人总是遭到死亡，所以这里的海岸上满布着死人的白骨。（G. 斯威布，1982：714）

我听见了女妖彼此对唱着歌。我不认为她们会为我唱歌。我看过她们凌驾波浪驶向大海。梳着打回来的波浪的白发。当狂风把海水吹得又黑又白。我们是停留于大海的宫室，被海妖以红的和棕的海草装饰。一旦被人声唤醒，我们就淹死。（袁可嘉，1991：387）

不论文本的表象如何不同，我们可以发现，以上三则故事有一点是共通的，即人鱼不可能有性行为。这一结论在后两则故事中是很容易解释的，因为美人鱼的下半身没有像人类一样的双腿。人鱼上半身为人，下半身为鱼，不具有女性生殖器，从根本上否定了性行为的可能性。这也是男性作家选择人鱼作为具有性诱惑力又无性行为能力——一个被阉割了的女性象征的原因。然而，这一天然的缺憾却无法说明《海的女儿》的小人鱼没有性行为的可能这一文本事实。因为，在《海的女儿》中，小人鱼已经找到了阉割的替代品——她的舌头。事实上，割掉她的舌头这一行为的目的就是为了让她拥有人的双腿，拥有女性生殖器，也就是拥有了性行为的可能。但是作者在如此煞费苦心地让她具有这一能力之后，却又狠心地剥夺了她行使这一能力的可能性，使《海的女儿》这个童话成为一个悲剧，从根本上背离了童话无悲剧这样一个文学传统。

阉割也是文学史上一个十分重要的母题。原始先民希望自己多妻多子，家族旺盛，于是崇拜象征生殖的神明，对阉割有着天然的恐惧。阉割，不仅夺走了人的本能欲望——交配，还夺走了人的生殖可能。正如弗洛伊德所说，女性对阉割的恐惧本质是对失爱的恐惧。女性的阉割情结，不一定与性欲有关。而男女主角之间没有性行为发生的可能性，这表明一开始女性就是作为失爱者而存在的。从阉割情结的角度出发去解读文本时，其文本的深层含义并不直接与性有关，有可能与权力有关。被阉割的恐惧是人们生来就有的，这不仅仅是对生殖器被阉割的恐惧，同时也是对被沉默、被取代、被毁灭的一种恐惧。例如，在世界文学史中，非洲文学的话语权就是被主流英语文学国家"阉割"的。

☙ 被"阉割"的疯女人

在《阁楼上的疯女人》一书中，作者认为，疯女人这一形象不是天生的，而是父权话语塑造的。以男性作家为主的父权始终把女性放在"被言说"的位置上，女性的话语权被阉割。在一些文学作品中，相似的人物形象在男作家和女作家笔下的结局是不同的。

2009 年布克奖得主——英国女作家希拉里·曼特尔（Hilary Mantel）创作的《狼厅》（*Wolf Hall*，2009）、《提堂》（*Bring up the Bodies*，2012）和《镜与光》（*The Mirror & the Light*，2020），再现了都铎王朝时期的动荡历史，塑造了如托马斯·克伦威尔、亨利·都铎、安妮·博林、玛丽·博林、简·西摩等个性鲜明且具有深厚美学意蕴的人物。其中，安妮、简、玛丽等女性不再是"亨利八世的情妇"，也不再是历史上强加给她们的种种脸谱式角色，而是具有思想、有个性且有追求的女性。安妮不掩饰自己对权力的热爱，敢于和压抑她们话语权的父权、教会与王室对抗；简·西摩简单真诚，面对国王的求爱，不因对方的高贵身份而委身。曼特尔用这些鲜活的人物形象共同织成了一袭绣着人性、命运与权力的华美袍子，每个人物都是这件袍子上的一部分，具有独一无二的色彩。其实，王权、教会和以男权为主的权力模式是造成安妮、阿拉贡的凯瑟琳、凯瑟琳·霍华德等女性命运悲剧的根源，曼特尔无意在文本中渲染女性所遭遇的种种歧视与不平等待遇，而是将她们放置在历史的舞台中，给予她们与男性同等的权力，而不是让她们保持沉默。

参考文献

G．斯威布. 1982. 希腊的神话和传说. 楚图南译. 北京：人民文学出版社.

汉斯·克里斯汀·安徒生. 1999. 安徒生童话集. 叶君健译. 南京：译林出版社.

袁可嘉. 1991. 欧美现代十大流派诗选. 上海：上海文艺出版社.

张媛. 2001. 男性历劫和女性阉割的双重主题——试阐《红楼梦》的男性写作视角. 明清小说研究，（2）: 162–172.

意识流　　STREAM OF CONSCIOUSNESS

意识流（stream of consciousness）这一概念是机能主义心理学的先驱威廉·詹姆斯（William James）的弟弟亨利·詹姆斯（Henry James）在论文《论内省心理学所忽略的几个问题》（"On Some Omissions of Introspective Psychology"）中提出的。后来，亨利又在《心理学原理》（*The Principles of Psychology*，1890）中对其进行详细解释。在《心理学原理》这部巨著中，亨利描述了"意识流"对意识流小说诞生的影响。他认为，人的思想并非由不相关的链条机械地组成，人的意识并不是零散的拼图，而是不断流动变化的，"'河'或者'流'

的比喻可以使它得到最自然的描述……让我们称它为思想之流，意识之流，或者主观生活之流"（威廉·詹姆斯，2003：335）。意识流这一概念，强调了思维的延续性、选择性、超时空性，这十分贴合现代作家越来越关注人物内心世界的倾向。意识流既是机能主义心理学中的概念，也是一种文学创作手法，还是现代主义文学的重要分支流派。

☞ 文学中的意识流

20世纪初弗洛伊德又开拓了人类的"潜意识"领域和自由联想理论，进一步促进了意识流手法在文学领域的应用。在借用意识流手法以后，作家对小说情节与形式的关注逐渐淡化，也不再随意评价人物的思想和感情，而是如实地描写和记录人物复杂深刻的思想变化，如实描写人物的内心世界，展示人类恍惚迷离的思想结构。这是对传统小说创作技巧的彻底反叛。意识流作家在作品中着重描绘作品人物深层心理的自然流动，展示人物前意识和无意识领域的心理状态。

意识流小说是现代主义文学的重要组成部分。与传统现实主义小说截然不同，它引导作者深入人物的内心世界，显示了文学对理性主义的反叛。意识流小说大胆表现人们探索的潜意识与无意识空间中的诸种想法和欲望，表现"作为人类普遍经验的个人精神生活和深埋于人物内心隐微的意识活动"（李维屏、谌晓明，2012：5）。尼采（Friedrich Wilhelm Nietzsche）的非理性（Irrationalism）哲学、叔本华（Arthur Schopenhauer）的唯意志论和弗洛伊德的精神分析学说都为意识流小说的流行奠定了理论基础。在佳作频出、人才济济的20世纪的西方文坛，受益于精神分析学说，采用自由联想手法进行文学创作的艺术家层出不穷，法国的马赛尔·普鲁斯特（Marcel Proust）、爱尔兰的詹姆斯·乔伊斯（James Joyce）、英国的弗吉尼亚·伍尔芙（Virginia Woolf）、美国的威廉·福克纳和乔伊斯·卡洛尔·欧茨（Joyce Carol Oates）都是意识流小说的杰出代表人物。

∞ 意识流文学作品的典范：《尤利西斯》

在运用了意识流创作手法的《尤利西斯》（*Ulysses*，1922）和《达洛维夫人》（*Mrs. Dalloway*，1925）这类作品中，人物的联想不连续，也没有逻辑性，甚至还可以在那些表面上看似毫无关系的事物和想法之间来回转换。例如，

……氮。植物园中的温室。含羞草。睡莲。花瓣发蔫了。大气中含有瞌睡病。在玫瑰花瓣上踱步。想想看，炖牛肚和牛蹄吃起来该是什么味道。我在什么地方看到过一个人的照片，是在哪儿拍的呢？对拉，他仰卧在死海上，撑着一把阳伞，还在看书哪。盐分太重，你就是想沉也沉不下去。因为水的重量，不，浮在水面上的身体的重量，等于什么东西的重量来着？要么是容积和重量相等吧？[1]

运用了自由联想创作手法的作家真实地记录下这一过程。尽管传统的文学作品中也出现过心理描写，但作者勾勒的都是人物较为理性的思考。自由联想与这种心理描写不同，它往往与幻觉、梦境、蒙太奇和内心独白连用，跳跃性极强，不受理性控制。比如，詹姆斯·乔伊斯对《尤利西斯》中布鲁姆的心理记录。布鲁姆的意识流十分复杂，跳跃性极强，错觉、印象、幻觉、记忆互相交织，让读者无法整理出

1　Joyce, J. 2000. *Ulysses*. London: Penguin Books, 87. 此处译文依据萧乾，文洁若译. 1994. 尤利西斯（上）. 南京：译林出版社，144。

一条清晰的思路。但这种飘忽连绵的思维反而更能诠释人类杂乱无章、复杂深刻的心理活动。

❤ 《喧哗与骚动》中的多重意识书写

有的学者认为《喧哗与骚动》(*The Sound and the Fury*，1923）是一部描写美国南方大家庭和南方社会旧秩序衰落的小说，这种说法不无道理。确实，《喧哗与骚动》通过描写凯蒂从天真烂漫到放荡堕落的变化，反映了以康普生家族为代表的南方大家族的没落，也揭示了康家只要地位荣誉，不要家庭温暖，致使子女们的性格和心理的发展呈畸形状态，从而说明南方社会的习俗与观念既毁灭自己也毁灭别人的事实。这一切，福克纳在这部小说的第四节里表现得相当清楚。然而，这种分析只说明《喧哗与骚动》的社会性和社会意义，尚未揭示决定作品主题思想和艺术手法的创作动机。此外，这种说法似乎也不能反映福克纳自己常提到的这部小说的创作过程：他是从一个爬在树上、屁股上都是泥、从窗子里偷看奶奶丧礼的小姑娘的画面出发写这部书的。为了动人，他先从小姑娘的白痴弟弟的意识来写这个小姑娘，但不满意；又从另外一个兄弟的意识来写，还是不满意；又从第三个兄弟的意识来描写，还是不理想，便用自己的意识写了第四部分。然而，直到 15 年后他把故事再写了一遍才算了却了心事（李文俊，1980：262），可见这个作为小说前三节中心的小姑娘是书中最重要的人物。

在美国南方，无论是在南北战争之前还是在福克纳所处的时代，女人都处在十分特殊的地位。南方社会信奉男尊女卑、白人优越论以及贵族世家高人一等的思想。在白人社会里，妇女被看成是谦逊、贞洁、虔诚、自我牺牲等一切美德的化身和家族荣誉及社会声望的代表；

而另一面女人又被认为是祸水，是万恶之源。在现实生活中，在这个以男人为中心的社会里，男人们表面上对女人彬彬有礼，时刻扮演着女性保护神的形象，实际上妇女并不受人尊重，并没有自己的身份、权利和自我。男人们"从一开始就否认妇女的个性"，"人们允许妇女具有情感，但不允许她们拥有彻底的自治权利"（Ames，1928：159）。社会要求她们对男人绝对服从，做男人的仆从、姐妹、朋友、妻子或情人，唯男人之命是从（Wilson & Ferris，1989：1519–1589）。康普生家的男人都是南方妇女观的忠实拥护者，因此凯蒂从一个天真烂漫的小姑娘起就已经铸就了毁灭的厄运。

凯蒂生性善良，富有同情心。她像母亲似地照顾白痴弟弟班吉，对母亲叫他"可怜的宝贝儿"[1]不以为然，对弟弟说："你不是可怜的宝贝儿。是不是啊。你有你的凯蒂呢。你不是有你的凯蒂姐吗。"为了弟弟，她放弃了香水，赶走男朋友。她同情多愁善感的哥哥，想方设法帮助他，安慰他，甚至表示可以让他杀死自己。当然，她还讨厌自私自利、爱告状的杰生。这一切都是天性的自然流露，而不是扮演社会的某一角色。不幸的是，凯蒂还有一种不能见容于南方男性社会的"缺点"：追求知识，有强烈的参与意识和反抗精神。凯蒂从小争强好胜，做游戏时要当国王、做将军。祖母去世的那一天，唯有她勇敢地爬上大树，窥探奶奶屋里的秘密。她坚持"男孩子干什么，她也要干"，不到入学年龄就闹着要跟哥哥上学，甚至对于康普生太太的要做一个淑女的种种告诫置若罔闻。凯蒂的这种顽强表现自己个性的精神，随着年龄的增长，必然同社会习俗发生冲突，也必然会在她的心中引起矛

1　此处关于《喧哗与骚动》的引文均译自美国 1954 年 Vintage Books 的英文版本，不一一作注。

盾与斗争，给她带来无限的痛苦。"她蜷缩在墙根前变得越来越小只见到一张发白的脸她的眼珠鼓了出来好像有人用大拇指抠似的。"[1] 她不想压抑内心的欲望，便接受命运的安排，走上堕落的道路。怀上身孕后，她不再抗争，被动地听从母亲的安排，根据南方的习俗，嫁给一个她并不爱的男人。婚后她遭到丈夫的遗弃，但为了家门的声誉，她只好断绝同家庭的来往，浪迹天涯，靠出卖肉体为生。她的女儿小昆丁像她一样在没有温暖、没有正确引导的环境中长大，跟她一样离开家庭走上堕落的道路。"她不需要别人的拯救她已经再也没有什么有价值的东西值得拯救的了。"就这样，一个富有个性、天真活泼的女性被社会毁灭了。即使如此，我们还是要问，福克纳为什么一定要通过三兄弟的意识之流，以内心独白的方式来表现凯蒂呢？为什么他在第四节里完全不写凯蒂？为什么不能像其他作家那样用第三人称的叙述法来塑造凯蒂，刻画她的内心世界？这跟福克纳创作的心理动势有着密切的关系，他要借三兄弟之口诉说自己对女人的看法，因为福克纳刻画的是男人的内心世界和男人眼中的世界。（朱振武，2016：74–77）

许多作家从外部环境出发刻画人物性格，塑造"典型环境中的典型人物"，但福克纳从人物内心世界出发，通过不同人物的内心独白，串联起关于某个人物的总体认识。这种对人物内部意识的刻画，既展现了人物言行举止所不能展现的一面，又能描写人物处于时代洪流中的反应。作者运用意识流的手法，将三兄弟对自己姐妹最真实、最压抑、最坦诚的看法和态度表现出来，也透过三兄弟之眼，将当时社会上男性对女性的看法表达出来。只要读者善于思考，就能从作者对人物的意识流描写中体会到作者都不能察觉的感情。意识流将人类心理

1　原文如此，这是福克纳的意识流写法，在他的小说中随处可见。

活动赤裸裸地显现出来，直达人的灵魂深处，读者可以由此体会作品中"不能言说"的那部分——复杂的人性。

❧ 意识流中的现实世界

在普鲁斯特、福克纳、伍尔芙等作家的意识流小说中，几位作者细致刻画了主人公自由联想的心理世界。在这样的世界里，时空扭曲，没有逻辑和常理，幻觉、梦、知觉混杂在一起，让读者陷入混乱和迷惑。那么，意识流小说是否表现的都是主人公的心理世界，而无外界客观现实的参与？

传统现实主义小说往往通过人物与外部环境的互动来推动情节的发展，而意识流小说则是将人头脑中繁乱复杂的意识展现在读者面前。阅读意识流小说时，读者往往会陷入困惑，因为意识流小说描绘的意识是跳跃的、流动的，有时是反常的、无序的，这既是意识流小说的优点，也让意识流小说与作者有着一种疏离感。英国作家伍尔芙的短篇小说《墙上的斑点》（*The Mark on the Wall*，1919）就是一篇典型的意识流小说。作者由墙上的一个模糊不清的斑点开始，意识由斑点流淌到旗帜，又想到一连串的事物，后来想到生命的神秘与伟大，想到死亡与战争的恐怖。虽然作者的意识是变幻的、流动的，但是作者意识中的事物，在现实中都可以找到对应。虽然意识流描写的是人物的心灵世界，但是人的心灵世界也是客观世界的反映，只不过这种客观现实以一种变形或梦幻的方式在意识中反映出来。作者将这种变形的现实呈现出来，就仿佛和读者做游戏那般，读者既可以"还原"变形的现实，又能在这种梦幻般的意识世界徜徉。

参考文献

李维屏，谌晓明. 2012. 什么是意识流小说. 上海：上海外语教育出版社.

李文俊. 1980. 福克纳评论集. 北京：中国社会科学出版社.

威廉·詹姆斯. 2003. 心理学原理（第一卷）. 田平译. 北京：中国城市出版社.

詹姆斯·乔伊斯. 1994. 尤利西斯（上）. 萧乾，文洁若译. 南京：译林出版社.

朱振武. 2016. 在心理美学的平面上——威廉·福克纳小说创作论（增订版）. 上海：学林出版社.

Ames, V. 1928. *Aesthetics of the Novel*. Chicago: The University of Chicago Press.

Joyce, J. 2000. *Ulysses*. London: Penguin Books.

Wilson, C. & Ferris, W. (Eds.). 1989. *Encyclopedia of Southern Culture*. Chapel Hill & London: University of North Carolina Press.

意识三层结构

TRIPLET STRUCTURE OF CONSCIOUSNESS

弗洛伊德认为人的意识分为三层：意识、前意识和无意识。这一结构的提出是以德国心理学家赫尔巴特（Johann Friedrich Herbart）的"意识阈"理论为基础的。赫尔巴特提出，如果想把一个完全被压抑的观念变成一个现实的观念，就需要通过一条界限，这条界限就是意识阈。在我们心理结构中，意识在我们心理的表层，是我们特有的心理反应。

❧ 意识与前意识

　　意识在心理结构中居于重要地位，它管辖着我们的精神状态，并保证其正常运作。意识的内容可以被语言表述。前意识是那些属于无意识层面但可以进入意识层面的部分。其实，所有的思维活动都力图进入意识层面，但在前进的过程中，前意识犹如一张"滤网"，在它的阻碍和过滤下，人类只能感知一小部分思维活动，让这一小部分进入意识领域。前意识，其实属于无意识，但它可以被唤醒到意识中，所以它是意识和无意识之间联系的纽带。无意识，是没有被人们意识到的思维活动，这里面储藏着被抑制的、未被感知的欲望、创伤和各种经验。弗洛伊德用海面上的冰山来形容人的思维：意识，犹如露出海面的那一部分冰山；前意识，就是漂在海平面上时而随海水浮上来，时而沉下去的那部分冰山；没有露出海面，从海平面以下到海水深处的冰山全都是无意识。

❧ 无意识

　　无意识集合了人的各种原始本能，不受外界的约束。弗洛伊德后来提出人格结构中的本我（Id）与无意识非常相似。无意识为人类的行为提供动机，也支配着人类的心理。弗洛伊德认为，虽然无意识不能像意识一样被人直接感知，但是通过做梦、自由联想和口误可以证明无意识的存在。后来，荣格在老师弗洛伊德划分的基础上，将无意识进一步划分为个人无意识和集体无意识。

　　把人的心理划分为意识、前意识和无意识的三层结构，表明弗洛伊德对人类心理结构的勾勒。后来，他在意识三层结构的基础上又进行了研究和补充，提出了人格三重结构，即本我、自我与超我。

❀ 从《聊斋志异》看蒲松龄创作中的无意识

每部作品都是作者"自我"的一次显现，是作者的"心声"或"情态"的表露。"有的作家塑造高大英勇的主人公，意在褒扬他、赞美他，但在作者觉察不到的深层心理中，真正的动机也许倒是要为他曾经有过的屈辱和卑污作辩解"（钱谷融、鲁枢元，1987：141）。作家的创作经常会受到自己心理上的潜意识或所谓"深层需求"所左右。这里所说的作家深层的需求，是指那些被压抑和埋藏在作家潜意识中，欲说不便、欲罢不能的原发性需求。这些需求暗中对作家的创作发生作用，有时连作家本人也可能未意识到，或难以启齿，这里称之为潜隐难言的心理。

就蒲松龄的创作而言，也是这样。一方面，那种由民族悠久的传统文化、传统道德给人们的行为规范、思维方式造成的深层的心理定式，或者说"集体无意识"，经常对他的创作起着作用；另一方面，《聊斋》作品中的不少男主人公总是为两个或更多的女性所包围，这些女性经常给男主人公带来一些意想不到的满足和心灵上的愉悦，这种两性关系实际上又很难用爱情来解释，也可以说在某种程度上暴露了作者不自觉的暗中希冀和追求。正如弗洛伊德所说，这类创作，"正像梦一样，是无意识愿望获得一种假想的满足"（西格蒙德·弗洛伊德，1986：90），说明作者在创作时，心灵深处有某些潜隐的心理意识在起着作用。

蒲松龄从小在他的父亲教诲下研习"四书""五经"，这使他在无意识中带着这一思想的重负去创作《聊斋》。而传统儒家学说中的那种以天下为己任的责任感，"明道救世"的使命感，以及忠孝观念、仁义礼智信的伦理道德规范等，实际上不仅作为一种传统，在很大程度上也可以说是作为一种"集体无意识"对他的创作起着作用。关于这一方面，已有学者论述。但对蒲松龄心灵深处另一种潜隐的心理意识，论者们则涉及不多。实际上，根据蒲松龄的生活情况，这样一种潜隐心理对蒲松龄创作所起的作用应该说是很大的。

德国美学家马尔库塞（Herbert Marcuse）认为，艺术具有解放人的欲望、展现人性的作用。弗洛伊德则把文艺说成是性欲的转移和升华："人们在生活中或是由于社会原因，或是由于自然原因，实现不了某些愿望，文学给予替代性的满足，使他们疲倦的灵魂得到滋润和养息"（西格蒙德·弗洛伊德，1987）。以科举成功作为人生理想的蒲松龄屡试不中，心中苦闷难以言表，而长期的坐馆生活又使他经常处于一种无聊愤懑之中，因此他的《聊斋》创作，便有从中寻求精神慰藉、心理满足的一面。这种心态下的创作，很容易流露出心灵深处潜意识的东西。

乾隆年间，宫去衿写有《后杂题聊斋志异三十首》（《守坡居士集》卷一），分别用七绝形式题咏了《小翠》《娇娜》《连城》等篇目，其中题《聂小倩》一诗云："百岁相循似桔槔，才看梦觉又酕醄。马蹄金与佳人面，等是凡夫画地牢。"显然他已经注意到蒲松龄这类作品中潜隐着某种欲望和心理。

"书中自有黄金屋，书中自有颜如玉"。高官厚禄，金玉满堂，红袖添香夜读书，这些本来就是封建时代读书士子的幻想。长年坐馆，"子夜荧荧，灯昏欲蕊；萧斋瑟瑟，案冷疑冰"，在他的创作中表现出某种心理的幻想和欲望可以说是很自然的。其实，他的这种心理早在他 30 岁时南游作幕及稍后为孙蕙爱妾顾青霞做的几件事及题咏中已经略有流露。

袁世硕在《蒲松龄事迹著述新考》中提到顾青霞时说："蒲松龄对这一位曾一度沦入烟花巷、后来成了官僚姬妾的女子，是有一定感情的"（袁世硕，1988：73）。蒲松龄诗词中直接写顾青霞或为顾青霞而写的，有13首之多[1]。从这些艳情诗词中可以看出，蒲松龄对顾青霞确如袁先生所说的"颇有兴趣，很有点感情"。《听青霞吟诗》云：

> 曼声发娇吟，入耳沁心脾。如披三月柳，斗酒听黄鹂。（蒲松龄，1986：463）

又《又长句》云：

> 旗亭画壁转低昂，雅什犹沾粉黛香。宁料千秋有知己，爱歌树色隐昭阳。（蒲松龄，1986：463）

在蒲松龄看来，顾青霞吟诗是那样美妙动听，且又懂诗，有着一般女子没有的慧心和雅致，所以蒲松龄将其引为知己，为她选录了唐人绝句百首，并作诗云：

> 为选香奁诗百首，篇篇音调麝兰馨。莺吭啭出真双绝，喜付可儿吟与听。（蒲松龄，1986：673）

"可儿"语出《世说新语·赏誉》，意思是称心如意的人，可见关系的确是很近的。南游归里后，康熙二十一年（1682），蒲松龄又有《孙给谏顾姬工诗，作此戏赠》诗：

> 今日使君万里遥，秋闺秋思更无聊。不知怀远吟诗友，捻断香裙第几条。（蒲松龄，1986：524）

1　据袁世硕先生考证，这13首诗是：《听青霞吟诗》《又长句》《为青霞选唐诗》《孙给谏顾姬工诗作此戏赠》（八首）、《伤顾青霞》《西施三叠·戏简孙给谏》。

这时孙蕙行取入都做了给事中，把顾青霞留在淄川家中。诗中揣摩顾青霞有思夫之意，称她为"吟诗友"；若二人接触不多，或关系非常一般，蒲松龄是不会写出"捻断香裙第几条"这样的诗句来的。顾青霞死后，蒲松龄在《伤顾青霞》诗中有"牡丹亭下吊香魂"一句，表示出怜香惜玉之情。从上述情况看，蒲松龄对顾青霞的感情似有一种细致隐秘的东西，尽管是无花之果，而且看起来蒲松龄也没有非分之想，但这种柏拉图式的纯粹精神上的爱在其后《聊斋》的创作中是有明显痕迹的。从《聊斋》的一些篇目中，我们不时可以看到顾青霞的影子，也看到了作者对这种精神上的爱的追求和颂扬。（朱振武，2017：27–33）

自主情结会引导作家在作品中将集体无意识呈现出来，而作家本人的无意识欲望也在创作中不自觉地被宣泄，从某种程度上说，不是作家完成了作品，而是作品使作家成为自己。在写作中，作者可能有意与自己的无意识欲望搏斗，也有可能有意掩埋自己的无意识，但一些无意识欲望还是会通过作品显示出来。在研究某一作家的创作过程时，不要过度把作家神圣化。作家的创作历史就是作家的心灵变化史。我们要用心体会作品中隐藏的情感态度，挖掘深层的潜在欲望，这样不仅能对作家和作品有着更清晰、全面的认识，也能对其作出更客观、中肯的评价。作者的潜意识不一定是违背伦理纲常的，可能是当时的社会风气不容许这种思想存在，所以作者只能借作品进行表达。

∽ 陀思妥耶夫斯基作品中的无意识

俄国 19 世纪黄金时代的作家费·陀思妥耶夫斯基总是游走在人灵魂的最深处，敢于剖析人性的阴暗面。他笔下的主人公多为疯子、弑父者、杀人犯、妓女等人物。陀氏的作品，既剖析了作者本人的"恶"，又淋漓尽致地展现了人类的"恶"。

在陀思妥耶夫斯基的小说中，人物的直觉、欲望、本能等一些非理性的意识如同被放出笼子的野兽，作者叙述的对象不是人物处于社会环境中的行为，而是人物的意识。在陀氏的笔下，人的常态与变态之间，理性与非理性之间，没有不可逾越的鸿沟。这让读者不寒而栗。他笔下的老卡拉马佐夫、伊凡、斯麦尔佳科夫、拉斯科尔尼科夫、斯维德里加伊洛夫、戈利亚德金等人物，受典型环境影响的程度很低，他们那些贪念、淫欲、杀意、虐待与被虐倾向是本就刻在骨子里的。这种肉体非理性意识被陀思妥耶夫斯基提取、加工，成为一件件精巧的艺术品，展现了一种残酷无情的真实与可怕邪恶的美。陀氏构建了一个如同炼狱的世界，一个梦呓与真实相互掺杂的模糊的世界，这与那种诗意的浪漫不同，与现实主义在悲惨与窒息的黑暗中狂笑相异。陀思妥耶夫斯基将现实与幻象进行双向重构，将自我对非理性意识的直觉体验不加掩饰地显现出来。

参考文献

蒲松龄. 1986. 蒲松龄集·二. 路大荒整理. 上海：上海古籍出版社.

蒲松龄. 2007. 全本新注聊斋志异·上. 朱其铠编. 北京：人民文学出版社.

钱谷融，鲁枢元. 1987. 文学心理学教程. 上海：华东师范大学出版社.

西格蒙德·弗洛伊德. 1986. 弗洛伊德自传. 张霁，卓如飞译. 沈阳：辽宁人民出版社.

西格蒙德·弗洛伊德. 1987. 弗洛伊德论美文选. 张唤民，陈伟奇译. 上海：知识出版社.

袁世硕. 1988. 蒲松龄事迹著述新考. 济南：齐鲁书社.

朱振武. 2017.《聊斋志异》的创作发生及其在英语世界的传播. 上海：学林出版社.

政治无意识　POLITICAL UNCONSCIOUS

　　弗洛伊德提出"无意识"这一概念，荣格提出"集体无意识"的概念，拉康提出"语言无意识"的概念，弗雷德里克·詹姆逊（Fredric Jameson）在这些概念的基础上提出"政治无意识"（political unconscious），把文本和文学历史当作精神分析的对象。

❧ 詹姆逊的政治无意识论

　　詹姆逊是美国当代著名的后现代主义理论家和"新马克思主义（Neo-Marxism）"[1]思潮的代表人物。他先后就读于哈佛大学和耶鲁大学，后执教于耶鲁大学、加州大学和杜克大学。在攻读博士学位时，他主修法国文学，并在法国与德国留学，期间阅读大量的法语和德语文献著作，为日后的研究奠定了深厚的理论基础，积累了大量的素材，也拓宽了他的思考视域。詹姆逊著述颇丰，例如，《马克思主义与形式：二十世纪辩证的文学理论》（*Marxism and Form: Twentieth Century Dialectical Theories of Literature*，1971）、《语言的牢笼：结构主义及俄国形式主义述评》（*The Prison-House of Language: A Critical Account*

1　"新马克思主义"从 20 世纪 20 年代开始在西方出现，是指面对教条主义思维、理论与实际脱轨等问题，仍然坚持马克思主义的某些原则，同时又尝试修正并发展马克思主义的一个思潮。它坚信社会主义优于资本主义，但认为国家社会主义可能会导致社会主义专政。吸取苏联社会主义模式失败的教训，新马克思主义寻求适合西方国家无产阶级革命的理论和道路。主要代表人物包括罗莎·卢森堡（Rosa Luxemburg）、乔治·卢卡奇（George Lukacs）、安东尼奥·葛兰西（Antonio Gramsci）、特里·伊格尔顿（Terry Eagleton）和让·保罗·萨特（Jean Paul Sartre）。

of Structuralism and Russian Formalism，1972）、《政治无意识：作为一种社会象征行为之叙事》（*The Political Unconscious: Narrative as a Socially Symbolic Act*，1981）和《时间的种子》（*The Seeds of Time*，1994）等代表作，不一而足。其中，《政治无意识》就是詹姆逊融合了精神分析批评与后结构主义的方法而作成的论著。

弗洛伊德在治疗病人的精神病症时，采用"自由联想"法鼓励、引导病人用话语叙述出出现在脑海的所有想法，以期找出病症所在。病症往往都与童年经验、创伤或"恋母情结"之类的情绪有关。与之相似，詹姆逊把这一做法移植到文本中。他认为，政治病症隐藏在文本的话语之中。创作主体在进行艺术创作时并没有意识到政治无意识，但是却受其支配，并在作品中表现出来。可以说，关于主体创作的动机，弗洛伊德强调"个人无意识"的作用，荣格认为是"集体无意识"的推动，而詹姆逊则认为是"政治无意识"的驱动，将政治分析与文学分析结合在一起。

詹姆逊认为，正如社会存在决定社会意识，文本中也隐藏了与政治、阶级有关的信息。在詹姆逊看来文学文本对隐藏的阶级斗争这一政治现实，要在文本中对隐含的政治因素进行挖掘，并进行重构。政治无意识是一切文本和文本阐释的决定因素。"像弗洛伊德关于梦境的概念一样，文本应该被理解成深层次意识过程的结果，这一过程对詹姆逊而言就是历史本身，是欲望的极限"（吴琼，2007：369）。从某种程度上说，所有的文学作品，究其本质，都是由各种各样社会历史因素组成的，都是对政治的编码。詹姆逊提出的"政治无意识"为文学作品的解读提供了另一新颖方式，他没有将政治作为解读文学作品的一种视角，而是将其作为文学的本体，但是，这未免将文学泛政治化，也抹杀了文学作品的个性。

✂ 政治无意识理论视域下的《紫藤之恋》[1]

詹姆逊认为"象征性行为开始于生成和生产其自身的语境,在出现的同一时刻又从其退却出来,以对自身变化的眼光来审视自身"(弗雷德里克·詹姆逊,1999:70)。文学不仅是对社会现实的象征性表征,更以现实为镜审查此表征的动态效度,文学生产体系本身便具有"否定之否定"的发展动能。换句话说,文学生产是作品的呈现,更是文学本体潜在逻辑的塑形。这一潜在逻辑以历史或意识形态潜文本为载体,推动文学对自身的持续阐释。文学文本是对先验性潜文本的改写或重构。"潜文本既不在场呈现,不是常识范畴的外部事实,甚至也不是历史记载的传统叙事,而是对事实的不断构建或重构"(潘志明,2008:x)。潜文本以不在场的流动特质支配着文本生产的全过程,使原本纷杂的外部事实围绕作者产生意义,因此,无论从形式还是内容上看,文学都是多重社会因素的载体,为"政治无意识"提供声音。"文学文本在思想观念上被赋予了某种反对甚至消解文化压抑的力量,它提供了一种交流模式,使参与和体验有意义的无意识经验成为可能"(加布里埃尔·施瓦布、张叔宁,2001:36)。

《紫藤之恋》[2]小说的情境塑造和人物刻画满足了美国人的遁世愿望,美好的传统得以保留,爱默生式美国性得以彰显,美国人膨胀的力比多被控制到最温和的程度,而日本传统家庭的塑造将没有令人作呕的消费表演,没有商品化的个人主体,没有尔虞我诈的利益交往的

---

1 节选自陈连贵. 2020. 从商业叙事到族裔发声——温妮弗蕾德·伊顿《紫藤之恋》的政治无意识解读. 华文文学,(5):117–122.

2 中英混血作家温妮弗蕾德·伊顿(Winnifred Eaton)以 Onoto Watanna 为笔名创作的日本题材浪漫小说。

美好过往，以纯净的乌托邦形式向美国读者呈现。小说中天皇的权威是各方势力斗争的焦点，这种看似封建体系内部的实力较量投射到文本之外时，便是对终极信仰的渴求。《紫藤之恋》并不是简单的日本罗曼司小说，而是围绕历史、社会和意识形态矛盾运转的现实主义文本。经过包装的历史以"全然不同的生活模式质疑着现实主体的生活模式，给现实主体讲述着他们'所具有的、实质上和未实现的人的潜力'，迫使现实主体对生命意义和生活世界重新思考，并激发着它对未来世界强烈的乌托邦冲动，这股冲动不断塑造并改变现实主体，真正发挥过去历史的现实作用。"（Goodwin，1978：7）

伊顿的日本罗曼司作品几乎每一部都包含或浓或淡的历史色彩，尤其展现日本现代化进程中西方文明对于封建传统的压倒性力量，处于弱势的"对立文化或意识形态往往采取隐蔽和伪装的策略寻求对抗或破坏处于支配地位的价值体系"（特雷·伊格尔顿，1980：10）。《紫藤之恋》的爱情故事并不能掩饰人物的矛盾性：具有独立、坚韧、聪慧等美国精神的紫藤姑娘如何在囿于传统的日本社会立足，乃至有所作为？骁勇善战、足智多谋的贵族景琦何以屡屡陷入他人的阴谋圈套（紫藤父亲的欺骗、浪人集团的失信、贵族集团的背叛等），失去对时局乃至自己命运的把握？"有情人终成眷属"的浪漫结局是对历史的虚化和掩盖。景琦和紫藤携手挽救国家于危局，并以开明上层阶级的身份主导日本开埠通商。然而真实的历史是，经历长期锁国的日本贵族集团对西方资本主义抱有极其强烈的排斥心理，统治阶层担心通商引起社会变革和利益流出，"融入现代文明"不过是维护日本性的手段，景琦呼吁的"平等权利"也只是封建体制岌岌可危之际对生产关系变革的被迫适应，同样是乱世中确保经济利益的努力之举。

"詹姆逊把文学中的性压抑表现看作一种受压抑的经济利益的掩盖

物"（加布里埃尔·施瓦布、张叔宁，2001：40），《紫藤之恋》中两处明显的欲望压制同样体现了经济利益的冲突：一是开篇贵族公子们（包括景琦）对紫藤姑娘的群体追求；二是景琦对男装紫藤"次郎"的同性爱恋。

紫藤姑娘拥有清新、年轻的容貌，举止优雅，散发着令人着魔的魅力，贵族公子们趋之若鹜。历经辛苦的景琦成功追求紫藤并如罗密欧与朱丽叶般交往，但景琦敌对家族身份的曝光，紫藤贱民身份被利用并被父亲勒令出家，令这段感情戛然而止。被设计陷害而满心悲愤的景琦用嘶哑、可怖的声音向紫藤大喊："神会原谅你。我，绝不会。"（Watanna，1902：185）而紫藤最后则"静静地走进这隐没于群山中的寂静之所"（Watanna，1902：19）。小说在现实逻辑上将这对恋人充分隔离。表面上，这是因紫藤母亲死亡导致的两大家族矛盾的结果，实则是封建经济模式愈加成为社会发展的阻碍，贵族势力在动荡的社会中谋取经济利益和巩固地位争斗的结果。岛津武士不惜牺牲女儿令毛利家族丧失贵族地位，经济矛盾落实在景琦个人命运上即是对其性欲望的暴力压制。

在与男装紫藤"次郎"相处且多次一同出生入死后，景琦感到没有次郎相伴便有"孤独"之感，他对次郎的感情如同对灵魂伴侣的依恋，心中充满渴望。虽然这份感情可能只是"同性的社会认同"（homosocial），而非"同性的身体欲望"（homoerotic），但无法排除景琦同性心理认同向爱恋转化的可能，毕竟次郎身上体现的是爱人紫藤的全部气质。紫藤适时的身份揭露使景琦回归现实，终止了景琦的同性幻想，并将其转化为传统的异性爱恋。如此安排考虑了日本和美国的传统性别观念，流行小说作家伊顿绝无意在政治取向上冒险，因为小说的经济利益链上不只是伊顿一人。考虑到作者特殊的种族身份和社会语境，紫藤"自揭身份"而不是"被人揭穿"又有另一层含义。伊顿有一半的中国血统，而美国对少数族裔尤其华裔拒斥、排挤，但日本族裔因在美国人数较少尚能得到白人群体的接受。伊顿选择"冒充"，通过综合商业手段在文本内外建立了日本族裔形象，这样的冒充随着伊顿名声提高而难以为继，因此伊顿在她日本罗曼司作品中对冒充的坚持其实是对美国种族主义偏见的挑战，寻求主流社会对混血族乃至华裔群体特殊的身份认同。在当时的历史语境下，这一努力自然与主流意识形态格格不入且注定失败，但是作为提倡族裔"平等"权利的先驱，尽管形式隐蔽，伊顿这一既失败又成功的努力却是包括《紫藤之恋》在内伊顿小说的重要潜文本。

根据詹姆逊的观点，文学作品就是对社会历史政治的重新编码，对文学作品的解读就是对其内隐含的政治历史进行解码和重构。在给作品进行解码时，注意把握作品中的情节、人物、意象所代表的社会现实或政治事件，着重分析它们象征的政治意义，同时还要分析作品体现的作者的立场。除了具体的社会政治事件，作者也无意识地将当时社会历史环境隐藏在文本中，这成为决定主人公命运的无形大手。同时，不仅要结合当时的具体背景，还要回顾作品未曾提及的历史，因为事件的发生不是偶然的，而是一系列的连锁反应导致的。

↻ 解密"无意识家族"

在弗洛伊德提出的"无意识"的基础上，荣格提出了"集体无意识"的概念；拉康用语言学来解释精神分析理论，提出了"语言无意识"的概念；后来詹姆逊又提出"政治无意识"的概念。这些概念之间有没有什么联系呢？

不论是弗洛伊德的"无意识",荣格的"集体无意识",拉康提出的"语言无意识",或是詹姆逊提到的"政治无意识",这些概念都与人的无意识有着不可分割的关系。弗洛伊德提出,人的无意识集合了人的各种本能欲望,这些本能欲望,有着最根本的生存欲望,有着最本能的交配欲望,也有着根植于人类文明中人类共同拥有的古老记忆。当我们看到红色,我们想到十里红妆,想到与嫁娶相关的一切事物;当西方人看到红色,会想到诅咒,想到不祥,这便是两种不同的集体无意识文化。拉康提到的"语言无意识",也是无意识的一种,语言可能先于意识存在,也可能后于意识存在,客观存在物的能指与所指并非一一对应的关系。例如,在不同的语境中,"花"所代表的含义不同,可能是对美好事物的祝福,也可能是对生命逝去的惋惜。詹姆逊提出的"政治无意识"也属于无意识的范畴。按照马克思的观点,人是一切社会关系的总和,我们无法逃避意识形态的影响,所以,作者在文本中也不可避免地隐含着自己的政治倾向。人的无意识就像深海中的冰山,我们无法窥其全貌,所以只能通过前人留下的经验继续探寻、挖掘。

参考文献

陈连贵. 2020. 从商业叙事到族裔发声——温妮弗蕾德·伊顿《紫藤之恋》的政治无意识解读. 华文文学,(5):117–122.

弗雷德里克·詹姆逊. 1999. 政治无意识. 王逢振,陈永国译. 北京:中国社会科学出版社.

加布里埃尔·施瓦布,张叔宁. 2001. 政治无意识的主体:对詹姆逊的反思. 马克思主义美学研究,(0):35–41.

潘志明. 2008. 作为策略的罗曼司——温妮弗蕾德·伊顿小说研究. 北京:外语教学与研究出版社.

特雷·伊格尔顿. 1980. 马克思主义与文学批评. 文宝译. 北京：人民文学出版社.

吴琼. 2007. 走向一种辩证批评：詹姆逊文化政治诗学研究. 上海：上海三联书店.

Goodwin, B. 1978. *Social Science and Utopia: Nineteenth-Century Models of Social Harmony*. Atlantic Highlands: Humanities Press.

Watanna, O. 1902. *The Wooing of Wistaria*. New York & London: Harper & Brothers.

主体心理三层结构
TRIPLET STRUCTURE OF SUBJECT PSYCHOLOGY

　　针对弗洛伊德把人格划分为三重结构的理论，拉康提出了主体心理三层结构（triplet structure of subject psychology）。拉康认为，主体发展分为三种不同阶段：实在界（the Real）、想象界（the Imaginary）和象征界（the Symbolic）。拉康通过这一理论将主体内在世界与外界联系在一起。

∝ 实在界、想象界与象征界

　　拉康严格区分了"需要"（need）、"要求"（demand）和"欲望"（desire）这三个概念。欲望是人类的本质，主体是欲望的载体，拉康将欲望视为精神分析理论的重要概念。"欲望"是一种永恒的匮乏，它无法用语言表达，也不可能得到满足。"需要"是生物体的一种本能，它可以通过客观事物满足，如婴儿在饥饿或寒冷时会哭闹。"要求"是能够被主体通过语言来表达的需要。婴儿的需要也能够被用语言表达，当婴儿表达需要时，作为"他者"的母亲适时出现来满足需要。他者不仅要满足婴儿的生物需要，还要提供爱。语言作为能指介入要求导致婴儿需要的客体消失，因为语言并不对应具体的所指。换言之，通过言语表达出来的要求没有对应的客体。婴儿的哭闹可以换来"需要"的满足和部分情感上的回应，但对于爱的"要求"却永远不会被满足。欲望不是能满足"需要"的客观实在物，也不是"要求"的爱，而是"要求"减去"需要"后的结果。欲望就是"要求"中无法划为"需要"的存在，"在要求与需要分离的边缘中欲望开始成形"（雅克·拉康，2001：624）。

主体心理结构的三个领域与幼儿欲望发展（需要—要求—欲望）过程是对应的。实在界、想象界和象征界是拉康主体理论的核心部分。实在界对应需要阶段，这一阶段从婴儿出生持续到婴儿6～18个月，是一种自然状态。拉康认为，婴儿刚出生时没有自我意识，无法感知到自己与他人的区别，他理所应当地认为自己和母亲融合在一起。在这个阶段，婴儿只能感知到自己的"需要"。当婴儿感知到饥饿，母乳会满足他的需要；当他没有安全感时，母亲就会将他抱在怀里安慰他。婴儿无法意识自己作为主体与他者的差别，他只能感觉到自己的需要和满足他需要的客体。没有语言，没有匮乏，没有不在场，一切都是自然状态。这就是"实在界"。在拉康眼中，实在界代表一种最初的自然状态，没有语言，没有秩序，是一种不在场的在场。它不是看得见摸得着的物质世界，它无法被表达，无法被言说。一旦它被言说，就意味着婴儿进入想象界和象征界。

然而，文明的入侵会打破实在界这种无序无知的状态。需要迈向要求阶段，个体由实在界进入想象界。想象界产生于镜像阶段。幼儿通过镜像识别自己和他者的区别。对于幼儿来说，镜子里的影像就是

"我"，此时幼儿建立的自己与外界之间的关系是虚构的，想象的。所以，这一阶段幼儿处于想象界中。在这一阶段，幼儿认识到作为整体的自我和他者之间的区别。幼儿跳出原始的自然状态，以独立个体的身份进入文明社会，开始与母亲分离。与母亲的分离再加上自我与他者无法迅速融合，所以幼儿感到忧虑。故而，幼儿想重新回到实在界那种融合的自然状态，但食物和怀抱无法满足他，所以他不可能再回到实在界阶段。拉康认为，在这一阶段，幼儿试图构建自我的过程实际上就是尝试将能指链上浮动的能指固定住的过程，试图赋予自我固定的意义。但是给自我固定意义的要求不可能实现，所以幼儿通过对镜像的认同使他建构了一个幻想中的"自我"。

在可以区别自我与他者之后，儿童就会进入象征界。儿童在大约3～4岁时习得语言，伴随着语言学习的过程，儿童成为说话的"我"的主体。"进入象征秩序的同时，主体自身也被语言异化了"（黄汉平，2010：195）。在《超越快乐原则》中，弗洛伊德写到一个小男孩做游戏的故事。这个一岁半的小男孩十分依恋母亲，但当母亲出门离开好几个小时，他也不哭闹。小男孩听从父母的命令，表现很乖，与保姆相处融洽。但是，小男孩喜欢玩一个很麻烦的游戏。他会把一些玩具都丢得远远的，而且丢玩具时总喜欢大喊"fort"（德文"走开"的意思）。起初，弗洛伊德猜测小男孩通过丢玩具在玩"走开"的游戏，后来，他通过对小男孩的进一步观察证实了自己的猜测。小男孩丢玩具时会说"fort"，然后把玩具捡回来时嘴里就会嘟囔"da"（德语"这里"的意思）这个词语。其实这就是一个消失和再现的游戏。对母亲的暂时离开，小男孩并不开心，通过玩具的消失和再现，小男孩获得一种心理补偿——弥补母亲离开时的失落，以及期待母亲回归时的快乐。拉康把这个游戏看成儿童进入语言结构的标志。通过语言，小男孩和不在场的人（母亲）得以交流，勾勒出母亲归来的想象。小男孩还是希望自己能够回到与母亲的融合状态，但这是不可能的。处于象征界的幼儿相信，只要满足母亲的欲望，就能重新回到实在界阶段，而这个阶段的母亲缺乏欲望。但弗洛伊德认为，阳具是母亲的欲望。男孩希望自己能满足母亲，就会产生恋母情结，但是父亲的在场让男孩体验到"阉割情结"，因为父亲的存在让孩子认为自己无法回到与母亲合体的阶段。父亲通过语言显示自己的存在，他统治着象征界，代表象征界的秩序和权威。所以，遵循父亲指定的秩序，听从父亲的语言，是儿童进入象征界的前提条件。父亲的"阳具"是象征界的核心，它不属于任何人，谁都无法完全占有或控制它。"阳具"就是语言，也是永远不能满足的欲望。

主体的三层结构是拉康关于主体理论的核心。实在界是婴儿与母亲融合的自然状态，是一切需要都能被满足的无知无序的世界，也是个体一直尝试返回但不可能实现的状态。在想象界，幼儿开始建构关于"自我"的概念，试图把自己与他者和外在世界区别开来。象征界是由父亲代表的秩序主宰的领域，"我"开始用语言代表主体。被言说的欲望丧失了客体，所以，作为能指的欲望永远都不会被满足。

○ 陀氏作品中的主体建构之思[1]

陀思妥耶夫斯基通过创作对现代主体的积极建构因彼特拉舍夫斯基案件和随后的假死刑、西伯利亚的流放戛然而止。1849—1859 年，

1　节选自俞航. 2020. 言说与他人：陀思妥耶夫斯基对现代主体建构的反思. 外国文学评论，（1）：175–179.

他远离俄国政治文化中心，在西伯利亚苦役营里经历了"信仰重生"，其间逐渐对以西方启蒙理性为基础的现代主体有了新认识。重新开始写作后，他便携带着更犀利而深切的洞见投身到关于现代主体建构的热烈思想讨论中。虽然陀思妥耶夫斯基曾描写和赞扬现代主体高扬的自我意识，但在"后西伯利亚"（Post-Siberian）阶段，他却偏重于揭露和反思这种主体建构方式的不足。现代性进程是一个主体建构转型的过程：在神性逐渐消失的世界中，主体通过理性取代上帝来为自然和道德立法，确证自我价值。因而，现代主体相信理性能够使其摆脱身份的约束，于是无论对他者还是对信仰都采取了客体化的冷漠态度。卡罗尔·阿波罗尼奥指出，内在的现代主体容易陷入虚化的危机，"地下室人是不真实的，因为他的抽象，还因为地下室人与他者缺乏有意义的交集。就像拉斯科利尼科夫和伊万·卡拉马佐夫，地下室人的疏离是他苦难的来源。这些主人公试图说服自身光靠自己就能达到真理，但如此却掉入了科学和理性的陷阱"（Apollonio et al.，2009：8）。

陀思妥耶夫斯基流放归来后，在彼得堡发表了堪称他创作分水岭的作品《地下室手记》。"地下室人"的理性言说强劲有力，而向他人敞开和爱他人时却无能为力，这一境况展现了一个现代人靠封闭自我而向内寻找自我定义的失败。当"地下室人"走出地下室，试图在现实中与他人（昔日同窗、妓女丽莎、涅瓦大街的陌生军官）建立真实的对话关系时，却因现代性内在框架（immanent frame）下现代主体的自恋机制而失败，这导致"地下室人"的专横（tyranny）以及与他人的隔绝和爱之无能。因此，陀思妥耶夫斯基逐渐认识到在现代主体用理性言说自我的过程中，向他人开放的充满对话意识的话语终将变成独白式的言说，这就是从杰武什金到"地下室人"的现代自我言说道路。《地下室手记》之后，陀思妥耶夫斯基通过多部作品展示了现代主体的自我言说往往可能伴随着对他人的倾轧与掌控。

除了疏离周围的人，"内在的"现代主体也因为过于依赖理性法则而隔绝了超验维度。在后西伯利亚时期的小说中，陀思妥耶夫斯基的现代主体建构不再仅仅通过理性言说，而是更多地通过信仰和基督圣训。受到东正教否定神学（Apophasis）这一传统的影响，陀思妥耶夫斯基认为，信仰在很多情况下不能直接言说，而需要通过源自东正教传统的视觉形象来呈现。已有学者指出，陀思妥耶夫斯基创作中的形象存在着圣像化的过程。他将与圣像相关的视觉形象融入了作品的象征层面，用圣像话语弥补内在的自我言说的不足，这是对现代主体建构、现代自我与他者关系的再思考。与东正教圣像学对面容的重视这一传统相关，陀思妥耶夫斯基在创作中强调了面容的神性，并认为对他人面容的回应要比对他人言说的回应更为重要和有力。以此，陀思妥耶夫斯基尝试将与伦理和超验维度的联系归还现代主体。

其实，主人公认识主体的过程，就是回答"我"为何成为"我"这一问题的过程。事实上，人们的生活环境与性格特征不同，建构主体的方式也不尽相同，所以导致人对自我的认识各异。而陀氏《地下室手记》中主人公这种建构主体的方式完全否定了他者的存在，无视自我与他者的关系，在这种前提下建立的主体是不完整的、破碎的。语言是主体的代表，通过语言，主体与他者建立关系，个体通过这种关系来完善对自我的认知，而沉默只会让主人公丧失主体。陀氏企图寻找完整、全面的主体建构方式，当个体在实在界、想象界和象征界都与主体建构的参照物建立联系时，才能最大限度地接近真实的自我。用拉康关于主体的理论去解读文本时，其实与运用弗洛伊德人格三重结构理论解读文本有相似之处，都是将各层级结构联系起来，寻找它们之间的联系或冲突。

∞ 他者与主体建构

在《地下室手记》中，地下室人如同洞中鼠，与象征权力和理性的上层社会格格不入。这部小说集中了陀氏关于理性、现代化和现代主体建构的反思。在小说中，地下室人对丽莎的感情十分复杂，他想爱她，却又无能为力。地下室人赶走丽莎，他自己建构主体的方式也失败了，因为没有他者的参与，他建构的主体是残缺的。由此可见，他者在参与主体建构的过程中具有重要作用。

通过阅读陀氏的小说，我们不难看出，陀氏不仅游走于人性中的隐秘之处，深入并剖析人的潜意识，他的作品还呈现出对现代主体建构的深刻思考。陀氏的作品中不乏精神分裂者、杀人狂、妓女等疯狂又背负苦难的小人物，这些人物代表了人内心最赤裸的本能欲望，他们的意识如同交响乐，在文本中互相合鸣、对话。这些人物的意识相互交织，这些交织的意识也形成了陀氏探索主体建构方式的一条途径。《罪与罚》中的拉斯柯尔尼科夫在杀了人之后，将自己封闭在室内，不愿与任何人进行交流。拉斯柯尔尼科夫的犯罪也是建构主体的一种方式，这一过程中他无视他者，一心只想践行自己所信奉的"超人原则"，当他发现自己杀人后并没有获得快感，他选择了更极端的建构方式。他将自己封闭在屋内，时而清醒时而做梦，因为他无法与他者建立联系，所以他建构的主体是破裂的、不健全的。《卡拉马佐夫兄弟》中的斯麦尔加科夫在教唆兄弟杀死父亲后也是如此，因为他内心无法与他者建立联系，所以他会梦到自己的二重身，借镜像的方式建构主体。陀氏的作品中不乏这种无法与他者建构联系的主人公，他们的谵妄、分裂或梦呓都与他们这种不健全的主体建构有关。

参考文献

黄汉平. 2010. 拉康的主体理论与欲望学说. 文学评论, （3）: 194–199.

雅克·拉康. 2001. 拉康选集. 褚孝泉译. 上海: 上海三联书店.

俞航. 2020. 言说与他人: 陀思妥耶夫斯基对现代主体建构的反思. 外国文学
评论, （1）: 175–195.

Apollonio, C. et al. 2009. *Dostoevsky's Secrets: Reading Against the Grain.* Evanston:
Northwestern University Press.

自卑情结　　INFERIORITY COMPLEX

　　自卑是阿尔弗雷德·阿德勒（Alfred Adler）提出的一个概念。阿
德勒不同意自己的老师弗洛伊德将性欲看作人一切行为的动力，他认
为自卑和补偿才能驱使人进步。观点的分歧让师徒二人分道扬镳。弗
洛伊德之前对阿德勒很是青睐，在阿德勒离开后，他对阿德勒充满
了失望。他坦言，他们最后"无法理解对方，也不愿意再共处一室"
（Alexander et al., 1995: 82）。弗洛伊德对阿德勒的"背叛"始终耿耿
于怀，直至阿德勒 1937 年去世时也没有原谅他。

☞ 阿德勒对自卑情结的定义

　　1907 年，阿德勒在《器官缺陷及其心理补偿的研究》（*Study of
Organ Inferiority and Its Physical Compensation*）中提出，身体缺陷或者其
他原因造成的过度自卑会引起精神疾病，这从根本上区别于弗洛伊德

认为的神经病源于被压抑的性欲这一观点。弗洛伊德的学说带有强烈的生物学痕迹，否定了社会环境和文化历史对人格发展的影响。阿德勒批判性地继承了弗洛伊德的学说，他赞成弗洛伊德对个人童年经验的重视，但不认可弗洛伊德把性本能作为一切行为的动机。阿德勒强调，自卑和补偿才是人格发展的动力。

阿德勒于1911年创立了"个体心理学"。个体心理学因其注重实用性和社会性而在普通民众中广受欢迎。阿德勒的个体心理学的主要理论是"自卑情结""优越情结"（superiority complex）"男性反抗"（masculine protest）和"补偿作用"（compensation），这些概念已经广泛地为文学评论家所采用。阿德勒认为，一定程度内的自卑感可以促进人不断进取，追求优越感来补偿这种自卑。一开始，阿德勒相信是人的生理缺陷导致的自卑感，而为此进行的补偿是对有缺陷器官的补偿。他提到古希腊著名演说家德莫斯蒂尼（Demosthenes）并以之为例。德莫斯蒂尼儿时因口吃被周围人嘲笑，这反而使他下定决心苦练口才，最终使弱项变为强项，成功地补偿了口吃带来的自卑感。随后，阿德勒将从生理缺陷带来的自卑感扩大为因对现实困难和社会环境的不满而产生的自卑感，补偿作用也不仅限于生理器官的范围。人不断地进步，不断对现实产生不满，于是争取优越感的补偿机制也随之出现，由此人类才能不断进步。所以，他认为"人类的全部文化都是以自卑感为基础的"（阿尔弗雷德·阿德勒，1986：50）。但自卑感也有可能走向两种极端。第一种极端便是自卑情结。"反常的自卑感称为'自卑情结'。但'情结'这个词不足以形容渗透整个性格的自卑感。它几乎是一种病，在不同情况下严重程度不同"（阿尔弗雷德·阿德勒，2018：36）。阿德勒把自卑情结定义为"当个人面对一个他无法适当应付的问题时，他表示他绝对无法解决这个问题，此时出现的便是自卑情结"（阿尔弗雷德·阿德勒，2018：48）。如果任由自卑感过度发展，并在这种压力下自暴自弃，就会形成恶性的自卑情结。在这种情况下，自卑感不仅不会激励个体进步，反而会成为个体前进的绊脚石。第二种极端则是优越情结。阿德勒相信，人们都有追求优越的倾向，但如果为了追求优越而不择手段，没有底线，就不能与社会和谐相处。

阿德勒坚信自卑感才是人类不断进步的动力，他不同意遗传因素在人格发展中的决定作用。与弗洛伊德对人性持悲观的看法不同，阿德勒相信人有自主选择和自我追求的能力，能够运用现有条件追求理想。

☙ 福克纳小说创作的重要动因：自卑情结

美国文学家们的自卑情结是早已有之的。那些"文学中的民族主义者们在某种程度上被文化上的自卑情结所困扰"（埃默里·埃利奥特，1994：149）。这种情结一直到 20 世纪初还挥之不去。"我们觉得好像美国没有资格写出伟大的小说。""对于我们自行阅读的人来说，这种印象甚至更为强烈：唯有外国作家才值得崇拜。我们终于觉得智慧是希腊特有的，艺术是文艺复兴时期所特有的……"（Cowley，1986：24）而在美国南北战争中失败的美国南方人的心态则尤为复杂。正是由于深重的自卑感才使得他们产生了盲目的优越感，对现实熟视无睹。面对战争的失败、经济上的灾难和现存社会秩序的破坏，他们不是正确地对待自己，认真地分析南方社会的弊端与罪恶，振作精神，重建家园，而是把一切责任都推给北方，进而编造自身的"神话"，生活在悠悠往事和浪漫情怀之中。在那些南方传统的庄园文学中，南方充满了诗情画意，完全被浪漫化了。他们把南方想象成了充满"甜美、柔情和阳光"的"极乐世界"（Davenport，1970：16）。文学家们如此，庄园主们则更是有过之而无不及。他们为了掩盖自己卑微的出身，极尽粉饰虚构之能事，竟将自家的家史追溯到欧洲的王室，"甚至上溯到古埃及的法老、古希腊的国王和《旧约》中的先知们那里"（肖明翰，1994：30）。但这些浪漫的"神话"对南方文学的复兴和繁荣却起到了不可小觑的作用，为南方文学提供了丰富的素材，更加激发了南方文学家们的想象力。他们把南方军队将士神化成勇武的骑士，而把南方白人妇女说成是"冰清玉洁"的圣女，是"云天之上闪耀着炫目光辉的雅典娜"（Smith，1986：17），甚至把奴隶制都说成"是上帝的恩赐"（Cash，1941：89）。这一切，我们几乎都能从福克纳的现实世界和幻想世界（作品）中找到其原型或影子。

福克纳本人更是经常产生文化上的自卑感。当时美国许多作家都设法到欧洲去寻求文化上的熏陶和创作上的灵感，福克纳也正是怀着这样的念头来到了让他魂牵梦绕的、最具浪漫气息和艺术底蕴的巴黎。福克纳受益于西方传统文化，这是不争的事实："福克纳的学艺生涯包括广泛阅读，其内容是从西方文明所能提供优质服务的最优秀的遗产中精心选择出来的。"福克纳对欧洲文明一向"推崇备至"（肖明翰，1997：70）。从他写给母亲的信中我们可以看出，他在欧洲人面前所特有的作为一个美国公民的自卑。"看到和吉米同龄的小男孩、小女孩们口里吐出一串串法语，真让你自愧所受教育水平太低……来欧洲旅游的美国人糟糕透了。你能想象进入陌生人的家，往人家地上吐痰吗？美国人在这里的表现正是如此。"（1925 年 8 月 30 日）"在欧洲，我对自己的国籍感到厌烦。"（邮戳日期为 1925 年 9 月 10 日）"他们这里有专门演给美国人的节目，是些暗示性的黄色节目……时间一到，灯光全部熄灭，让你觉得最恶心的事发生了。真令人作呕，但深受美国人的欢迎。法国人当然不去光顾这些场所。"（邮戳日期为 1925 年 9 月 22 日）[1] 由于身世的特殊，福克纳在文化上的自卑情结比起他的先辈们和同时代的其他作家似乎更为严重。但我们在他的作品中却很少看到那些盲目怀旧的"丑陋的美国人"（《我弥留之际》中的父亲安斯算是个例外）的影子，反而较多地看到了"有灵魂，有怜悯之心，有牺牲精神，有吃苦耐劳的精神"，有着"往日的荣耀"且将"不朽于世"的人（威廉·福克纳，1990：433），从某种程度上说，这正是自卑情结积聚成优越情结，进而借助于小说展开其丰富的联想，在心理层面上进行补偿的结果。

根据阿德勒的理论，美国文学评论家埃德蒙·威尔逊（Edmund Wilson）在《创伤与巨弓》（*Wound and the Bow: Seven Studies in Literature*，1941）一书中推断，艺术天才必然与心灵创伤相联系，优越力量的概念同缺陷是分不开的，艺术创造正是自卑情结过分补偿的结果（智量、熊玉鹏，1999：28）。我们不能据此说福克纳的作品都是自卑情结的产物，但我们可以说，福克纳的小说创作及其相关主题的发生，在一定程度上与其难以排遣的自卑情结密不可分，是自卑情结积聚成优越情结进而过分补偿的结果。

在美国南方，南北战争中战败的颓废情绪开始弥漫，战后的这种颓废情绪加剧了美国人内心的文化自卑。当这种自卑扩张到一定程度时，部分群体就会选择无视甚至否认这种自卑，并接受所谓的"洗脑"，寻找一个"替罪羊"作为发泄自卑的出口。自卑包括个体自卑与群体自卑，作家本人经历导致的自卑情结影响作品的创作，而固有的文化

1　这里引用的几处福克纳书信均出自 Boltner，1977.

自卑也会在作品中体现出来。缺陷产生自卑，不管是个体自卑还是群体自卑，这种情结或多或少都会影响作者的创作，随之产生的优越情结可能也会在作品中体现出来。在这两种情结的驱使下，作者笔下的人物性格往往趋于矛盾与分裂，挣扎与迷茫。

❧ 从鲁迅作品看击破文化自卑，增强文化自信

近现代以来，中国人的文化自卑现象愈发严重。西方列强对中国的入侵，西方现代科技对中国的冲击以及西方文化思想的传播，使我们的传统思想和价值观念动摇，从而对自己的文化不自信。

鲁迅的《狂人日记》（1918）、《孔乙己》（1919）、《药》（1919）等小说体现了鲁迅深刻的民族精神，呈现了鲁迅身为作家的良心。鲁迅的作品大都批判了国民性的劣根，揭露了社会各个阶级的"软肋"。阅读鲁迅的作品，我们一方面会因"看客"的麻木不仁而怒火中烧，另一方面为夏瑜这种斗士的悲惨结局而压抑难过。其实，鲁迅的小说不仅是具有深刻思想性的文学作品，也是反映我国革命历史进程的一面镜子。鲁迅创作作品，绝不是单纯为了所谓的"批判"，他发现了社会各阶级存在的种种症结，洞察到人民群众思想上的顽疾，就好比医生拿着手术刀，想要剖出肿瘤，救死扶伤那般，鲁迅在作品中痛批国民性。鲁迅为了拯救国民性，弃医从文，他不仅是永远值得铭记的伟大作家，也是博古通今、学贯中西的伟大学者；他善于从中国文化的泥土中汲取营养，也善于借鉴西方的历史文化。从鲁迅的作品中，我们不仅可以看到"看客"般的麻木与封建主义、官僚主义等阶级的"吃人"行径，还能从中发现中国社会发展的规律，中国人的情与暖，中国人逆流而上、吃苦耐劳、舍小家为大家的宝贵精神，这些都是我们

中华民族文化的一部分。身为中华民族的一分子，我们的目光要长远，不能一味站在西方学者的角度审视我们的民族文化，我们要以怀有诗性、灵性与人性的视角，重新评估我们文化的价值。

参考文献

阿尔弗雷德·阿德勒. 1986. 自卑与超越. 黄光国译. 北京：作家出版社.

阿尔弗雷德·阿德勒. 2018. 个体心理学. 张俊贤译. 北京：中国致公出版社.

埃默里·埃利奥特. 1994. 哥伦比亚美国文学史. 朱通伯等译. 成都：四川辞书出版社.

威廉·福克纳. 1990. 我弥留之际. 李文俊等译. 桂林：漓江出版社.

肖明翰. 1994. 大家族的没落. 桂林：广西师范大学出版社.

肖明翰. 1997. 威廉·福克纳研究. 北京：外语教学与研究出版社.

智量，熊玉鹏. 1999. 外国现代派文学辞典. 上海：上海文艺出版社.

Alexander, F., Eisenstein, S. & Grotjahn, M. (Eds.). 1995. *Psychoanalytic Pioneers*. New Brunswick: Transaction Publishers.

Blotner, J. (Ed.). 1977. *Selected Letters of William Faulkner*. New York: Random House.

Cash, W. 1941. *The Mind of the South*. New York: Vintage Books.

Cowley, M. 1986. *Exile's Return*（《流放者的归来》英文版）. 上海：上海外语教育出版社.

Davenport, F. 1970. *The Myth of Southern History*. Nashville: Vanderbilt University Press.

Smith, S. 1986. *Myth, Media, and the Southern Mind*. Fayetteville: University of Arkansas Press.

自恋情结　　NARCISSISM COMPLEX

　　"自恋"是弗洛伊德从希腊神话中引申的一个属于精神分析的概念。在希腊神话中，纳西索斯（Narcissus）是一个脸庞俊美的男子，很多漂亮的追求者都倾心于他，可他十分高傲，对她们始终不屑一顾。森林女神埃可（Echo）对纳西索斯一见钟情，向他表白心意，但高傲的纳西索斯拒绝了埃可。埃可大受打击，终日以泪洗面，她一天天消瘦下去，最后身体也消失了，可她忧郁的声音始终在山谷中回荡。复仇女神为了惩罚自傲的纳西索斯，诅咒他只会迷恋自己。有一日当纳西索斯在湖边弯下腰喝水时，诅咒应验，他爱上了水里映出的倒影。自那以后，纳西索斯整日待在湖边，对水中的倒影顾影自怜，最终死去。故而，"自恋"被弗洛伊德引申为精神分析术语，指一个人对自己的过分关注。

❀ 弗洛伊德对自恋的论述

　　"自恋"是弗洛伊德提出的一个关于精神分析的重要研究对象。在《论自恋：导论》（*On Narcissism: An Introduction*，1914）中，弗洛伊德阐述了自恋的起源、表现形式和它在人格发展中的作用。弗洛伊德在开篇就指出，自恋这一术语其实来源于保尔·纳克（Paul Näcke）的临床描述。1899 年，保尔·纳克用"自恋"形容一个人把自己的身体当成性对象，用注视、爱抚和玩弄等方式达到性快乐。弗洛伊德提出，自恋实际上是一种"性倒错"[1]（sexual perversion），即个体把原本

1　"性倒错"其实就是"性变态"的意思，指的是偏离了常规道德和习俗允许的性行为模式。异性装扮癖、恋童癖、露阴癖和恋物癖等都属于"性倒错"。

放置在性爱对象身上的力比多从外部世界拿走，放回在自身。力比多转向自我后，就形成了自恋的态度。弗洛伊德指出，起初，人有两个性对象——自己和养育自己的女人，他把这称为"原始自恋"（primary narcissism）。一开始，婴儿会将照顾自己的人作为性对象，这一对象可以是母亲，也可能是母亲的替代者。但弗洛伊德随后指出，力比多发展遇挫的性倒错者和同性恋在性爱对象的选择上，并不是以母亲或母亲的替代者为标准，而是以自己为样本。在弗洛伊德看来，这种对象选择类型就是"自恋的"。他强调，在性欲的正常发展过程中，自恋始终占有一席之地，这种自恋是正常的，不是性倒错或性变态。过度的自恋才会导致偏执型人格、妄想症或其他精神疾病。

✑ 科赫特对自恋的研究

美国精神分析学家海因兹·科赫特（Heinz Kohut）对自恋理论又进行了新的研究。在借鉴弗洛伊德提出的"自恋"这一概念后，科赫特对自恋障碍的成因和发展作了不同于传统精神分析的探讨。他认为，在本我中，有两种完全不同、各自独立的力比多，那就是自恋力比多（narcissistic Libido）和对象力比多（object Libido）。自恋力比多的投注就会形成自恋。科赫特将精神分析研究的重点从本能和自我转向了自身（self）。自身，在人格的发展中居于统治地位，是人格发展的核心。

✑ 文学作品中的自恋描写

在文学作品中，也有很多人物具有自恋情结。在美国剧作家田纳西·威廉姆斯（Tennessee Williams）的《欲望号街车》（*A Streetcar Named Desire*，1951）中，布兰奇生活贫困，只得寄住在妹妹家，但她还是经常在妹妹妹夫面前故作姿态，端着南方小姐的架子，将自己往日的贵妇人生活挂在嘴边，对妹妹的衣着打扮和家庭条件品头论足。自恋但又不愿承认自己穷困潦倒的布兰奇，靠整日沉浸在逝去的南方贵族生活的幻想中聊以自慰。《红楼梦》中林黛玉容貌美丽，饱读诗书，她经常对着镜台顾影自怜。林黛玉的自恋不仅表现在对容貌的自信上，在大观园举办的众多诗社活动中，她也总想大展奇才，艳压群芳，技压群雄。她身世凄惨，寄人篱下，满腹才华，又自怜自哀，与旁人相处并不融洽。可以说，林黛玉的自恋情结也是促使她最终走向悲剧的重要因素。

人身上都有自恋情结，适度的自恋可以保持心情的愉悦与生活的情趣，但过度的自恋就会导致自恋型人格障碍，甚至会把人变成偏执狂。患有自恋人格障碍的人极度重视自我，高度评价自己，当获得表扬与肯定时才会有安全感，这种人往往沉浸在建构的虚幻的自我形象中，沉湎于对自我价值的过分夸大。所以，人要正视自恋情结，适度自恋，一旦出现过度自恋的症状，应及时就医。

❀ 当下文学作品与自恋情结[1]

一直以来，自恋与文学存在着某些层面的关联。自"五四"新文化运动以来，伴随着个性的发现与人性启蒙的深入，自尊、自由、自爱乃至自恋不断丰富着文学"自我发现"与自我探索的内涵。不过，在中国现当代文学研究领域，长期以来"自恋"并未引起人们足够的重视，其原因有二：一是从研究对象来看，在现代性的成长过程中，

---

1 节选自张光芒. 2007. 自恋情结与当前的中国文学. 学术月刊，（9）: 89–97.

文学创作中的自恋与自尊、自由等在内涵上相互纠缠，自恋问题尚未独立出来；二是从研究视角来说，自恋一直被视为"自我发现"的一个表层化内涵，它的深层意蕴并未彰显出来。自 20 世纪 80 年代中后期，尤其是 90 年代以来的文学创作中，自恋成为一个越来越突出的问题，现代意义上的自尊、自爱甚至被更具复杂性的自恋情结所取代。近几年，学术界虽有论者开始用"自恋"这一话语对某些作家作品进行评析，但一般都停留在表面的现象上，随意、泛化和简单化的状况非常明显，缺乏整体性、规律性、学理性和理论性的探讨。据此，笔者拟对自恋情结的文学表现形态及其历史成因进行全面梳理，探讨其与当下中国文学创作的复杂关系，以期找到解决问题的思路和对策。

"自恋情结"作为当下文学的一种新的因素或者现象，经历了一个从自发萌芽到全面展开再到深度异变的过程。20 世纪 80 年代中后期，在一批被称为先锋作家如马原、格非、孙甘露、洪峰等的笔下，砸碎了意义锁链的语言率先对现代意义上的"自我"追寻与理性建构进行了大规模的反动，在有意无意中暗合了拉康所谓"语言才给我重建起在普遍性中的主体功能"（雅克·拉康，2001：90）的观点。时代的沉淀越来越清晰地显明，语言对理性主体反动的背后遮蔽着自恋的冰山一角。换言之，作为文学"向内转"的标志，将"怎样讲述"放置在"讲述什么"之上的先锋作家对语言形式的偏爱，正是叙事者自恋情结的一种表现形式。

经过语言自恋这一初期阶段后，自恋的精神气质延伸至八九十年代之交，并日益得到发展。"新写实"小说对日常生活的确认性描摹便源于先锋文学对神性乃至人性本质的颠覆，对宏大叙事的反叛。它对于琐碎、芜杂的日常生活，对于物欲原生态，表现出了超乎寻常的描摹热情，各种庸常的人生场景不经提炼便堂而皇之密集涌现于审美世界，个体湮没在缺乏诗意也毫无秩序的庸俗生活之流。而这一生存认知模式与叙事者的自恋意识有着莫大的关联：折磨新一代自恋者的不是内疚，而是一种焦虑，是苦于找不到生活的意义。"他已从过去的迷信中解放出来，但却对自己现在的存在发生了怀疑。他表面上很松弛、宽容……但与此同时却丧失了一种对集体忠心耿耿时能够感受到的安全感"（克里斯多夫·拉斯奇，1988：4–5）。因此，"对自恋者来说唯一完全真实的东西是他们自己，是情感、思想、抱负、愿望、肉体、家庭，是他们所有的一切或属于他们的一切……凡与他们有关的一切。都光彩焕发，实实在在，身外的人与物都是灰色的、丑陋的、暗淡无光、近乎虚无"（黄颂杰，1989：692）。

自恋情结趋于膨胀，以贾平凹的《废都》为标志。在知识话语衰微的年代，以庄之蝶等为代表的知识分子不但享受着女性趋之若鹜的迷恋与献身，而且心安理得享受着世人的格外关注与尊崇。这种自恋性想象的扩张也许才是"《废都》现象"的实质。20世纪90年代的女性创作则从另一向度预示了作家自恋情结的普遍化。

自恋并不是一种病态情结，过度自恋才是一种病态情结，从某种程度上说，人物的适度自恋是认识自我、反思自我、进行主体建构的前提。自恋情结体现为过于关注自我的琐事，过度关注个体的琐碎情绪，看似客观、冷静的叙述实则是对个体日常生活的过度关注。在解读一些女性形象时，要注意，女性的自恋也是一个值得探讨的问题，从孤芳自赏中走向庸俗甚至走向毁灭的女性似乎是许多小说中女主人公的宿命，这种悲惨结局也往往是男权社会的压抑与女性合理欲望的无法满足所造成的。

❧ 欧洲现代化进程中的自恋

童明在《现代性赋格》中谈到，启蒙运动高举"自由、平等、博爱"的大旗，为现代化道理奠定了思想理论基础，而工具理性却让人迷失在现代化建设中。

不仅个体具有自恋情结，群体也具有自恋情结。与个体具有适度的自恋情结一样，群体的自恋情结可以维系群体的文化自信，而过度的自恋情结则会让群体看不清真相。因过度沉浸在现代化带来的文明与理性建构的喜悦中，欧洲人对于人性异化、人与人之间的冷漠等问题视而不见，人沦为了工业社会这一轰鸣大机器中的一颗螺丝钉。《包法利夫人》与《恶之花》是同一时代的作品，作品中不乏作者对现代化图景的审视与反思。《包法利夫人》中的爱玛对"小资"生活的追求，郝麦大谈科学与理性，为启蒙歌功颂德；《恶之花》中对浪漫巴黎表象下恶臭腐尸的细致描写，浪子的"忧郁"在由雨滴与大地构成的监狱中缓缓飘散……在现代化进程中，欧洲人的自恋情结让他们"选择性失明"。他们只看到现代化带来的"光明"，却对相伴相随的阴影视而不见，这导致阴影越来越大。欧洲人过分追求"自由、平等、博爱"，成了被科学和理性异化的人，丧失了情感与诗意，成了沉溺在倒影中的"纳西瑟斯"。

参考文献

黄颂杰. 1989. 弗洛姆著作精选：人性、社会、拯救. 上海：上海人民出版社.

克里斯多夫·拉斯奇. 1988. 自恋主义文化. 陈红雯，吕明译. 上海：上海文化出版社.

雅克·拉康. 2001. 拉康选集. 褚孝泉译. 上海：上海三联书店.

张光芒. 2007. 自恋情结与当前的中国文学. 学术月刊，（9）：89-97.

自主情结　　　AUTONOMOUS COMPLEX

　　精神分析学家荣格在表明了他文学艺术观的扛鼎之作《论分析心理学与诗歌的关系》(*On the Relation of Analytical Psychology to Poetry*，1922)中，详细阐释了"自主情结"(autonomous complex)的概念。《论分析心理学与诗歌的关系》是神话原型批评的经典之作，集中体现了荣格的文学艺术观。这里的"诗歌"是"艺术"的代称，也包括"文学"。

෩ 荣格对自主情结的定义与分类

　　在《论分析心理学与诗歌的关系》中，荣格首先论证了从心理学的角度考察艺术的可行性，因为艺术创造是一种特殊的心理活动。然后，荣格将艺术创作的方式分为"内倾的"和"外倾的"两类。作者按照预先的设想完成文学创作，文学作品中的人物、情节、语言完全遵循作者的想法，这就是内倾型创作。以内倾的创作方式完成的作品最终不会超出作者的预期。外倾型的创作方式与内倾型刚好相反，创作主体的思路跟随作品行走，艺术家无法将作品中的人物形象和情节发展限制在自己的思维中。潜藏于艺术家心灵深处的原型或原始意象——集体无意识的载体被激活，为作家提供了创作的材料，作品"引导"作者将其写出，创作者的无意识指导着他的意识。这种存在于无意识中的创作冲动，荣格称其为"自主情结"。自主情结就是"一种维持在意识阈下，直到其能量负荷足够运载它越过并进入意识门槛的心理形式"(卡尔·荣格，1987：118)。它存在于心理中，不为意识所完全控制，是一种直觉领悟的心理倾向。自主的创作情结大体可以分为三类：

一是集体潜意识，它是人在长期的自然和社会演化中逐渐积累并通过遗传机制保留下来的心理形成物；二是本能潜意识，它指个体心理中潜在的饥、渴、性、死等本能欲望；三是遗忘或创伤性潜意识，它指个体后天将知觉、学习的成果转化为记忆痕迹，但因时间久远无法回忆或遭受某种创伤性经验的冲击而被迫暂时压入意识阈限之下的东西。（朱振武，2004：12）

这三种潜意识都有可能转化为创作动机。受无意识的影响，艺术家的意识屈服于这种创作冲动，这样一来，创作主体的意识不再居于指导地位，产生于集体无意识的创作力量把创作主体变成了奴隶，作品在创作主体笔下缓缓流出。自主情结引导作家创造出超越个人的，能够反映人类集体无意识的艺术作品。自主情结的形成来自于无意识领域的某一部分开始活动，并且这一部分激活了它邻近的区域，而激活邻近区域的这种能力则靠意识来提供，所以，自主情结独立于意识而存在，意识可以察觉它，但不能影响到它。荣格认为，作品不是作者个人能决定的东西，而是某种超越个人的力量所决定的。自主情结使作者的创作过程反抗创作动机，所以最终的成品也超越了创作主体的期待。实际上，艺术创作的过程实质上就是创作主体对从集体无意识中激活的原型进行精心加工的过程。

◌ 福克纳小说中的自主情结

《喧哗与骚动》是福克纳最喜爱的作品，但我们总是觉得文本所表现的主题有违作者的初衷："人生如痴人说梦，充满着喧哗与骚动，却没有任何意义。"我们毫不费力地就能看出作者的"言外之意"和"弦外之音"，它继续和强化了《沙多里斯》（*Sartoris*，1929）中关于人们遭受过去禁锢的主题，也表现出福克纳对"祖先罪恶给后代留下历史负担"这一传统家族小说模式的浓厚兴趣。在这部同样写遗忘的小说中，扮演角色的人物也是一些耽于回忆而无力自拔的人们。在康普生这个南方种植园世家中，蓄奴制的痼疾，祖先的造孽，具体到整天酒醉醺醺、唠唠叨叨、发愤世嫉俗空论的康普生先生，以及无病呻吟、总觉得自己受气吃亏的康普生太太，这些都给家族的后代留下了衰落的祸根。实际上，这个家族在兴旺时刻都没有摆脱危机意识。这个家族在兴旺时期抵押掉地产，康普生就开始把"时间"（作品以他给昆丁的表为象征）看作是"一切希望与欲望的陵墓"（第二部分）。不难看出，这里已经暗含了无论怎样挣扎都无法摆脱衰落命运的"宿命论"思想。昆丁是康普生家族中"簪缨之家"的孑遗，一种没落感始终追随着他。昆丁更能意识到自己对过去的留恋，他把现实的生活作为舞台，以躬行旧礼的表演方式去重新获得他视为昔日辉煌的东西。昆丁的行动是一种纯粹的表演，是要抽掉行动的生命意义以获得一种美学永恒的表演。在昆丁的眼里，"未来"是看不见的，"现在"是模糊不清的，只有"过去"才是真实清晰的。他最后只有采用结束自己生命的办法来与蔑视、鄙夷他们的世界隔绝开来，表面上他是为妹妹的失贞而死，实际上则是为家庭前景幻灭而亡。从文本中我们可以看出，康普生一家的种种不幸都是庄园主祖先造孽的恶果。蓄奴制固然损害了黑奴，但它也给奴隶主的后裔们埋下了祸根。康普生家族同代表传统道德准则的沙多里斯一样，正如福克纳本人所说："这个名字的发音包含了死亡，包含了十分诱人的厄运"（威廉·福克纳，1990：433）。福克纳正是把"无价值的东西毁灭了给人看"来展现丑的事物的美学价值，从而赋予寻常事情以新的意义。正像其他任何悲剧英雄一样，他们注定是要灭亡的。

在《押沙龙，押沙龙！》中，福克纳则通过托马斯·塞德潘和他的百亩庄园找到了更好地表现沙多里斯世界那种"十分诱人的厄运"的途径。从表层意义上看，《押沙龙，押沙龙！》反映了美国南方19世纪下半叶至20世纪初的历史、社会面貌，但这并不是作者真正的创作动机。他要写的是"人的心灵与它自己相冲突的问题"，"因为只有这一点才能制造出优秀的作品，因为只有这儿才值得写，值得为之痛苦与流汗"（李文俊，1980：9）。在《押沙龙，押沙龙！》中，福克纳通过约克纳帕塔法县的又一家族——塞德潘家族的兴起与衰落，表现了人与人、人与内心的种种冲突。故事写的是一个穷小子白手起家的历史，与作者笔下的其他世家相比，格调有所不同。但另一方面，这部小说描写的那个黑白混血儿漫长的、令人心酸的故事，则向我们揭示了家族衰落的根源。显然，在家族的衰落中，种族因素起了决定性的作用。这点与《八月之光》（*Light in August*）有些相似。比起其他几部家族小说，《押沙龙，押沙龙！》更深入地触及和探讨了美国南方历史的罪责与无辜者遭受痛苦的问题。福克纳将这些问题归结为人与人之间的不平等相待，而遭受报应的仍是有罪者自身并殃及其后代。其实，这不光是美国南方的问题，更是与人类境遇有关的普遍性问题。福克纳总是在诠释过去的过程中来理解"现在"，《押沙龙，押沙龙！》则更是如此。这是"一部纯属解释性的小说。几个人物——洛莎小姐、康普生先生、昆丁和谢里夫——试图解释过去，解释托马斯·塞德潘从一个白人穷光蛋令人吃惊地爬上种植园主地位的故事的意义……可是却暴露了它们不过是人们逃避现实和进行自我辩护的手段"（埃默里·埃利奥特，1994：751）。这些讲述者同现实生活中的福克纳一样，总是想记住该记住的，忘掉不该记住的，但又往往在不经意中露出了"庐山真面目"。

《去吧，摩西》(*Go Down，Moses*，1942)通常被评论家们视为福克纳继《喧哗与骚动》开启的鼎盛时期的最后一部作品（这之后他还发表了七部作品，但似乎都未超出以前的水平）。1941年，福克纳在给他的出版商兰登书屋的罗伯特·哈斯的一封信中提到这本书时说，这是"一部短篇小说集，总的主题是南方白人和黑人之间的关系"（李文俊，1996：1）。事实上，这不是一部短篇小说集，其主题也远远超出了"南方白人和黑人之间的关系"，后来福克纳本人也不得不更正上述说法。福克纳在随后回复哈斯的信中便说道："《摩西》（指《去吧，摩西》——笔者注）其实是一部长篇小说"（Cowley，1966：3）。这有点儿作者跟着作品转而不是作者完全支配作品的味道。书中的主人公是艾萨克·麦卡斯林，他所属的麦卡斯林家族是福克纳笔下的约克纳帕塔法县的几大庄园主之一。这部小说正是写这个家族的两个支系（白人后裔包括女儿生的"旁系"，以及黑白混血的后裔）几代人的命运的。总的主题虽然如福克纳起初所说，是美国南方的种族关系，但读者和研究者们看到的却远不是这些。其中有三篇作品，即《古老的部族》(*The Old People*，1942)、《熊》和《三角洲之秋》(*The Fall of Delta*，1942)是侧重写打猎的，人们习惯上称之为"大森林三部曲"。这里似乎触及人类怎样对待大自然的问题，而"孩子"艾萨克正是在打猎的过程中学会怎样做人，因此，才有接下来他作出的舍弃有罪恶的祖产的决定。然而，我们仍然不能认为这里的艾萨克就是福克纳，因为福克纳并不认为放弃祖先罪恶的遗产就是问题的终结，从《三角洲之秋》中所写的老卡洛斯的罪孽在后代身上又重新出现这一点就可以得到证明。福克纳在1955年答复一个访问者时也说道："我认为一个人应该比舍弃做得更多。他应该有更加积极的行动而不能仅仅躲开别人"（Meriwether & Millgate，1968：225）。因此说，《去吧，摩西》

远远超出了作者原本的创作意图，它在更深层上唤起了读者的记忆和思考。用福克纳自己的话说，这里的故事是"整个南方土地的缩影，是整个南方发展和变迁的历史"。在《熊》里，他也写道："这部编年史本身就是一整个地区的缩影，让他自我相乘再组合起来也就是整个南方了。"

福克纳写了这么多有沉重历史感的家族世系小说，其目的并不是让人们记住过去，而是要立足现在，面向未来，因为他"相信人类不但会苟且地生存下去，他们还能蓬勃发展"（李文俊，1980：255）。看来，福克纳的创作经常出现"事与愿违"的情况。他的文本清楚地表示了保罗·德·曼称为现代派的"故意的忘却"，"想拭掉过去发生的事，希望最终达到那能被叫作真正现在的那一点"（埃默里·埃利奥特，1994：742）。但福克纳的约克纳帕塔法县的灵感世界却拒绝忘却任何事物，它的人物和它虚构的情境都沉浸于对往事的缅怀之中，仿佛生活与创作都只是过去的重复。（朱振武，2016：17–21）

从《喧哗与骚动》中昆丁死亡这一情节可以看出，南方的落寞与北方文明的入侵让福克纳陷入了挣扎与彷徨中，这种痛苦的情感不自觉地在创作中流露出来。此外，人类有对死亡的向往，这种死的本能向外表现为毁灭和杀戮，向内表现为自我谴责和自我惩罚；这种死的本能作为一种自主情结，引导福克纳在创作中写下角色的自我分裂、自杀和大家族的衰落等情节。由此看来，与人类境遇有关的普遍性问题是作为人的集体无意识普遍存在的，在作品中，这种诸如对人生境遇的探索、人与命运的抗争以及人与死亡的关系等问题都是引导作家创作的自主情结。从某种意义上说，自主情结是某种神秘力量支配作者写作，也就是说；是作品成就了作者，而非作者写出了作品。这种"事与愿违"的情况可以理解为作者与创作的自主情结之间的斗争，而不管作者如何努力，他也无法完全压抑个体潜意识、集体无意识和本我欲望。

❧ 托尔斯泰的自主情结

据说，托尔斯泰（Лев Николаевич Толстой）在谈到《安娜·卡列尼娜》（*Анна Каренина*，1877）的创作时，面对主角的死亡，他曾崩溃哭泣，但有人提出疑问：托尔斯泰明明可以不用"杀"死女主人公，为什么还是执意让她走向死亡呢？

托尔斯泰在作品中将安娜"杀"死，这一情节的安排别有一番深意。安娜的悲剧是诸多因素造成的，俄国上流社会的虚伪与强加在安娜身上的种种枷锁是导致安娜悲剧结局的根本原因。然而，通过安娜的悲剧揭露社会各个阶级的矛盾与沙皇统治的腐朽，这并不是托尔斯泰创作动机的全部。《安娜·卡列尼娜》带有托尔斯泰的自传色彩，这种自传性集中体现在列文这一人物身上。列文出身贵族阶级，但他为改善农民的处境而作出了巨大的努力，并试图调和地主阶级与农民阶级的矛盾。然而，农奴制严重阻碍了俄国经济的发展，地主阶级与农民阶级的矛盾已呈剑拔弩张之势，列文为如何缓和这两个阶级的矛盾而苦苦思索，这就是托尔斯泰自己思想危机的真实写照。在托尔斯泰笔下，安娜并非一个只会纵欲的淫妇，她有思想，有热情，敢于反抗上流社会禁锢女性的种种枷锁。托尔斯泰一方面肯定安娜，因为安娜的反抗不仅仅是一个在牢笼中女性的反抗，她也代表着无数被上流社会的成见压迫的女性；另一方面，托尔斯泰也是上帝虔诚的信徒，对于安娜的不忠，他只好忍痛"杀"死了她。

参考文献

埃默里·埃利奥特. 1994. 哥伦比亚美国文学史. 朱通伯等译. 成都：四川辞书出版社.

李文俊. 1980. 福克纳评论集. 北京：中国社会科学出版社.

卡尔·荣格. 1987. 心理学与文学. 冯川，苏克译. 北京：读书·生活·新知三联书店.

威廉·福克纳. 1990. 我弥留之际. 李文俊译. 桂林：漓江出版社.

威廉·福克纳. 1996. 去吧，摩西. 李文俊译. 上海：上海译文出版社.

朱振武. 2004. 在心理美学的平面上——威廉·福克纳小说创作论. 上海：学林出版社.

朱振武. 2016. 在心理美学的平面上——威廉·福克纳小说创作论（增订版）. 上海：学林出版社.

Cowley, M. 1966. *The Faulkner-Cowley File: Letters and Memories (1994–1962)*. New York: The Viking Press.

Meriwether, J. & Millgate, M. (Eds.). 1968. *Lion in the Garden*. New York: Random House.

关键术语篇

阿·波弗里达斯（死者的回归）

APOPHRADES

阿·波弗里达斯（Apophrades）又名"死者的回归"，是布鲁姆（Harold Bloom）在《影响的焦虑》（*The Anxiety of Influence*，1973）一书中提出的六种修正比（revisionary ratio）的第六阶段。阿·波弗里达斯这一说法源自古希腊。根据古希腊城邦中的文化习惯，死者会在每一年中特定的某几天回归故乡，到自己生前的住所。这一类似"回魂"的说法听起来甚是诡异恐怖。布鲁姆借这一说法，比喻后辈诗人在创作中，通过自己的努力，摆脱前辈诗人在创作中对自己想象力的禁锢，最终创作出能与前辈诗人势均力敌的作品，有的甚至超越了这些前辈，让读者误认为前辈的某些作品是后辈诗人所作。在《影响的焦虑》中，布鲁姆以前辈诗人斯蒂文森和后辈诗人阿什贝利（John Ashbery）的作品为例，论证了斯蒂文森的《叔叔的单眼镜》（*Le Monocle de Mon Oncle*，1918）看起来像出自阿什贝利之手。由此可见，后辈诗人完全可以凭借不懈努力，摆脱前辈诗人的"阴影"与"束缚"，开创属于自己的一片天地。

阿尼玛

ANIMA

阿尼玛（Anima）是荣格提出的一个重要概念。阿尼玛是一种原型，与阿尼玛斯（Animus）相对。阿尼玛指的是男性心理中女性的一面，同时也是男性心中理想的女性形象。这种原型潜伏在男性的无意识中，有可能随着年龄增长和阅历的变化而改变，也会影响男性的择偶标准。阿尼玛对男性的影响可能是正面的，也有可能是负面的。当一位男婴出生时，他心中首先出现的阿尼玛形象就是自己的母亲；成年后，他某方面的性格特征可能会与自己的母亲极为相似，也可能会找一位与自己母亲在某方面相像的伴侣。如果一位男性和某位女性确定恋爱关系或结为夫妻，而这位女性不符合男性心中的阿尼玛形象，男性可能会感到遗憾或空虚。在菲茨杰拉德（Francis Scott Key Fitzgerald）的小说《了不起的盖茨比》（*The Great Gatsby*，1925）中，盖茨比将心中的阿尼玛形象投射到初恋黛西·费身上。黛西·费不仅象征着盖茨比心中的一切美好，还承载着盖茨比毕生追求的梦想。

阿尼玛斯 ANIMUS

阿尼玛斯（Animus）是荣格提出的一种原型，与阿尼玛（Anima）相对。阿尼玛斯指的是女性心理中男性的一面，同时也是女性心中理想的男性形象。一位女性在童年时期的阿尼玛斯形象是自己的父亲，所以当她成年后，某些性格特质会与自己的父亲特别相像，也有可能以自己的父亲为择偶标准。阿尼玛斯的影响可能是正面的，也可能是负面的。如果一个女性在童年时期受到父亲的虐待或者是看到父亲使用暴力对待母亲，她成年后可能有恐婚倾向，这就是负面影响。在福楼拜（Gustave Flaubert）的小说《包法利夫人》（*Madame Bovary*，1857）中，爱玛自幼在教会学校学习，热衷于阅读浪漫小说，对自己的另一半充满了不切实际的幻想，当爱玛发现查理与她心中的阿尼玛斯形象相差甚远时，她大失所望，最后背叛了婚姻，走入了歧途。

阿斯克西斯 ASKESIS

阿斯克西斯（Askesis）一词意为"自我净化"，是布鲁姆在《影响的焦虑》中提出的六种修正比（revisionary ratio）的第五阶段。布鲁姆借鉴弗洛伊德提出的"升华说"，阐释后辈诗人在对前辈诗人作品误读中，如何减少前辈诗人对自己的影响。阿斯克西斯就是"一种以孤独状态作为近似目标的净化方式"[1]。在后辈诗人的创作过程中，为了摆脱前辈诗人的"阴影"，他／她不免要与前辈诗人进行一番"殊死搏斗"。在这番较量中，后辈诗人不得不放弃一部分想象力与灵感，这样一来，前辈诗人的影响也随之减弱，后辈诗人由此获得升华。布鲁姆以弥尔顿、华兹华斯、济慈、勃朗宁、雪莱等诗人的作品为例，解释后辈诗人如何通过"阿斯克西斯"来净化自我，削弱前辈诗人的影响，获得新的转变，并给予后来的诗人启发。

暗恐 / 非家幻觉

THE UNCANNY/UNHEIMLICH

1919 年，弗洛伊德在《暗恐》（*Das Unheimliche*）中提出了这一概念。"Das Unheimliche"一词源于德语，Heimliche 意为"熟悉的、家里的"，Unheimlich 则有着相反意义。Heimlich 一词还具有"隐秘的、

---

1 哈罗德·布罗姆. 1992. 影响的焦虑. 徐文博译. 北京：生活·读书·新知三联书店，123.

不可见的 不为自己可知的"含义，基于此，Heimlich 与 Unheimlich
则有着相近的意义。暗恐"之所以令人恐惧，就是因为它不为人所了
解和熟悉"[1]。"不熟悉的其实是熟悉的，非家幻觉总有家的影子。"[2]暗恐，
又可以称为"非家幻觉"。当我们对一种不熟悉的事物或现象突然产生
恐惧时，这种恐惧的源头可以追溯到过往的经历或体验，曾经的惊恐
被压抑，甚至随着时间而遗忘，后来再遇到相似的事件或现象时，这
种恐惧突然不受控制地袭来，或者在无意识中把这种负面的情绪暴露
出来，这就是暗恐。比如，一国人民可能会对其他国家、民族的人产
生恐惧或仇恨，其根源就是对"他者"的恐惧。[3]暗恐不仅仅存在于个
体记忆，也存在于群体文化。暗恐是不会消失的，它既存在于过去，
也在当下徘徊，在未来也会出现。

本我 / 自我 / 超我 ID/EGO/SUPEREGO

弗洛伊德于 1923 年在《自我与本我》中提到本我（Id）、自我
（Ego）与超我（Superego）的概念。本我，是人格结构中最低级的部分，
它不受道德律法的束缚，只奉行"快乐原则"。本我存在于每个人的人
格中，它云集了各种原始的、本能的、低级的欲望，无视理性与秩序，
只在意自己的需求是否得到满足。自我居于本我和超我之间，起到平

1　西格蒙德·弗洛伊德. 2001. 论文学与艺术. 常宏等译. 北京：国际文化出版公司，266.

2　金莉，李铁. 2017. 西方文论关键词（第二卷）. 北京：外语教学与研究出版社，11.

3　Julia, K. 1991. *Strangers to Ourselves*, (L. Roudiez, Trans.) New York: Columbia
University Press, 96.

衡作用，遵循"现实原则"，是"通过知觉意识的中介而为外部世界的直接影响所改变的本我的一个部分"[1]。它夹在本我与超我之间，还受到外部环境的影响，常常"进退两难"。自我既要考虑"理想原则"，也不能忽视"快乐原则"。一方面，自我根据超我，遏制本我的非理性冲动和低级欲望；另一方面，自我调节超我与本我之间的关系，满足本我的部分需求，使有机体适应外部的生存环境。超我位于人格结构的最高层，奉行"理想原则"，它引导自我趋于真善美，压抑本我的欲望。

辩证的批评　　DIALECTICAL CRITICISM

　　"辩证的批评"（dialectical criticism）是美国当代著名的后现代主义理论家和"新马克思主义"思潮的主要代表人物弗雷德里克·詹姆逊提出的一个重要术语。"辩证的批评"意指挖掘特定历史时期的文学形式和文本内容，以及塑造成这种形式和内容的经济、社会和意识形态因素。詹姆逊认为文学作品与社会历史是辩证相连的。在借鉴弗洛伊德精神分析批评后，詹姆逊提倡"辩证的批评"，即钻研文本的深层，寻找被压抑的无意识和原始经验。但与传统精神分析视生理本能为一切动机的立足点不同，作为新马克思主义思潮的领军人物，詹姆逊把关注点投射在社会生活方面。他对弗洛伊德和拉康的精神分析主义进行了修正。弗洛伊德的"个人无意识"和拉康的"语言无意识"在詹姆逊这里化身成为

1　西格蒙德·弗洛伊德. 1986. 弗洛伊德后期著作选. 林尘，张唤民，陈伟奇译. 上海：上海译文出版社，173.

"政治无意识"。政治因素成为解释文本的标尺。弗洛伊德以精神病患者甚至正常人为研究对象，詹姆逊则把文本和文学历史当作精神分析的对象。弗洛伊德在治疗病人时，采用"自由联想"的方法鼓励病人用话语叙述出出现在脑海的所有思想，以期找出病症所在，而病症往往都与童年经验和"恋母情结"这类的情绪有关。与之相似，詹姆逊把这一做法移植到文本中，他认为文本话语之下也潜藏着类似的政治病症。创作主体在写作时并没有意识到政治无意识，但是却受其支配。换句话说，弗洛伊德相信主体创作的源泉在于"个人无意识"，荣格认为在于"集体无意识"，而詹姆逊则强调是"政治无意识"。

补偿作用 COMPENSATION

    阿德勒在个体心理学（Individual Psychology）理论中提出"补偿作用"（compensation），意指个体因身体的缺陷或面临的困难产生自卑之后而做出的抗争和努力以弥补不足的活动。补偿作用分为两种：第一种是使自己的缺陷变为长处，例如，某个男士从小体弱多病，被人笑话，于是就强身健体，从体质弱的人变成了体质强的人；第二种是察觉到自己的某部分缺陷，但将精力集中在其他部分，凸显另一部分的优势，掩盖自己原先的不足。例如，某位女子因为样貌不佳被耻笑，但她坚信读书改变命运，于是发奋图强，久而久之，大家对她才华的赞扬远多于对她外形的攻击。阿德勒认为，补偿作用源于自卑情结，自卑情结在人格发展中占据十分重要的地位。从某种意义上说，补偿作用可以使人不断向上，不断进取。

创伤性挫折　　TRAUMATIC FRUSTRATION

创伤性挫折（traumatic frustration）是海因兹·科赫特提出的概念。创伤性挫折是一种病态自恋情结造成的人格障碍。如果在儿童的原始自恋时期，父母没有充当自身客体给予儿童适当的共情反应，儿童就会陷入一种不良的自恋情结，停滞在原始自恋阶段。随着人格结构的发展，儿童意识到父母对自己的关注在减少或在意父母对自己的批评和指责，此时如果父母不利用共情满足儿童的需要，儿童就会产生"夸大自体的不良发展、理想化父母表相的不良发展、才能和技艺的不良发展"[1]这三种倾向，这些都会导致创伤性挫折。创伤性挫折会导致两种极端：第一种是过分夸大自己，过度否定别人；第二种是过度肯定别人，极度否定自己。创伤性挫折成为儿童从原始自恋阶段过渡到成熟自恋期时的阻碍，甚至引发严重的心理疾病。

雌雄同体　　ANDROGYNY

"雌雄同体"（Androgyny）是弗洛伊德在研究性变态时提到的一个概念。他认为，性变态分为性对象变态和性目的变态，而"双性理论"就是性对象变态的根源之一。弗洛伊德提出，一开始，男性和女性身

---

1. 车文博，郭本禹. 2018. 弗洛伊德主义新论第二卷. 上海：上海教育出版社，894–895.

上都具有这种双性倾向，即"雌雄同体"，随着个体的成长与心理结构的发展，身体上的异性器官开始衰退或者被转化为其他用途，但是这些残存的性器官一直存在，某一性别特征被固定以后，另一性别特征就被压抑了。荣格也曾经提到，"童神"是原始神话中一个重要的原型，不同民族文化中的童神形貌各异，其中童神"墨丘利"（Mercurius）就是雌雄同体的神。埃莱娜·西苏（Hélène Cixous）在《美杜莎的笑声》（Le Rire de la Méduse）中也解释过"雌雄同体"："它在阉割恐惧象征的碾压之下，带着一种'完整'的存在的幻想（尽管这存在是由两半组成的），会消除差别的。这种差别使人感受到招致失落的作用和可怕的切割印记。"[1] 在西苏眼中，女性不能一味躲在男性的阴影下，女性对荣耀、权力、地位的欲望并不亚于男性，女性话语权不能一直被男性话语阉割。

存在分析学 EXISTENTIAL PSYCHOANALYSIS

存在分析学（Existential Psychoanalysis），全名为"存在主义精神分析学"，是存在主义哲学与精神分析学两种思想理论结合的产物。第二次世界大战后，西方世界的经济、政治一片萧条，人们面临巨大的精神危机，精神分析方法远不能用来分析所有患者的精神疾病。20世纪40—60年代，存在主义与精神分析两种思潮在西方世界产生巨

---

1 张京媛. 1992. 当代女性主义文学批评. 北京：北京大学出版社，592.

大的影响，为了拯救"二战"后人们的心灵世界，精神分析学家将两者结合，创造了存在分析学，即以精神分析方法对存在主义哲学进行改造，或将存在主义哲学方法用于精神分析中。存在分析学的代表人物包括奥地利的神经疾病学家维克多·弗兰克尔（Viktor Frankl）和美国心理学家罗洛·梅（Rollo May）。弗兰克尔是意义治疗学的创始者。意义治疗学就是引导患者发现自己存在的意义。弗兰克尔认为，意义指导人们的行为，如果人们不理解自己存在的意义，就会患上精神疾病。他提出"反思过度"（hyper-reflect）与"去反思"（de-reflect）这两个概念。许多人过度在意关于自己的消极评价，陷入消极情绪，这就是反思过度。作为治疗方法的去反思可以帮患者转移注意力，走出负面情绪，达到较高的精神境界。罗洛·梅对存在主义哲学进行了深入的研究，他认为人能够意识到自己的存在，具有自由选择、自我实现的能力，所以他主张人们应该关注自我的世界，学会处理人与自我的关系。罗洛对存在主义分析学做出了巨大的贡献，他的著作《焦虑的意义》（*The Meaning of Anxiety*，1950）、《存在心理学》（*Existential Psychology*，1960）、《存在的发现》（*The Discovery of Being*，1983）等都深受读者喜爱。

道德焦虑　　　　　　　MORAL ANXIETY

道德焦虑（moral anxiety）是弗洛伊德提出的一种焦虑形式。在弗洛伊德提出的人格结构理论中，人格结构被划分为本我、自我和超我，当自我产生一些违背超我允许的想法或行为时，超我的教导和惩罚会使自我产生羞愧、内疚的感觉，这就是道德焦虑。这种焦虑产生的根源在于心理结构，而非来自于客观世界。例如，如果学生在考试前没有认真复习，打算第二天通过作弊以确保自己及格，但内心又十分煎熬，这时产生的就是道德焦虑。在文学作品中，作家常常通过描写主人公的道德焦虑来探索人的精神世界。例如，陀思妥耶夫斯基的作品《罪与罚》（*преступление и наказание*，1866）中的拉斯科尔尼克夫在杀掉放高利贷的阿廖娜和她的无辜妹妹之后，良心的谴责让他近乎精神分裂；《卡拉马佐夫兄弟》（*братья карамазовы*，1879）中的伊凡唆使兄弟斯梅尔佳科夫杀死父亲后，被内疚折磨得痛苦不堪。拉斯科尔尼科夫和伊凡在做出违背超我的事情后，就产生了道德性焦虑。在人的日常生活中，道德性焦虑扮演重要的角色，如果一个人做任何事都不会产生道德性焦虑，那么这个人将走上违法犯罪的邪恶道路。

对攻击者的认同
IDENTIFICATION WITH THE AGGRESSOR

对攻击者的认同（identification with the aggressor）是安娜·弗洛伊德（Anna Freud）在《自我与防御机制》（*The Ego and Its Mechanism of Defence*，1936）中提出的一种自我防御机制。对攻击者的认同，是个体模仿自己所惧怕的人的行为方式，个体把这个人的思想和行事方式看作自己的，以此来消除自己的恐惧和焦虑。安娜认为，对攻击者的认同是儿童的超我人格在发展过程中的必然阶段。当儿童开始认同来自长辈的管教和训诫时，他们的超我人格开始发展，但他们的自我并不会立刻接受正在发展的超我，就将超我当作来自外界的攻击。为了抵抗这种攻击，对攻击者的认同就作为儿童的一种防御过程，"在新的防御过程的帮助下，对外部世界的主动攻击伴随着对攻击者的认同"[1]。例如，一名儿童曾经受过父母的虐待，在成家后，他不一定会善待自己的孩子，还有可能继续虐待孩子，这就是对攻击者的认同。

反升华 DESUBLIMATION

反升华（desublimation）是马尔库塞（Herbert Marcuse）在《爱欲与文明》（*Eros and Civilization*，1955）中提出的概念。马尔库塞认为，在人类社会伊始，人们过着没有压抑的生活。劳动是最基本的爱欲，体现了人类追求快乐的本性。近代工业文明的兴起和科学技术的发展，不仅没有给人类带来幸福，反而造成人类社会的异化和爱欲的压制。资本主义社会的劳动是爱欲压制的根源。马尔库塞起初将艺术作为性爱和幸福的升华，后来他又提出了"反升华"的说法。他指出，在《欲望号街车》和《洛丽塔》（*Lolita*，1955）之类的当代文学作品中，性欲描写被毫不掩饰地展现出来。在资本主义的工业社会，社会的物质需求得到极大地满足，故而人们对文学艺术的需求也日益增大。文学艺术成为大众消费的对象，个人的性欲不再需要经过伪装和压制就可以赤裸裸地出现在艺术中，这就是反升华。

---

1 安娜·弗洛伊德. 2018. 自我与防御机制. 吴江译. 上海：华东师范大学出版社，84.

反向形成 REACTION-FORMATION

反向形成（reaction-formation）是弗洛伊德提出的一个概念，是一种自我防御机制。个体的心中储藏着一些无法宣泄、难以接受的情感或观念，由于种种原因，个体用相反的行为将其释放出来，以达到缓解焦虑的目的。例如，一名儿童有了自己的弟弟或妹妹，在弟弟或妹妹刚出生时，儿童心理是不平衡的，但又害怕表现出来这种情绪会被长辈责怪，于是就假装与弟弟妹妹亲近。弗洛伊德举例，一个人憎恶自己所仇恨的人，但是又因为这份憎恶而感到不安和焦灼，为了消除这种自责情绪，这个人就有意向仇人说话示好，甚至与仇人交朋友，达到掩盖恨意的目的。虽然在行为上表现为友情，但实际上还是憎恶。反向形成既表现为负面情绪转化为正面行为，也可能表现为积极情绪转化为消极行为。例如，某名女子倾心于某名男子，但是当这名男子与她说话时她却故意走开，这也是一种反向形成。反向形成是一种极为普遍的自我防御机制，从某种意义上说，在日常的为人处世中，特别是在竞争中，我们需要反向形成来使自己正视对手、尊重对手，从而调整心态。

防卫—期待—幻想—改造

DEFENSE-EXPECTATION-FANTASY-TRANSFORMATION

20 世纪 60 年代以后，美国后现代精神分析批评学家诺曼·霍兰德（Norman N. Holland）对传统的精神分析进行改造。根据弗洛伊德的人格结构理论，他提出关于读者的心理反应理论，又被称为"防卫—期待—幻想—改造"（defense-expectation-fantasy-transformation）机制：读者在进入阅读前会有相应的期待，在阅读过程中会从文本里寻找符合期待的部分，在发现这些部分后就会利用个体的心理防御机制抵御、改造这些期待，顺理成章地消除恐惧，使自己的欲望满足。而那些由幻想引发的焦虑、紧张也顺便转化成具有社会意义的审美体验、道德情操和心智经验，形成良好的审美感受。英国著名文艺理论家和批评家特里·伊格尔顿（Terry Eagleton）曾说："文学若想生存，读者如作者一样不可或缺。"[1] 在阅读中，读者的防御机制会努力按照自己的期待转换文本的意义，并把自我的无意识想象投入作品中，文本因此被赋予了读者期待的意义。读者借机宣泄了自己的无意识欲望和恐惧，得到了满足。霍兰德将精神分析中的一些理论运用到文学阅读行为中，为文本阐释提供了一个心理学模型，"作者中心"和"作品中心"也开始向"读者中心"转变。

否认　　　　　　　　　　　　　　DENIAL

　　否认（denial）是一种自我防御机制。弗洛伊德的小女儿安娜·弗洛伊德在《自我与防御机制》中进一步扩展了防御机制的种类，否认就是其中之一。一个人如果总是有意无意地对某事某物采取躲避或抗

1　Eagleton, T. 2008. *Literary Theory: An Introduction*. Minneapolis: University of Minnesota Press, 56.

拒等态度来调节情绪与心态，以达到自我保护这一目的，这就是否认。在鲁迅的作品《阿 Q 正传》中，阿 Q 头上长了癞子，他就忌讳别人说与"癞"近音的字，这就是通过拒绝承认痛苦的事实来达到保护自己的目的。在短篇小说《孔乙己》中，孔乙己经常到书店看书而不买书，街坊四邻知道以后，就会故意问孔乙己，孔乙己又羞又恼，大声争辩，坚称"窃书"绝不是"偷窃"行为。后来孔乙己在丁举人家"窃书"，被丁举人家的仆人打断了腿，咸亨酒店的掌柜取笑他，孔乙己辩解是跌断了腿。这两次都是孔乙己采取否认这一防御机制的表现。

高峰体验　　　　PEAK EXPERIENCE

高峰体验（peak experience）是美国人本主义心理学家马斯洛在《存在心理学探索》（*Toward a Psychology of Being*，1962）中提出的一种心理状态。在进行了调查、谈话和对神秘主义、宗教等文献的研究后，马斯洛根据调查者所描述的最快乐、最销魂的瞬间的体验，提出高峰体验是人瞬间产生的压倒一切的愉悦、敬畏、感激、满足等情绪。譬如，母亲生产后对婴儿的慈爱、灵感迸发的时刻、身处大自然景观中的愉悦等，马斯洛称其为"最高快乐实现的时刻"[1]。高峰体验包括普通型高峰体验（general peak experience）和自我实现型高峰体验（peak experience of self-actualization）。前者是指个体在正常生活中都能拥有

1　A. H. 马斯洛. 1987. 存在心理学探索. 李文湉译. 昆明：云南人民出版社，65.

的极致快乐，例如，母亲在温馨的客厅里看着在旁边嬉戏欢笑的丈夫和儿子，会感到一种极端的幸福。后者是较为广义的高峰体验，这种体验掺杂了更多的理性和认知因素，它不是所有人都能体会到的，是自我实现者特有的，如王阳明"龙场悟道"。在高峰体验中，主体对时间和空间的定向能力变得模糊。例如，"一日不见，如隔三秋"表达了情侣间思念之情的强烈程度，还有艺术家在高峰体验时废寝忘食的状态。对个体来说，高峰体验是激发自我潜能的重要瞬间，是自我实现的重要途径，是个体心旷神怡的情绪体验，它可能会使个体变得更加具有活力，也可能让个体变得更平静随和。马斯洛指出，高峰体验也有利于提升心理健康，促进自我实现和社会发展。

格式塔心理学　GESTALT PSYCHOLOGY

格式塔心理学（Gestalt Psychology）是西方现代心理学的主要流派之一。"格式塔"在德文中有"整体、完整形态"之意，格式塔心理学又被称为"完形心理学"。奥地利哲学家艾伦费尔斯（Christian von Ehrenfels）对音乐的研究是格式塔心理学的开端，该流派主要代表人物有库尔特·考夫卡（Kurt Koffka）、马克斯·威特海默（Max Wertheimer）、苛勒（Wolfgang Köhler）和鲁道夫·阿恩海姆（Rudolf Arnheim）。该学派强调整体论，认为整体不是各部分的简单相加，而是能够凸显局部个性的新的整体。格式塔心理学派对艺术产生了重大的影响，该学派代表人物创作了不少关于格式塔文艺心理学的文章与著作，如苛勒的《价值在实际世界中的地位》（*The Place of Value in a World of Facts*，1938）、考夫卡的《艺术心理学问题》（*Problems in the Psychology of Art*，1940）、阿恩海姆的《艺术与视知觉》（*Art and Visual Perception*，1954）、《走向艺术心理学》（*Toward a Psychology of Art*，1972）和《艺术心理学新论》（*New Essays on the Psychology of Art*，1986）等。代表人物之一阿恩海姆在视觉艺术上取得了令人瞩目的成就，他认为视觉在创作与鉴赏中具有十分重要的地位。格式塔心理学派侧重文学艺术的形式研究，认为艺术创作应注重整体结构。艺术品"不是各组成部分的简单的集合，而是各部分相互依存的统一整体"[1]。艺术作品的魅力是超越各个部分之和的整体性存在。一件艺术品之所以值得观赏，是因为它具有独一无二的性质，成就这种性质的就是它的结构特质（structural qualities）。可以说，一件艺术品就是一种"格式塔"。

隔离 ISOLATION

隔离（isolation）是一种常见的自我防御机制。外界某些事物使个体产生痛苦或焦虑等情绪，为了避免这些情绪，个体就将这些不愉快的感情和欲望隔离在意识之外，不让自己有所察觉。在陈述某件事情时，有的人可能直接跳过最能引起自己负面情绪的那部分，因为"屏蔽"最容易引起焦虑的事物能够让人暂时逃避负面情绪。例如，面对

1　蒋孔阳. 1988. 二十世纪西方美学名著选（下）. 上海：复旦大学出版社，314.

亲人的离世，亲朋好友并不直接说"死了"，而是用"仙逝"或"驾鹤西去"类似的委婉语来减轻因死亡而带来的悲痛。又如，处于生理期的女性，因怕说出"月经"一词让自己尴尬，就用"亲戚""那个"来代替。几乎所有人都采用过隔离这种防御机制，但是，如果一个人过于频繁地采取这种防御机制，则有可能患上精神疾病，应该及时就医，申请心理疏导和治疗。

个体心理学　INDIVIDUAL PSYCHOLOGY

个体心理学（Individual Psychology）是弗洛伊德曾经的学生阿德勒于1911年创立的心理学的分支学科。阿德勒重视"社会兴趣"（social interest）的作用，强调一个人如果缺乏社会兴趣或合作精神，就无法融入社会，也不能拥有健全的人格。阿德勒关注儿童、教师等普通人在日常生活中面临的种种精神困境，并给他们提供解决困境的方法。注重实用性和社会性使得个体心理学在普通群众中广受欢迎。阿德勒的个体心理学的主要理论是"自卑情结"（inferiority complex）、"优越情结"（superiority complex）、"男性反抗"（masculine protest）和"补偿作用"（compensation），这些概念已经广泛地为文学评论家所采用。与弗洛伊德不同，阿德勒认为遗传因素在个人成长中起到重要作用，但不是决定性作用，自卑感才能使人类不断拼搏、不断进取。与弗洛伊德对人性持悲观的看法不同，阿德勒相信人有自主性和创造性，能够自主地运用现有条件追求自己的目标和理想。个体心理学进一步补充了精神分析学的理论内涵，提升了心理学的应用价值。

共情　　　　　　　　EMPATHY

共情（empathy）是海因兹·科赫特提出的一种能力。他认为，共情是自身客体对个体的促进功能。共情是一种可以将自己置于他人的角度来体验他人情感与想法的内省力，是个体健康发展和成长的重要能力。科赫特认为，个体都有自恋需要，这种需要是由个体与自身客体的共情反应维持的。在原始自恋阶段，婴儿认为自己与母亲是融合的，在婴儿的想象中，自己无所不能。随着年龄的增长，父母对婴儿注意力的减少或者成人对幼儿犯错误时进行教育和惩罚，幼儿会构想"夸大自身"和"理想化父母印象"来缓解自身的负面情绪。但是，假如幼儿一直停滞（fixation）在原始自恋阶段，心理不能正常发展，就会陷入病态的自恋人格。如果父母不能配合儿童满足儿童自身客体需要，就会给儿童的人格发展造成恶劣的影响，因此，父母应该配合给予适当的共情反应，保证儿童从原始自恋成功过渡到成熟自恋期。否则，儿童会停止在原始自恋状态，陷入病态的自恋情结，严重影响身心健康。

荒野情结　　　WILDERNESS COMPLEX

荒野，是一种纯净、赤裸的自然状态，具有深邃的哲学内涵。荒野情结（wilderness complex）是一种崇尚自然、渴望本真的精神，是人类希望回归故乡、唤起内心野性的一种情感。"对于人类而言，荒野是根源，是起点，作为人类的故乡，荒野是最能体现本真性、本源性的所在。"[1] 从时间的角度来说，荒野是人类的起源，文明的树根；从空间的角度来说，荒野是人类的挚友，在人类历史文明的发展中扮演重要的角色；从心理的角度上说，荒野是陌生的他者，荒野亘古不变地注视着人类的爱与杀戮、欲望与文明的冲突。"我们的理性思维和城市生活一起远离了荒野，荒野在我们的情绪体验中，更多的只是一个遭遇陌生者的地方，是人类的他者。"[2] 荒野情结是一种普世情结，它所提倡的内涵不仅让我们关注人类历史发展中的种族、性别、民族冲突，也强调人与环境、人与动物、人与生态之间的友好相处。

机能心理学 FUNCTIONAL PSYCHOLOGY

机能心理学（Functional Psychology），即机能主义心理学，是心理学领域中的一个体系，它是美国的第一个心理学体系。该学派的首要代表人物是威廉·詹姆斯（William James）。机能心理学的基础是实用主义（Pragmatism），詹姆斯将实用主义哲学放置在心理学领域中，就形成了机能主义心理学。机能主义心理学受达尔文进化论的影响，该体系的研究对象一般都是适应环境的有机体和适应环境的过程。机能心理学对人类和动物对环境的适应问题进行深入研究，强调心理

---

1 陈小红. 2013. 什么是文学的生态批评. 上海：上海外语教育出版社，30.

2 王惠. 2010. 荒野哲学与山水诗. 上海：学林出版社，49.

学有用处、有价值，要帮助人们适应环境、改变生活。机能主义心理学对"实用"的强调，直接影响了教育心理学、医学心理学、犯罪心理学等学科的产生。机能主义心理学把意识和行为都纳入了心理学的研究范畴，将心理学看作一个多元、开放的领域，为行为主义心理学的产生开辟了道路。

基本人格结构

BASIC PERSONALITY STRUCTURE

基本人格结构（basic personality structure）是新精神分析学派的领军人物之一——阿伯拉姆·卡丁纳（Abram Kardiner）提出的。1919 年，卡丁纳从纽约赴维也纳接受弗洛伊德的精神分析训练，他对弗洛伊德非常崇拜，还专门写文章赞颂弗洛伊德。后来。卡丁纳摒弃了弗洛伊德从生理学的角度对人的心理进行研究的方法，采取文化人类学的视角来进行心理研究。他认为，不同的文化会产生不同的人格结构。受相同文化影响的人则会具有相似的心理倾向性，继而发展出相近的人格结构，这就是"基本人格结构"。在一种特定的社会文化模式关照下成长的儿童，具有类似的童年经历，对相同事物也会具有相似的反应，就形成基本人格结构。基本人格结构就是"个人在与同一习俗的相互作用中形成的心理特征和行为特征的集合"[1]。在卡丁纳看来，文化因素在人格形成和发展中起到决定性作用，这就否定了弗洛

---

1 沈德灿. 2005. 精神分析心理学. 杭州：浙江教育出版社，383.

伊德的生物本能决定论。从某种程度上说，文化与人格实际上是相互作用的关系，卡丁纳提出的基本人格结构为跨文化群体心理学的研究开阔了视野。

交互决定论

RECIPROCAL DETERMINISM

交互决定论（reciprocal determinism）是行为主义心理学（Behavioral Psychology）中的一个名词概念，是由新行为主义的代表人物班杜拉（Albert Bandura）提出的。早期的行为主义和新的行为主义都认为人和动物的行为源于外在的刺激。新行为主义主张人的后天学习行为（learned behavior）比先天遗传行为（innate behavior）更重要，强调外在刺激对学习的促进作用。在新行为主义学习理论的基础上，班杜拉于 20 世纪 70 年代提出了社会学习理论（social learning theory），他指出，个体的行为获得的途径不一定只通过强化和经验，也可以通过模仿社会学习获得。例如，在马路上躲避车辆这种危险性的行为，人就可以借助于观察模仿来学习，而不需要多次试验或者强化练习。行为、环境和人三者的交互决定作用形成个体的行为，这就是班杜拉提出的交互决定论。他认为，人类的行为是通过直接经验的学习或者通过观察后习得的，并且后者是人类学习行为的主要方式。

解脱或抵消　　　　　UNDOING

　　解脱或抵消（undoing）是一种自我防御机制。个体为了避免焦虑与不安，就采用一种具有象征性的行为或事物来抵消已发生的痛苦经验，使自己心安。例如，俄国作家列夫·托尔斯泰出身名门望族，年轻时过着骄奢淫逸的生活，但是在晚年却过着清心寡欲的惩戒性生活。心理学上倾向于假定他采取的是解脱的防御机制来补偿过去的不正当行为。在托尔斯泰创作的小说中，"忏悔贵族"人物形象系列体现了作者本人的思想探索历程。"忏悔贵族"之一，即《复活》中的聂赫留朵夫，为自己曾经玩弄、抛弃过玛丝洛娃而自责、忏悔，为了使自己解脱，他为玛丝洛娃四处申冤、寻求帮助，这就是典型的解脱防御机制。在中国，每逢过年之时，如果不小心打碎瓷器，老一辈人就会说"岁岁平安"，取谐音来抵消打碎东西的不祥感。

禁欲　　　　　ASCETICISM

　　禁欲（asceticism）是一种自我防御机制，是弗洛伊德的小女儿安娜·弗洛伊德在《自我与防御机制》中提出的。度过潜伏期后，性心理发展进入生殖器，此时个体进入青春期，性器官开始发育。性器官的发育使个体产生性冲动、性幻想。这种性冲动是一种本能冲动，本能冲动越强烈，个体的自我防御越激烈，于是就产生禁欲这一自我防御机制。处于青春初期的少年对自己的性冲动或手淫具有不安情绪，所以采取隔离一切欲望和快乐的方式，以达到消除这种情绪的目的。"青春期的禁欲主义——我们习惯于将或轻或重的神经症疾病看作是本能压抑的结果，而青少年对本能的敌对性超过了我们的想象，我们总能在其中观察到他们本能的过剩、本能的侵犯性和其他互相矛盾的态度。"[1] 这种自我防御机制，也是自我与本我相互抗争的一种表现。

距离的矛盾

THE ANTINOMY OF DISTANCE

"距离的矛盾"（the antinomy of distance）是瑞士心理学家和美学家布洛（Edward Bullough）在《作为艺术因素与审美原则的"心理距离说"》（"'Psychical Distance' as a Factor in Art and an Aesthetic Principle"，1912）一文中提出的。在这篇文章中，他提出了"心理距离说"，强调审美主体与审美客体之间存在适当的心理距离才能获得更愉悦的审美体验。那么如何把握适当的心理距离呢？一方面，审美主体要进入忘我的境界，摒弃功利心；另一方面，审美主体又要融入自己的一部分审美经验，使审美体验更加愉悦。这种困境就是"距离的矛盾"。保持适当的心理距离实在不易，这也能解释为什么有的评论家们往往是不称职的观众。"不识庐山真面目，只缘身在此山中"，说的便是由于审美距离太近而丧失了体验庐山巍峨壮美之感。审美的距离

1　安娜·弗洛伊德. 2018. 自我与防御机制. 吴江译. 上海：华东师范大学出版社，112–113.

要适当，距离过度则缺少趣味，丧失了审美的鉴赏力，距离不足则难以脱离实用的藩篱。

克里纳门   CLINAMEN

　　"克里纳门"（Clinamen），意为"偏移"和"误读"，是布鲁姆在《影响的焦虑》中提到的六种修正比（revisionary ratio）中的第一个心理阶段。"克里纳门"原本是说穿过空旷的原子，其本来的轨迹是笔直的，但在不确定的时间和地点稍微偏离了轨迹，方向也由此改变。稍稍偏移产生了方向上的转变，这一偏移使得原子和原子碰撞，不同的自然事物也由此被创造出来。与此同理，后辈诗人也会绞尽脑汁地实现他们与强者诗人之间"克里纳门"的愿望。因此，"一部现代诗歌的真实历史就是这些修正式转向的精确记载"[1]。通过对传统诗歌的"歪曲"和"误解"，后辈诗人创造了新的诗歌历史，而非愚忠地继承诗歌历史。后辈诗人拼搏全力，完成了与强者诗人之间的"偏移"，并使得新诗运行的方向发生改变。这样一来，后辈诗人就有了全新的诗歌创作空间。布鲁姆提倡，读者把每一首诗视作后辈诗人对前驱诗歌做出的有意误读。误读既有遵循，又有偏离，但并非背离。

1　哈罗德·布鲁姆. 1992. 影响的焦虑. 徐文博译. 北京：生活·读书·新知三联书店，46.

克诺西斯 Kenosis

克诺西斯（Kenosis）是布鲁姆提出的六种修正比（revisionary ratio）中第三个心理阶段。"克诺西斯"源自《圣经》，指圣·保罗（St. Paul）放弃神的身份降为凡人的过程。布鲁姆指出，"哪里有前驱的诗，就让我的诗在那里吧——这是每一位强者诗人的理性准则。"[1]有才华的诗人站在先辈的面前，就像但丁站在神面前。他不是被神创造出来的诗人，而是未被创造出来的物质，是灵魂的最精华部分。对前辈诗歌的"重复"是后辈在诗歌创作之路上面临的必经阶段，而这种具有再创造性质的重复又是新人入门的必然过程。直到后辈不再畏惧和抵触"重复"，在创作中迸发自己的灵感、神性与想象力，似乎已经认定自己无此能力变成强者诗人。但是，由于这一过程是与重复前辈的作品联系在一起发生的，换言之，在倒空自己想象力的同时，前辈的想象力和创造力也被倾倒。"克诺西斯"既是想象力的收回行为，也是分离行为。后辈诗人否定自己的同时也否定了前辈诗人。所以，"克诺西斯"是一种倾倒自己的神性来否定前辈的运动。后辈诗人通过这一修正，使自己的诗看起来并非完全暗淡无光，而是为超越前人的诗做好准备。

---

1 哈罗德·布鲁姆. 1992. 影响的焦虑. 徐文博译. 北京：生活·读书·新知三联书店，82.

力比多　　　　LIBIDO

"力比多"（Libido）是由弗洛伊德提出的一个术语，又被称作"性力"或"欲力"。性本能（sexual instinct）是遗传而非后来培养的性行为能力和生殖能力。弗洛伊德指出，生物学将存在人类和动物身上的性需要称为性本能，是一种营养需求的本能，约等于饥饿感，力比多为这种饥饿感提供能量。力比多是本我的一部分，是人类所有行为动机的驱动力。力比多既指性欲，也可指代一切本能欲望，如对美食的渴求、对漂亮衣物的喜爱等。弗洛伊德把人的性心理发展分为五个不同的阶段（psychosexual stages），在每个阶段，力比多都会倾注于某个特定处。口腔期（the oral stage）发生在婴儿出生至 1 岁半期间。婴儿的力比多倾注在口腹，吮吸母乳或者啃咬会有快感。肛门期（the anal stage）约出现在婴儿 2 岁，力比多关注肛门，控制排泄会带来快感。性器期（the phallic stage）大约发生在 3～6 岁，儿童开始意识到男女有别，恋母情结、恋父情结和阉割情结也在此时产生。到了潜伏期（the latency period），学习、玩耍、交朋友的兴趣使力比多冲动暂时潜伏。生殖期（the genital stage）大约在 12 岁开始，儿童的力比多再次关注生殖器，他们开始被异性吸引。如果哪一阶段受阻，心理就会停滞在哪，甚至回到更低级的阶段。例如，口腔期出现停滞，儿童可能会咬手指、啃指甲，成年可能有抽烟喝酒等习惯。肛门期停滞，儿童可能拒绝清洁或过度清洁，成年后或不拘小节，或怯弱胆小。性器期停滞，男孩会试图证明阳刚之气，女孩会因为男阳羡慕（penis envy）而试图超越男子，此时的男女敏感易怒，攻击性较强。如果在生殖期发生停滞，儿童有可能产生性变态心理，甚至患精神病。

利他　　　　　　　　　　　ALTRUISM

利他（altruism）是安娜·弗洛伊德在《自我与防御机制》中提出的一种自我防御机制。利他，是指个体作出既有益于自己又能帮助他人的行为，甚至在某些情况下大公无私地牺牲自我利益来成全他人。"当坚决抵制本能冲动的超我远离自身的自我时，自我才会同意本能的愿望。当他人的愿望在实施过程中时，受阻的攻击行为突然获得了自我合理性。"[1] 个体的某些愿望、想法和行为受到外界的限制时，为了缓解焦虑，使自我免于超我的惩罚，个体就会将这些欲望投射在一个替代者身上。在帮助他人满足这种愿望时，个体的自我与新的客体能够保持距离，既满足了个体本我的参与感，使个体的行为具有合理性，又使自我免受超我的训斥。例如，一位向往爱情却遇不到心仪之人的女子，会热情地向自己的女性朋友提供约会时的参考建议，使自己的愿望通过替代者得以实现，这就是利他。

联想　　　　　　　　　　　ASSOCIATION

在心理学中，联想（association）是指由一事物或人想起另一事物或人的经验。世间的事物之间并非相互孤立，它们彼此之间存在联

1　安娜·弗洛伊德. 2018. 自我与防御机制. 吴江译. 上海：华东师范大学出版社，93.

系。在人的精神世界中，这种联系形成了各种各样的联想。联想是一种心理作用，是指由这一事物想到那一事物。联想分为接近联想、对比联想、类比联想和因果联想这四种。接近联想是一种直接联想，包括空间接近联想和时间接近联想。例如，由冬天想到下雪，由下雪想到《沁园春·雪》。对比联想就是想到与此物属性相反的事物，如由水想到火，由冷想到热。类比联想是指联想到属性相同相似的事物。例如，看到苹果想到桃子，看到河流想到大海。因果联想是指由因想到果或由果想到因。例如，看见闪电想到大雨将至，这是由因推果；早上看到湿滑的路面和车座上的水珠，想到昨夜的风雨，这是由果推因。朱光潜认为，联想在文学创作中具有重要作用。例如，艺术家想创作一幅关于荷花的画，有人可能会想到"映日荷花别样红"，有人可能会想到"留得残荷听雨声"。所以，在文学创作中的联想也是因人而异的。创作主体的思维可以穿越不同的历史时空，任意遨游。通过联想，创作主体能够突破感官和时空的限制，任意拼接自己的联想和经验，并将这些想象形成作品。同理，联想在文学鉴赏中的作用也不可忽视。通过联想，读者能够借文学作品与作者对话，领悟作品的深层内涵与魅力。

魔鬼化   DAEMONIZATION

"魔鬼化"（Daemonization），或"逆崇高"，是布鲁姆在《影响的焦虑》中提出的六种修正比（revisionary ratio）的第四阶段。这个词源于新柏拉图主义（Neo-Platonism），指非神亦非人的中间存在物。这个存在物附在后辈诗人的身上并帮助他。后辈诗人继承了稍稍超越前驱的某一领域存在的力量，在他看来，这种力量属于前辈诗人，但实际上并不是。这种存在物"分布我们的命运，分配我们的天赋，并在取走我们的命运和天赋而留下的空缺里塞进它的货色。这种'分配'带来了秩序，传授了知识，在他所知道的地方造成混乱，赐予无知以创立另一种秩序"[1]。于是，通过魔鬼化前人的诗歌，后辈诗人消弭了前辈作品的独特风格，使得前辈诗人的作品失去独创性，后来者由此实现逆向的崇高。"逆崇高"就是"魔鬼化"的目标。布鲁姆提出，诗歌本身就是压抑，而不是反抗压抑。压抑是弗洛伊德提到的心理防卫机制中的一种。完全压抑本能欲望或创伤经验是不可能的，即使这些欲望和经验已经被压抑进无意识中，但它们还是会影响个体的行为和语言。遗忘、口误和笔误是压抑的后遗症。在与前辈诗人的搏斗中，后辈诗人进入了压抑的状态。"魔鬼化"的功能就是增强这种状态，使后辈更彻底、更深入地吸收前辈的风格。为了实现"逆崇高"，后辈诗人就必须深入压抑状态。"逆崇高"也是被压抑者的回归。"魔鬼化"是一种自我削弱的行为，实际是后辈诗人通过这种阉割自己的行为来获取知识和认可。

母题   MOTIF

    母题（motif）一词源于拉丁语 movere，有"动机，使……运动"

1　哈罗德·布鲁姆. 1992. 影响的焦虑. 徐文博译. 北京：生活·读书·新知三联书店，
　　106.

之意。"母题"起源于芬兰民俗学，最初指叙事文学中最基本的情节因素。[1] 在人类文明的长河里，有一些共同的概念、想法、欲望贮存在集体共同的无意识中，这些反复出现的普遍性的事物，表现在文学作品中，就是所谓的"母题"。俄国形式主义批评家托马舍夫斯基认为，作品中无法再分解的最小部分就是母题。在比较文学中，母题研究属于主题学范畴。比较文学中的母题是人类体认世界的最小意义单元，是"文学作品中反复出现的人类的基本行为、精神现象及人类关于周围世界的概念，诸如生、死、离别、爱、时间、空间、季节、海洋、山脉、黑夜等"[2]。广义的母题研究包括人物母题、情境母题和意象母题。[3] 在不同民族文化中，母题的功能是不同的，随着历史的发展，母题的功能也是不断变化的。在文学研究中，"爱情""战争"与"死亡"是诸多作品中最常见的三大母题。

男性钦慕 / 男性反抗

MASCULINE PROTEST

男性钦慕（masculine protest）是阿德勒于 1911 年创立的个体心理学中的主要理论之一。男性钦慕，又被译为"男性反抗"，是指某些女性对于男性社会地位的羡慕和嫉妒，甚至想成为男性。这实际

---

1 吕超. 2018. 西方比较文学与文学理论名篇选读与实践. 天津：南开大学出版社，72.

2 乐黛云. 1988. 中西比较文学教程. 北京：高等教育出版社，189.

3 吕超. 2018. 西方比较文学与文学理论名篇选读与实践. 天津：南开大学出版社，70.

上是由于性别的不平等而引发的一种不健康的心理状态。在日常生活中，男性通常享有更多的权力和自由。例如，在求职时，男性可能会被优先考虑；在家庭中，男性可能无须操劳家务琐事。"我们要相信两性关系的基础应当是平等原则，任何人都不应当鼓励女性身上的'男性反抗'。两性的平等可以融入事物的自然框架中，而'男性反抗'是对现实的盲目厌恶，因此是一种优越情结。"[1] 很多女性都拥有男性钦慕情结，适当地男性钦慕情结会激励女性在某一方面取得出色的成就，但如果因此产生对自己的性别的不满甚至厌恶，应该及时咨询心理医生。

男阳羡慕 PENIS ENVY

男阳羡慕（penis envy），又被称为"阴茎嫉妒"，是弗洛伊德提出的一个关于力比多的概念。弗洛伊德认为，人的性心理发展分为五个不同的阶段（psychosexual stages）：口腔期、肛门期、性器期、潜伏期和生殖期。性器期（the phallic stage）大约从儿童 3 岁开始，持续到 6 岁。在这个时期，儿童开始察觉性别差异，认识到男女有别，恋母情结、恋父情结和阉割情结均在这一时期出现。如果力比多在性器期阶段受到阻碍，那么儿童的心理就会停滞在性器期，甚至倒退回肛门期，形成心理变态。在力比多停滞期间，个体就会停

---

1 阿尔弗雷德·阿德勒. 2018. 个体心理学. 张俊贤译. 北京：中国致公出版社，104.

在某一心理发展阶段，无法前进。如果女孩的性器期停滞，她就会产生男阳羡慕。进入性器期的女孩发现自己与男孩不同，进而发现自己与异性生殖器之间的区别，就会认为是母亲在分娩时没有把阴茎生给自己，使自己处于被阉割的状态。这种状态使她们具有自卑感，这就是"男阳羡慕"。

内投　　　　　　　　　　　　　　　INTROJECTION

　　内投（introjection）是自我防御机制中的一种，是由弗洛伊德的小女儿安娜在《自我与防御机制》一书中提出的概念。"内投"和"对攻击者的认同"是安娜在这本书中第九章"与攻击者认同"中同时提出的两种防御机制。安娜认为，"即使当外部的批评被内射之后，惩罚的威胁和攻击还没有和病人内心联系起来。当批评被内化时，攻击就被外部化了。这就意味着，与攻击者认同的机制是通过另一种防御措施来补充的，即内疚的投射。"[1] 内投，就是指个体将原本向外的攻击和敌意等负面情感转而投向自身。例如，有人在受到刺激或伤害时，会故意用刀片划伤自己的皮肤；自杀行为也属于内投。如果一个人在受到外界刺激时，多次采取内投这种防御机制，极有可能患上抑郁症，应及时接受心理辅导或就医。

1　安娜·弗洛伊德. 2018. 自我与防御机制. 吴江译. 上海：华东师范大学出版社，86.

皮格马利翁效应 / 罗森塔尔效应
PYGMALION EFFECT / ROSENTHAL EFFECT

皮格马利翁效应（Pygmalion effect），又名"罗森塔尔效应"（Rosenthal effect）或"期望效应"，意指当一个人受到表扬和肯定时，就能更积极地回应他人的期待。"皮格马利翁"一词源于古罗马神话。塞浦路斯国王皮格马利翁善于雕刻，他爱上了自己用象牙雕刻的一尊栩栩如生的少女雕像，于是祈求维纳斯赐予他一个和雕塑一样的女子。维纳斯赋予雕像以生命，皮格马利翁如愿与这个女子结为夫妻。美国心理学家罗森塔尔（Robert Rosenthal）和雅各布森（Lenore Jacobson）对此进一步研究，他们于 1968 年在一所小学进行实验，并在《课堂中的皮革马利翁：教师期望和小学生智力发展》（*Pygmalion in the Classroom: Teacher Expectation and Pupils' Intellectual Development*，1968）一书中进行了总结。他们随机选取了一组学生，声称这部分学生学习潜力很大。8 个月后，他们发现，与未被选中的学生相比，被选中的学生在学习能力方面有了很大提高。于是他们得出结论：教师对被选取的学生有更高的期待，通过赞许等方式将期待传给这些学生，而学生又会积极地回应教师。所以，皮格马利翁效应实际上就是指期望和赞美能够使人发挥出巨大潜力。在文学艺术作品中，皮格马利翁效应是指"在欣赏活动中，接受者对艺术中的特定人物形象所萌发的爱恋情绪，或是对人物产生一种仿佛真有生命的极度期盼（如雕塑好像真有触觉感和温度）"[1]。正如萧伯纳（George Bernard Shaw）笔下的伊莱莎所说，"一位上流社会的淑女和一个卖花女的区别不在于她有怎

1　鲁枢元等. 2001. 文艺心理学大辞典. 武汉：湖北人民出版社，500.

样的行为举止，而在于别人怎么对待她。"[1] 这段话传达的就是"期望效应"的含义。

强迫性重复　　COMPULSION TO REPEAT

"强迫性重复"（compulsion to repeat）是弗洛伊德在治疗创伤性神经症时提出的一个概念。一般来说，患者在遭遇巨大的变故时，个体的心理防御机制开始工作，会把这些痛苦的回忆压抑进潜意识中。弗洛伊德在对患者进行治疗时，极力引导患者潜意识中的创伤浮现，鼓励患者直面创伤并用语言表达出来，这样一来，创伤变为患者能够感觉并能够言说的东西。随着对创伤性神经病（traumatic neurosis）治疗的深入，弗洛伊德发现，患者会梦到或者会不自觉地陷入自己曾经经历的造成创伤的事件，一遍又一遍地温习这些痛苦的经历和情绪，这就是所谓的"强迫性重复"。对创伤事件的"强迫性重复"往往以梦境、幻觉、错觉等形式涌入患者脑海。"强迫性重复"又被称为"压抑的复现"，因为患者将创伤记忆压抑进无意识中，但这种记忆并不等于完全忘却，在意识无法控制时，这些创伤记忆就会突然涌现。

1　Shaw, G. 2004. *Pygmalion and Three Other Plays*. New York: Barnes & Noble Classics, 447.

强者诗人　　　　　　　　STRONG POET

　　布鲁姆参照弗洛伊德的"家庭罗曼史"（the family romance）来诠释先辈诗人和后辈诗人之间的父子关系。布鲁姆把当代诗人比喻为一个具有俄狄浦斯情结的儿子。毫无疑问，这位儿子面对的是"诗的传统"这一父亲形象，所以儿子生活在诗人父亲的光环下。譬如，18世纪后的诗人都生活在约翰·弥尔顿（John Milton）的阴影下，而近来的英美诗人也都生活在浪漫主义诗人华兹华斯（William Wordsworth）、济慈（John Keats）和惠特曼（Walt Whitman）等人的阴影里。相对于近来的英美诗人，华兹华斯、济慈与惠特曼就是"强者诗人"（Strong Poet）。布鲁姆认为，千百年来，与诗歌有关的题材、风格和技巧都几乎被前人挖掘殆尽，前辈诗人享受尽了一切优先权。后来的诗人始终揣有"迟到的感觉"，所以他们就有了否定"父权"的欲望，企图开辟出自己的诗歌世界。姗姗来迟的后辈诗人想要在诗坛上占有一席之地，与前人一争高下，就必须另辟蹊径。因此，后辈诗人就必然用尽各种方法来贬低或者曲解前人的和传统的价值观念，就要找到前人不突出的特点，把前人的某些次要的不突出的特点在自己身上加以强化。

人格面具　　　　　　　　THE PERSONA

　　人格面具（the persona）是荣格在类型论中提到的一个关键术语。

人格面具，又被称作"顺从原型"（conformity archetype），是指一个人可以根据不同的场合变换自己的性格，以便能够和睦地与他人相处，得到社会的承认。persona 本意是指演员为了扮演剧中某一特定角色而戴的面具，"人格面具"的含义其实也是如此，因为一个人所扮演的角色不一定是这个人的真实性格。在尤金·奥尼尔（Eugene O'Neil）的戏剧《大神布朗》（*The Great God Brown*，1926）中，在布朗身边的玛格丽特脸上戴的是漂亮迷人的主妇面具，与儿子一起参加舞会时她戴的是为人母的骄傲面具。人格面具的变化是人为了生存而在不同场合必须做出的改变。由此可见，在社会生活中，每个人的身上都有不同的人格面具，这些人格面具在不同场合发挥着不同的作用。人格面具给人的影响可能是积极的，也可能是消极的，如果一个人过分沉迷于自己的某个人格，有可能会患上严重的精神疾病。

社会无意识　　SOCIAL SUBCONSCIOUS

"社会无意识"（social subconscious）是法兰克福学派的代表人物之一艾里克·弗洛姆（Erich Fromm）提出的概念。法兰克福学派是西方的一种哲学流派，在 1920—1930 年之间形成于德国的法兰克福大学。该学派的代表人物是赫伯特·马尔库塞（Herbert Marcuse）和艾里克·弗洛姆。他们将弗洛伊德的精神分析学说与马克思主义相结合，建立了一套针对资产阶级意识形态的批判理论，该学派是"新马克思主义"的一支重要流派。弗洛姆同时借鉴了弗洛伊德的理论与马克思（Karl Heinrich Marx）的思想，他认为：弗洛伊德夸大了生物本能的作用，忽略了外在社会环境在人成长中的作用；马克思主义过分强调社会历史等外在环境的影响，相应地贬低了遗传因素在人格发展中的影响。弗洛姆认为两者互为补充，可相互融合，因此提出了一个与集体无意识相似的概念——社会无意识。在弗洛姆看来，弗洛伊德提出的个人无意识只是关于个体受到压抑的内容，而在文明社会中生活的人普遍遭受压抑的领域——社会无意识，则被大部分精神分析学者忽视。"当一个具有特殊矛盾的社会有效地发挥作用的时候，这些共同的被压抑的因素正是该社会所不允许它的成员们意识到的内容。"[1] 弗洛姆进而指出三种过滤社会无意识的机制：语言、逻辑和禁忌。他提出，"文学创作就是作家用普通的象征来挖掘、表现自己的无意识的内心体验，并且力图突破和超越社会意识的压抑。"[2]

神经性焦虑 NEUROTIC ANXIETY

神经性焦虑（neurotic anxiety）是弗洛伊德提出的一种焦虑形式，是指由于认识到本我的危险，并且担心在不合理地释放本我之后会受到惩罚而产生的焦虑。神经性焦虑与现实性焦虑相对，现实性焦虑的来源是确切的客体（如会咬人的狗），而引发神经性焦虑的客体并不来

1　Fromm, E. 2006. *Beyond the Chains of Illusion: My Encounter with Marx and Freud*. New York: Continuum, 88. 此处译文依据张燕译. 1986. 在幻想锁链的彼岸：我所理解的马克思和弗洛伊德. 长沙：湖南人民出版社，93.

2　金元浦. 2009. 当代文艺心理学. 北京：中国人民大学出版社，29.

自现实世界。神经性焦虑有三种表现形式：游离式忧惧症、恐怖症和恐慌反应。游离式忧惧症，是指某些人总以为自己身上会发生某种可怕的事情。在所有的可能性中，这类人倾向于相信最糟的情况会发生在他们身上，并把所有的事情看作是厄运到来的信号，这与悲观的宿命论者很相似。恐怖症是指一些人在面对危险系数没有那么高的特定事物或对象时，也产生极度的焦虑，如恐高症、密集恐惧症、幽闭空间恐惧症，等等。弗洛伊德认为，正常人在害怕的事物面前不会故意去放大这些事物可能产生的危险性。例如，乘火车和乘船旅行都有可能会遇到危险，正常人会认为这些事故发生的可能性较小，所以不会因此而放弃出行；但极度焦虑的人，会因为可能发生的危险，拒绝出行。第三种是恐慌反应。这是一种突然的焦虑，通常并没有外界因素引发或刺激而焦虑突然来袭。例如，有的人会突然像疯了一样伤害身边的人。正常人都会有神经性焦虑，只是程度较轻，如果神经性焦虑出现的频率过高，应及时就医。

实验心理学 EXPERIMENTAL PSYCHOLOGY

实验心理学（Experimental Psychology）是现代心理学的一个分支，也被视为现代心理学的开端。该学派的先驱是 19 世纪 60 年代的德国心理学家费希纳（Gustav Theodor Fechner）和冯特（Wilhelm Wundt）。费希纳用实验来研究人的心理，将人的感觉、经验数量化。冯特被誉为"实验心理学之父"，他在《对感官知觉理论的贡献》（*Contributions to the Theory of Sensory Perception*，1862）这一著作中，将心理学分为两部分：实验心理学和社会心理学。实验心理学是用实验内省的观察法研究个体的知觉、感觉、意识的个体心理学。冯特于1879 年在德国莱比锡大学建立了第一个心理学实验室，这被看作心理学成为一门独立学科的标志。"在冯特发表《生理心理学》和建立实验室之前，心理学不过就是一个居无定所的流浪儿，时而敲敲生理学的门，时而敲敲伦理学的门，时而敲敲认识论的门。"[1] 冯特认为，生理现象和心理现象是互相独立、同时并存的，谁都不是谁的附庸。经验是实验心理学的研究对象，这里的经验是指真实的经验，是人的心理活动所产生的直接经验。在冯特看来，感情是一种心理过程而非意志主导的结果，他试图从心理学视角出发，通过实验来解释意志，打破了此前关于意志研究偏向玄学的樊篱。实验心理学派为西方现代心理学的发展做出了不可估量的贡献，但是该学派把人的行为看成机械的存在，放弃对人性心理思维的探索。人类心理过程是复杂的，不能简单地归结为实验结论或被实验证实。所以，冯特偏向用实验内省的观察法去解释人的心理活动，缺乏一定的科学依据。

实在界 THE REAL

针对弗洛伊德把人格划分为三重结构的理论，拉康提出了主体三层心理结构说。拉康认为，主体（subject）发展分为三种不同阶

---

1 Murphy, G. & Klüver, H. 1999. *An Historical Introduction to Modern Psychology*. London: Routledge, 172.

段：实在界（the Real）、想象界（the Imaginary）和象征界（the Symbolic）。实在界是一种自然状态，它对应的是需要阶段，这 阶段从婴儿出生持续到婴儿 6～18 个月。拉康认为，婴儿刚出生时没有自我意识，无法感知到自己与他人的区别，会理所应当地认为自己和母亲融合在一起。在这个阶段，婴儿只能感知到自己的"需要"。当婴儿感知到饥饿，母乳会满足他／她的需要；当他／她没有安全感时，母亲就会将他／她抱在怀里安慰他／她。婴儿无法意识自己作为主体与他者的差别，他／她只能感觉到自己的需要和满足他／她需要的客体。没有语言，没有匮乏，没有不在场，一切都是自然状态，这就是实在界。在拉康眼中，实在界代表一种最初的自然状态，没有语言，没有秩序，是一种不在场的在场。它不是可以看得见摸得着的物质世界，它无法被表达，无法被言说。一旦它被言说，就意味着婴儿进入了想象界和象征界。

苔瑟拉　　　　　　　　　　TESSERA

苔瑟拉（Tessera）是布鲁姆在《影响的焦虑》中提出的六种修正比（revisionary ratio）中的第二个心理阶段。"苔瑟拉"一词从拉康那里借用的。布鲁姆认为，拉康与弗洛伊德之间的修正关系就是典型的"苔瑟拉"现象。在早期的神秘宗教里，"苔瑟拉"是一块原本被打碎成两半但可以相互吻合的陶瓷碎片，这两半碎片作为信物被交给新入教的人。在克里纳门中，后辈诗人通过偏移来开辟新的空间，使前人作品沿着自己"误读"的方向运行，从而把前辈的诗作想象成自己作品的一部分。"苔瑟拉"就代表着后辈诗人完成前辈诗人的修正活动。通过误读前人的作品，后辈诗人又使这些作品产生新的意味，这种再解读就类似于后辈诗人替前辈诗人的再创造。迟来的诗人通过"苔瑟拉"告诉自己和读者：如果不把前辈的词语看作后辈新创作或者补充的词语，那么先辈的词语就会被磨平。通过修改前辈诗人的作品，后辈诗人削减了前辈传统对自己施加的影响。

投射 PROJECTION

投射（projection）是一种自我防御机制，是由弗洛伊德的小女儿安娜在《自我与防御机制》中提出的概念。投射是指个体把自认为负面的冲动、欲望和行为归咎于别人，使这些负面的东西看起来与自己没有任何关系。在某些情况下，为了使自我免于愧疚、懊恼、自责，个体通过某种借口或托词把过错推向别人，如将"我恨他"表述为"他恨我"。在《卡拉马佐夫兄弟》中，卡捷琳娜为了保住自己的真爱伊凡，背叛了当初帮助自己的德米特里，在法庭上撒谎做了伪证。卡佳说，德米特里既恨她又蔑视她、折磨她，但真相却是卡佳恨德米特里为了格露莘卡伤害了她的自尊。卡捷琳娜的证词使没有弑父的德米特里背上罪名，她强调德米特里恨她，就是用投射这种保护机制使自己免受道德性焦虑的困扰。

现实性焦虑　　OBJECTIVE ANXIETY

现实性焦虑（objective anxiety），又被称为"客观性焦虑"，是最基本的焦虑形式。现实性焦虑是个体由于害怕外在世界的危险而产生的负面情绪。这种焦虑可能是先天性遗传的，还可能是后天习得的。个体在感知到某种事物或者状态可能会给自己造成伤害时，会陷入恐慌、紧张、不安等情绪。例如，歌手在上台表演前会感到焦虑，是担心自己演唱发挥不好或者歌迷对自己不满意；有人看到狗会绕着走，是因为担心自己会被狗咬。在戏剧《欲望号街车》中，女主角布兰奇害怕夜晚明晃晃的灯泡，因为她担心明亮的灯光会暴露她费尽心机隐藏的真实年龄，这样一来自己嫁出去的希望也化作泡影。这就是典型的现实性焦虑。每个人在日常生活中都会产生现实性焦虑，如果现实性焦虑产生的频率过高，应该注意休息，严重时要及时咨询心理医生。

想象界　　THE IMAGINARY

针对弗洛伊德把人格划分为三重结构的理论，拉康提出了主体三层心理结构说。拉康认为，主体发展分为三种不同阶段：实在界（the Real）、想象界（the Imaginary）和象征界（the Symbolic）。文明的入侵会打破实在界无序无知的状态，使个体由需要迈向要求阶段，也使个体从实在界进入想象界。想象界产生于镜像阶段。幼儿通过镜像识别自己和他者的区别。对于幼儿来说，镜子里的影像就是"我"，此时幼儿建立的自己与外界之间的关系是虚构的、想象的。所以，这一阶段的幼儿处于想象界中。在这一阶段，幼儿认识到作为整体的自我和他者之间的区别。幼儿跳出原始的自然状态，以独立个体的身份进入文明社会，开始与母亲分离。与母亲的分离再加上自我与他者无法迅速融合，所以幼儿产生忧虑。故而，幼儿想重新回到实在界那种融合的自然状态，但食物和怀抱无法满足他/她，所以他/她不可能再回到实在界阶段。拉康认为，在这一阶段，幼儿试图构建自我的过程实际上就是尝试将能指链上浮动的能指固定住的过程，试图赋予自我固定的意义。但是给自我固定意义的要求不可能实现，所以幼儿通过对镜像的认同使自己建构了一个幻想中的"自我"。

象征界 THE SYMBOLIC

针对弗洛伊德把人格划分为三重结构的理论，拉康提出了主体三层心理结构说。拉康认为，主体发展分为三种不同阶段：实在界（the Real）、想象界（the Imaginary）和象征界（the Symbolic）。在可以区别自我与他者之后，儿童就会进入象征界。伴随着语言学习的过程，儿童成为说话的"我"的主体。"进入象征秩序的同时，主体自身也被语言异化了。"[1] 在《超唯快乐原则》中，弗洛伊德写到一个故事。有个一岁半的小男孩十分依恋母亲。当母亲离开后，小男孩喜欢玩丢玩具

---

1 黄汉平. 2010. 拉康的主体理论与欲望学说. 文学评论，（3）: 195.

的游戏。他会把一些玩具都丢得远远的，而且总喜欢大喊"fort"（德语"走开"的意思）。起初，弗洛伊德猜测小男孩通过丢玩具在玩"走开"的游戏，后来，他进一步观察得到了另一个结论。小男孩丢玩具后，会再把玩具捡回来，嘴里就会嘟囔"da"（德语"这里"的意思）。这就是一个消失和再现的游戏。对于母亲的暂时离开，小男孩并不开心；通过玩具的消失和再现，小男孩获得一种心理补偿——弥补母亲离开时的失落，以及期待母亲回归时的快乐。拉康把这个游戏看成儿童进入语言结构的标志。通过语言，小男孩和不在场的人（母亲）得以交流，勾勒出母亲归来的想象。处于象征界的幼儿相信，只要满足母亲的欲望，就能重新回到实在界阶段，而这个阶段的母亲缺乏欲望。但弗洛伊德认为，阳具是母亲的欲望。男孩希望自己能满足母亲，就会产生恋母情结，但是父亲的在场让男孩体验到"阉割情结"，因为父亲的存在，在孩子看来自己与母亲不可能融合。父亲通过语言显示自己的存在，他统治着象征界，代表象征界的秩序和权威。所以，遵循父亲指定的秩序，听从父亲的语言，是儿童进入象征界的前提条件。父亲的"阳具"是象征界的核心，它不属于任何人，谁都无法完全占有或控制它。阳具就是语言，也是永远不能满足的欲望。

心理分析小说　PSYCHOANALYTIC NOVEL

20 世纪 20 年代，弗洛伊德主义在中国开始盛行。在"五四"以前，除了《红楼梦》这类的少数作品，只有一小部分作家对人物心理世界剖析达到现代心理分析小说的境界。弗洛伊德的精神分析理论在中国文坛盛行后，施蛰存以意识和潜意识的冲突作为结构，采用梦境、意识流和时空跳跃等创作手法，创作了《鸠摩罗什》《梅雨之夕》《善女人品行》等心理分析小说（psychoanalytic novel）。施蛰存认为，精神分析"从对人深层内心的分析来说明人的行为，对人的行为描写比较深刻。我学会了他的创作方法"[1]。其中，《鸠摩罗什》是他最为重视的作品。这部小说通过描写一个得道高僧荒淫的一生，凸显道法和欲望之间的冲突。另一部小说《梅雨之夕》讲述的是一位已婚公司员工对偶遇的女子产生浪漫又荒唐情愫的故事。施蛰存剖析了普通人身上本我与超我的微妙冲突，体现出他深厚的心理分析功力。

心灵辩证法

DIALECTICS OF PSYCHOLOGY

心灵辩证法（dialectics of psychology）是俄国 19 世纪作家在作品中描写人物心理时的一种常用手法。19 世纪俄国批判现实主义文学不仅仅表现了社会的黑暗、底层群众的悲惨和上流社会的堕落，还对人的精神世界进行了深度的探索，以细腻的笔触描绘了人物的心理运动。心灵辩证法就是作者通过人物的感性意识和理性意识的相互变化、作用，来描写人物的心理运动轨迹和变化过程。作家通过对人物的无意识与意识、本我与超我、梦境幻觉与现实经历之间的斗争，展现人物的情绪变化、心理波动和性格走向。在这些作家中，最擅长用心灵辩

---

1 施蛰存. 1995. 沙上的足迹·为中国文坛擦亮"现代"的火花——答新加坡作家刘慧娟问. 沈阳：辽宁教育出版社，175.

证法的就是列夫·托尔斯泰，"与一般作家擅长描写某种特定情境下人的心理特点或者描写某种心理活动的结果不同，托尔斯泰擅长描写人的内部的、心灵的运动，不是运动的结果，而是实际的运动过程。"[1]

新精神分析学派
NEOPSYCHOANALYTIC SCHOOL

"新精神分析学派"（Neopsychoanalytic School）是美国 20 世纪 40 年代出现的一个心理学流派，是弗洛伊德的追随者们对古典精神分析理论的修正和发展，故又称"新弗洛伊德学派"（Neo-Freudian School）。凯伦·霍尼（Karen Danielsen Horney）、哈里·斯塔克·沙利文（Harry Stack Sullivan）、埃里克森（Erik Homburger Erikson）、阿伯拉姆·卡丁纳（Abram Kardiner）是该学派的领军人物。20 世纪 30 年代后，一大批欧洲精神分析学者为了躲避政治迫害来到美国，此时世界大战对人类造成的毁灭性破坏使人们的心理承受了前所未有的压力，传统的弗洛伊德性理论早已不能治愈这些患者的精神疾病。这批"逃亡"的精神分析学家们对弗洛伊德提出的精神分析理论进行了改造和创新，并与美国本土的部分精神分析学者一同创立了新精神分析学派。这些精神分析学者有着共同的思想基础，都受过传统精神分析的影响和训练，继承了弗洛伊德理论的基本概念。不过新精神分析学家们理论各不相同，彼此各有侧重，但因为他们都强调社会文化在

---

1 屠茂芹. 2014. 十九世纪俄罗斯文学的文化母题. 济南：齐鲁书社，130.

人格发展中的作用，所以又被称为"社会文化学派"（Sociocultural School）。新精神分析学派对传统精神分析进行了批判性继承，用社会环境与历史文化的因素取代力比多在人格发展中的地位。

修正比 REVISIONARY RATIO

　　布鲁姆提到"影响的焦虑"这一批评理论，认为后辈诗人想要创作出精彩的诗篇，就要对前人的诗作采取创造性误读的策略，最后在吸收传统的基础上进行创新。这样，后辈诗人才能创作出佳作，成为强者诗人。布鲁姆通过对一代又一代的强者诗人的生命循环的追踪，归纳出六种修正比（revisionary ratio）。布鲁姆坦言，修正比的种类有很多，他选取的六种是不可缺少的修正比。六种修正比，就是六种修正过程，即后辈阅读前辈诗人作品时的六种曲解过程。后辈诗人对前辈诗人的误读就是通过这六个修正比来实现的。实际上，六种修正比就是诗人创作时必经的六个心理阶段。这六个心理阶段分别是：克里纳门（Clinamen）、苔瑟拉（Tessera）、克诺西斯（Kenosis）、魔鬼化（逆崇高）（Daemonization）、阿斯克西斯（Askesis）、阿·波弗里达斯（Apophrades）。这六种修正比是后辈诗人完成对前辈诗人误读的必备策略。布鲁姆希望这六种修正比能够帮助后辈诗人缓解前驱诗人给予的焦虑性影响。后辈在诗歌创作中若想作出成就，就必须面对前辈的影响和辉煌，通过"误读"的方式重铸文本，开辟新的创作空间，变为强者诗人。

需要层次论

NEED HIERARCHY THEORY

需要层次论（need hierarchy theory）是人本主义心理学家马斯洛（Abraham H. Maslow）提出的一个理论。他把人类需要由低到高划分为七个层次：生理需要（physiological need）、安全需要（safety need）、归属和爱的需要（belongingness and love need）、尊重需要（esteem need）、认识与理解的欲望（desire to know and understand）、美的需要（aesthetic need）和自我实现需要（self-actualization need）。生理需要是人最基本的生存需要，包括对食物、水、睡眠和性等的基本需求。安全需要是人对安定、和谐环境的需要，如果人处于不安全的环境，就会产生紧张、不安等情绪。在生理需要与安全需要得到满足后，人就会产生归属与爱的需要，这是人们希望自己被支持、理解、鼓励的需要。尊重需要分为内部尊重和外部尊重。内部尊重是人对自我的尊重，即任何情况下都坚强、自信；外部尊重是期许得到别人的尊重，如被夸赞、被尊重。对外在世界的好奇心是人与生俱来的，建立一个能够与之相互作用的系统，并与这个系统一起去探究世界，这就是认识与理解的欲望。美的需要是人对美好事物的欣赏、喜爱和向往，表现为个体期望外在事物有条不紊地运转。个体发展的最终目标是自我实现。人在施展自己的能力，发挥自己的潜力，为自己的目标拼搏时，会感到巨大的满足。人的需要层次越低，行为动机就越低，反之则行为动机越高。

阴影   SHADOW

阴影（shadow）是荣格在类型论中提到的一个关键术语。"阴影比其他任何原型都更多地容纳着人的最基本的动物性。由于阴影在人类进化史中具有极其深远的根基，它很可能是一切原型中最强大最危险的一个。"[1] 阴影，是个人、集体和民族身上最邪恶部分的发源地。阴影具有顽强的生命力，我们可以将其压抑到无意识领域中，但不可能彻底消灭它。例如，一个好赌成性的人在戒赌多年以后，有一天突然遭到了重大打击，他便不受控制地进入了赌场，这就是阴影原型的反扑。荣格指责第一次世界大战就是人性中受到过度压抑的阴影的疯狂反扑。但阴影原型不一定都是危险的，它也蕴含着富有活力和创造性的部分。当自我与阴影能够和谐相处时，阴影中富有活力和创造性的一面就会被释放出来。如果一个人的人格中没有阴影原型，那么他的人格也是有缺陷的。

影响的焦虑

THE ANXIETY OF INFLUENCE

布鲁姆借鉴了解构主义和弗洛伊德的精神分析主义，在《影响的焦虑》（*The Anxiety of Influence*，1973）中阐释了"影响就是误读"这

1　卡尔文·霍尔. 1987. 荣格心理学入门. 冯川译. 北京：生活·读书·新知三联书店，56–57.

一独特的批评视角。布鲁姆曾说，"影响的意思就是，不存在文本，只存在两个文本的关系。"[1] 在绪论中，布鲁姆就表明自己提出了一种新的诗歌理论，用以纠正人们认为先辈诗人会积极促使后辈诗人成长这一想法的不完美性。传统理论认为，先辈诗人和诗歌的存在为后辈诗人提供了指引。但布鲁姆却指出，传统和影响并不是前辈诗人对后辈诗人的丰厚馈赠，影响产生的焦虑反而有可能导致后辈诗人的创作受阻，变成一种阻碍性的力量。这就是"影响的焦虑"。布鲁姆显然对一些诗人不愿意承认自己受到前辈诗人影响的态度而不满，他强调诗人的这种态度恰恰反映出诗的影响已经造成了诗人的困扰和焦虑。

优越情结　SUPERIORITY COMPLEX

优越情结（superiority complex）是阿德勒在个体心理学理论中提到的关键术语。阿德勒认为，人类都具有向往优越的情感，在追求优越的过程中，人类不断进步。追求优越的人分为两种：一种是只顾追求自己利益的人，只想改变自我的自卑，忽略他人和社会的需求，变得自私专横，不受社会欢迎；另一种是受"社会兴趣"的驱使，追求个人的优越与社会的优越相结合，这种人看重社会的利益，具有责任感和道德感。阿德勒提出，还有一种表面上看似追求社会优越，实际上是只为自己着想，这种追求是病态的。阿德勒认为社会兴趣可以使

1　Ellmann, M. 1994. *Psychoanalytic Literary Criticism*. New York: Longman, 173.

个体与社会相协调，有助于个体形成健康的优越观。但正常人追求的不只是个人的成功，也包括与他人合作并且兼顾他人的利益。

语言无意识 LANGUAGE UNCONSCIOUS

在心理学领域，"无意识"是一个十分重要的概念。弗洛伊德提出人的"无意识"这一概念，荣格在此基础上将其分为"个人无意识"与"集体无意识"。拉康根据弗洛伊德和荣格对无意识的界定，进一步提出"语言无意识"（language unconscious）这一概念。在 20 世纪，语言成为心理学、哲学、艺术等领域的研究热点，大批学者从各自领域出发展开对语言的研究。弗洛伊德认为，先有无意识的产生，语言才能出现。但拉康认为，无意识和语言没有先后顺序，二者结构相同。通过语言，外在世界才能与无意识接触。瑞士语言学家索绪尔（Ferdinand de Saussure）提出语言的"能指"（the signifier）和"所指"（the signified）这两个概念，他认为，可以将语言看作一种符号，这种符号由能指和所指构成。能指就是语言的发音形式，所指则是语言所代表事物的具体内涵。能指和所指是约定俗成的一一对应关系，并且词语的意义是通过相互之间的差异来确定的。[1] 拉康则认为，能指和所指并非直接对应关系。能指是意识，所指是无意识。"漂浮的能指"

---

1 譬如"花"，中文是"花"，英文写作"flower"，法语为"fleur"，但它们的所指都是"花"的概念。这就表明，能指与所指之间没有必然的逻辑联系。两者之间的对应关系是约定俗成的。

异说能指是来回滑动的，没有固定唯一的所指。能指之间的差异只有通过比较才能凸显。借鉴索绪尔的观点，拉康将人的精神世界比作由无数个能指组成的集合，无意识中的各种欲望也形成能指。然而能指是漂浮的，没有与之对应的所指，所以"人们的意义表述就常常成了指此而言彼、心是而口非的游戏"[1]。语言阻碍了人的思维，人的欲望无法被满足。

原型 / 原始意象

ARCHETYPE / PRIMORDIAL IMAGE

在荣格看来，原型（archetype）和原始意象（primordial image）是通用的。集体无意识是一种以特殊形式的记忆贮存在头脑里的潜能，这种潜能从原始时代就传递下来。而集体无意识的内容则是通过继承和遗传下来的各种"原型"或者"原始意象"来表现。原型是人类心灵中存在的一些先天倾向性。当某种符合特定原型的场景出现时，这种先天的倾向性就会表现出来。原型主要是以神话的方式显现出来。荣格提出了众多原型，如出生原型、死亡原型、再生原型、英雄原型、母亲原型和太阳原型，等等。朱立元认为，原型就是"积淀在集体无意识中的由人的代表性经验构成的原始意象类型"[2]。具体来说，原型是一种形式，是一种在特定情境下被激发的行为或念头，具有内倾性。

---

1 拉康. 2001. 拉康选集. 褚孝泉译. 上海：上海三联书店，11.

2 朱立元. 2010. 美学大辞典. 上海：上海辞书出版社，468.

原始内容是具体意象，具有外显性。每个人都从祖先那里继承了相同的原型，但不同的外在环境的变化或刺激，唤醒不同的原型或原始意象。荣格提到，一些艺术形象能够永垂不朽，具有深广的美学内涵和哲学意蕴，是因为它完美地体现了神话中的特定的原始意象。

约拿情结 JONAH COMPLEX

约拿情结（Jonah complex）是人本主义心理学家马斯洛（Abraham H. Maslow）提出的一个概念。约拿（Jonah）是《圣经·旧约》中一个虔诚的先知，一直渴望神能差遣他。神派遣他去以色列东部强大又邪恶的尼尼微城（Nineveh）警告那里的人，如果他们悔改就获得赦免。但约拿仇恨那里的人，就乘船逃避神的指示。神为了惩罚他，就让一条大鱼吞下了约拿。约拿日夜向神忏悔，神被感化，将他救出。最终，约拿到达尼尼微城完成了神的指示。根据这一典故，马斯洛在《人性能达的境界》（*The Farther Reaches of Human Nature*，1971）中提到这一概念，认为约拿情结是"对自身伟大之处的惧怕""对命运的逃避"和"对自身最佳才能的躲避"[1]。人们会本能地逃避失败，但在面对成功时，人也会开始恐惧。对于自己的完美状态，人类既渴望又恐惧，在高峰时刻快来临时会不由自主地想逃避。有约拿情结的人对成功既向往又害怕，在机会来临时会变得畏缩。约拿情结主要分为两种：第一种是

---

1 Maslow, A. 1975. *The Farther Reaches of Human Nature*. New York: Viking Press, 35.

逃避自我成长，畏惧重大的责任或畏惧展现自己的长处；第二种是妒忌他人的长处或成功，看到他人失败会幸灾乐祸。这一术语也被用来描述在阅读中接受者的一种心理活动。在感情中受挫的人不敢欣赏描写人物失恋的作品，但是又不由自主地去阅读这类作品或观看这类电影，这种想看又不敢看的心理正显示了约拿情结。成语"叶公好龙"也可以解释这一情结。

詹姆斯－朗格情绪说

JAMES-LANGE THEORY OF EMOTION

詹姆斯－朗格情绪说（James–Lange theory of emotion）是一个合称。鉴于美国心理学家威廉·詹姆斯（William James）于 1884 年提出的情绪理论和丹麦生理学家朗格（Carl Lange）于 1885 年提出的情绪理论很相似，后人把这两个理论合称为"詹姆斯－朗格情绪说"。詹姆斯认为，外界事物引起了人们身体或心理的变化，人们感知到这一变化才会产生情绪。人们在遭受挫折时会因伤心而流泪，在得到奖励或肯定时会因高兴而微笑，但事实却不是这样，人们是因为流泪才感到伤心难过，因为微笑才感到高兴愉悦。朗格强调血液和内脏系统的变化才是情绪产生的原因，血管扩张，愉悦情绪随之产生；血管收缩，惊恐情绪随之产生。詹姆斯和朗格都认为情绪产生的根源是生理和神经，生理上的变化才会带来情绪经验。在詹姆斯和朗格提出这一学说之前，人们普遍认为情绪是因，身体的变化是果。然而，"詹姆斯－朗格情绪说"相信身体变化是因，情绪是果。该学说展开了心理学界和生理学界的持久讨论。20 世纪的行为主义比这一情绪学说走得更远。

朱光潜先生在《文艺心理学》里也探讨过这一情绪理论。他认为，情绪虽是一种知觉活动，但"情的方面"（affective side）不可忽视。一个事件或者情景要想引起器官的变化，必要先能打动我们的情趣，然后才能引起身体的变化。若是情的方面没有被打动，身体变化自然也就无从发生。情绪不仅要有知觉的生理活动，还要有"情"的成分。故而，在朱光潜看来，"詹姆斯－朗格情绪说"的缺陷在于忽略了"情"的方面。

主体 　　　　　　　　　　　　　　　　　SUBJECT

　　一般来说，"主体"（subject）一词有两种含义：第一种，泛指某一事物的主要部分；第二种，主体是与客体相对的概念，是实践活动和认识活动的主要参与者和主动承担者。"主体"这一概念可以追溯到古希腊哲学家亚里士多德（Aristotle）的《形而上学》（Metaphysics）中，亚里士多德用"实体"（substance）来表述一切存在物的基本属性。另一位哲学家普罗塔格拉（Protagoras）也有一句名言"人是万物的尺度"，与那个从古希腊起就困扰人类的命题"认识你自己"都可以证明古希腊人对主体的思考和探究。毫无疑问，人是社会实践的主体，主体性是人的核心，也是人成为人的本质存在。简单而言，主体就是使"我"成为"我"的存在。在拉康看来，是语言产生了主体，主体造就了"我"。在象征界中，主体的语言会成为"漂浮的能指"，并没有固定的所指，从这层意义上说，主体被"我"消解了。

转移 DISPLACEMENT

转移（displacement）是自我防御机制中的一种，是由弗洛伊德的小女儿安娜·弗洛伊德在《自我与防御机制》中提出的。当个体无法表达对某一人或事物的情感时，就会借其他危险系数较小的对象来表达和发泄这种情感，从而减轻焦虑，达到心理平衡、情绪稳定的目的。在鲁迅的《阿Q正传》的第三章"续优胜记略"中，阿Q因骂了钱太爷的儿子而被痛打一顿。阿Q憎恨这个"假洋鬼子"，但又不敢去找他报仇，看到迎面走来的小尼姑，阿Q又是骂她脏话，又是拧小尼姑的脸蛋。阿Q的这种行为，就是采取转移防御机制的外在表现。再比如，一位父亲被上司痛骂，回到家里看到妻子没有做好饭，就发起了牢骚；和丈夫吵架之后，妻子也满腹怨言，看到儿子，便气不打一处来，把儿子痛骂一顿；儿子被骂得莫名其妙，看到正在捣乱的狗，于是气呼呼地把狗揍了。这就是典型的转移。

自身客体 SELF OBJECT

自身客体（self object）是海因兹·科赫特提出的一个概念。在他看来，自身客体为自恋情结服务，是被个体体验为自身的一部分。家人、师长、好友都可以作为个体的自身客体。自身客体与个体进行互动，如果配合良好，就可以满足个体的自恋需要，使个体身心健康。科赫特认为，每个人都有自恋需求，这种需求的满足要自身客体与个体的合作才能完成。在原始自恋阶段，幼儿幻想自己十分强大。随着年龄的增长和心智的成熟，父母对自己关注的减少或对自己的批评教育使自己"夸大自身"或产生"理想印象父母"。所以，作为自身客体的父母应当配合儿童，给予一定的共情反应，帮助儿童从原始自恋期迈向成熟自恋期。如果父母没有充当自身客体满足儿童的自恋需求，儿童可能会停滞在原始自恋阶段，不利于身心的健康发展。

自我的同一性 EGO IDENTITY

自我的同一性（ego identity）是由"新精神分析学派"（Neopsychoanalytic School）的领军人物埃里克森（Erik Homburger Erikson）提出的。埃里克森是安娜·弗洛伊德的学生，他本是德国人，后来移居波士顿，从事儿童心理分析治疗工作。与弗洛伊德相比，埃里克森更加看重"自我"在人格结构中的作用。他认为，自我是一种独立的力量，决定个人的语言、行为、习惯和爱好，并对过去经验和现在经验进行整合。在埃里克森看来，每个人的人格发展呈现出阶段性特征，但是其人格的具体属性是确定的，永远不会改变，A 永远都是 A，不管发生什么事情，A 永远不会变成 B。实际上，不论到什么时候，作为人格结构核心的自我都不会改变，这就是所谓的自我的同一性。自我的形成、发生和发展是埃里克森研究的重点，这也否定了弗洛伊德认为性因素统治了人格发展的观点。

自我防御机制

THE MECHANISMS OF DEFENCE

自我防御机制（the mechanisms of defence）这一术语最初是由弗洛伊德在《防御性神经症》（*The Neuro-Psychoses of Defence*，1894）中提出的，但是真正完善其内涵的是弗洛伊德的小女儿安娜。自我防御机制是自我用来对付痛苦、焦虑等负面情绪的方法和经验。在人格的三重结构中，超我教导、提醒自我按照现实原则满足本我的部分欲望，同时，自我需要根据外部环境不断调节超我与本我之间的关系。当本我、超我和外在环境都对自我进行"压迫"时，自我就会陷入尴尬的境地，产生焦虑。为了应对焦虑，自我会潜意识地运用防御机制，保护自我，调节情绪，舒缓心态，使心情平静。安娜于1936年在她的《自我与防御机制》一书中扩展了防御机制的种类：压抑（repression）、否认（denial）、禁欲（asceticism）、投射（projection）、转移（displacement）、内投（introjection）、反向形成（reaction-formation）、升华（sublimation）、隔离（isolation）、解脱或抵消（undoing）、幽默（humor）、合理化（rationalization）、对攻击者的认同（identification with the aggressor）与利他（altruism）。当防御机制成为习惯反应后，个体的无意识会自动开启保护。当个体面对需要保护的情形时，防御机制会被无意识激活。正常人在日常生活中都会采用防御机制，调节情绪，避免过度伤害。但如果保护机制被过分应用，就会产生心理疾病，甚至走向极端。

自我理论　　　　　SELF-THEORY

　　自我理论（self-theory）是人本主义心理学的另一位主要代表人物罗杰斯（Carl Rogers）提出的。虽然罗杰斯与马斯洛在人性本善和自我实现理论上持相同看法，但是罗杰斯又有自己独特的理论建构。自我概念是罗杰斯人格理论的一个核心观点。人格理论通常也被称为自我理论，它摆脱了弗洛伊德的潜意识决定论和注重本我的人格结构，提倡自我意识的主动性和创造性。罗杰斯认为，自我概念指的是个体关于自我的看法，现实自我（real self）是存在于真实世界中的自我，理想自我（ideal self）是期望和理想中的自我。人格的健康发展要求个体的现实自我与理想自我越接近越好。如若现实自我与理想自我差距过大，则易于引发心理障碍。罗杰斯的这一理论强调了自我的能动性，肯定了人的尊严和价值。

附 录

英—汉术语索引

汉—英术语索引